网络营销

主　编　夏薇薇　刘　婷　尚　洁
副主编　成炎霞　刘超君

中国水利水电出版社
www.waterpub.com.cn
·北京·

内 容 提 要

"网络营销"是电子商务专业的一门核心课程。本书通过翔实的案例和清晰直观的操作步骤，介绍了网络营销的应用技能，旨在帮助读者熟悉网络营销工作岗位的任职要求及具体工作任务。

本书立足于企业实际应用来介绍网络营销的基本工具、平台、方法与技巧。本书采用任务驱动式项目编写法，针对职业教育生源特点、工作岗位要求，在每个知识点中穿插了"案例""练一练"等环节，并给每个工作任务配备了"任务拓展""任务巩固"等，以帮助读者思考、理解和消化每个知识点与技能点。

本书既适用于经贸类高职高专学生，也适用于应用型本科学生，还可供其他有志于网络营销的相关人员参考。

本书提供课程标准、教案、PPT、作业库等电子资源，读者可以从中国水利水电出版社网站（www.waterpub.com.cn）或万水书苑网站（www.wsbookshow.com）免费下载。

图书在版编目（CIP）数据

网络营销 / 夏薇薇，刘婷，尚洁主编. -- 北京 : 中国水利水电出版社，2023.4
面向21世纪创新型电子商务专业系列
ISBN 978-7-5226-1473-1

Ⅰ. ①网… Ⅱ. ①夏… ②刘… ③尚… Ⅲ. ①网络营销－高等学校－教材 Ⅳ. ①F713.365.2

中国国家版本馆CIP数据核字(2023)第059830号

策划编辑：杜 威　责任编辑：赵佳琦　加工编辑：白绍昀　封面设计：梁 燕

书 名	面向21世纪创新型电子商务专业系列 网络营销 WANGLUO YINGXIAO
作 者	主 编 夏薇薇 刘 婷 尚 洁 副主编 成炎霞 刘超君
出版发行	中国水利水电出版社 （北京市海淀区玉渊潭南路1号D座 100038） 网址：www.waterpub.com.cn E-mail：mchannel@263.net（答疑） sales@mwr.gov.cn 电话：（010）68545888（营销中心）、82562819（组稿）
经 售	北京科水图书销售有限公司 电话：（010）68545874、63202643 全国各地新华书店和相关出版物销售网点
排 版	北京万水电子信息有限公司
印 刷	三河市德贤弘印务有限公司
规 格	184mm×260mm 16开本 15.5印张 349千字
版 次	2023年4月第1版 2023年4月第1次印刷
印 数	0001—2000册
定 价	58.00元

前　言

近年来，我国网络营销市场随着互联网的快速发展和 5G 技术的应用而迅猛发展。根据中国互联网络信息中心、智研咨询整理的统计数据显示，截至 2022 年 6 月，中国网民规模达 10.51 亿人，中国互联网普及率达 74.4%，中国手机网民规模达 10.47 亿人；从互联网应用使用情况来看，中国短视频用户规模达 9.62 亿人，网络直播用户规模达 7.16 亿人，网络支付用户规模达 9.04 亿人，网络购物用户规模达 8.41 亿人，搜索引擎用户规模达 8.21 亿人。

从社会调查数据显示，企业营销的主战场越来越多地转移到互联网上，绝大多数企业开展了不同层次的网络营销活动，各种网络营销推广手段也层出不穷，且得到了广泛深入的应用，取得了显著成效。但是当前网络营销技能型人才很紧缺，是各公司竞相争夺的对象，其就业前景非常广阔。

党的二十大报告中提到“办好人民满意的教育，全面贯彻党的教育方针，深入实施人才强国战略，着力造就拔尖创新人才。”根据党的方针政策，结合现代企业网络营销工作中岗位设置、任务分工及业务流程的要求，参照《高等职业学校电子商务专业教学标准》，汲取《国家职业教育改革实施方案》的最新职教改革理念，坚持课程思政与技能培养相结合，强化标准与规范，培育劳动意识和工匠精神，本书设有 6 个项目：网络营销市场、引爆网络流量的常见方法、视频与直播营销、“微”营销、搜索引擎营销、网络营销效果的评估与优化。本书内容以学生为主体，以培养职业能力为核心，以典型工作任务为载体，融“教、学、做、思、创”为一体，本书具有以下特色：

（1）对标建设、创新体例、重构内容。对接高等职业学校电子商务专业教学标准，采用“以项目为导向，以任务为驱动”的编写体系，围绕“工作任务—任务实施—任务拓展—任务巩固”的主线对每个任务展开编写，精选项目内容，重构知识点、技能点，重在培养学生在网络营销工作实践中对网络营销理论知识的理解和运用能力。

（2）贴近实际、紧跟发展、适应需求。适应社会经济发展需求，将网络营销的新思想、新方法、新规范纳入教学内容，对教材内容的组织编排进行了精心设计，力图做到既能满足企业网络营销岗位的工作需要，又符合电子商务专业教学标准的要求。

（3）学训结合、拓展思维，增加兴趣。针对职业教育生源特点、工作岗位要求，让学生在学中做、做中学，有利于提高学生学习兴趣，激发学生思维能力。

（4）资源丰富、辅助教学、协助学习。本教材有配套课程的慕课（https://mooc.icve.com.cn/cms/courseDetails/index.htm?classId=1f2b33230db95f6890d957334cea0bcb）和电子资源，课程资源多样，情境真实，能有效提高情境化教学质量，更能让学生获得实景化学习体验。

本教材由咸宁职业技术学院的夏薇薇、刘婷和武汉交通职业学院的尚洁任主编，咸宁职业技术学院的成炎霞、刘超君任副主编。全书的编写分工如下：夏薇薇、刘婷负责教材的大纲编写、框架设计和统稿工作，夏薇薇负责撰写项目一、项目二、项目三；成炎霞负责撰写项目四；刘超君负责撰写项目五、项目六；尚洁负责全书二维码资源的整理与优化；湖北必虎网络科技有限公司总经理唐政协助把握教材内容的实用性，提供了丰富的企业案例，以及设计了工作任务。

在本书的编写过程中，编者参阅、借鉴并引用了大量有关网络营销方面的书刊资料和研究成果，并得到了有关企业的支持，在此一并表示感谢。由于编者水平有限，书中疏漏之处在所难免，恳请广大读者和专家批评指正。

编　者

2023 年 2 月

目　录

资 源 目 录

项目一　网络营销市场

思维导图

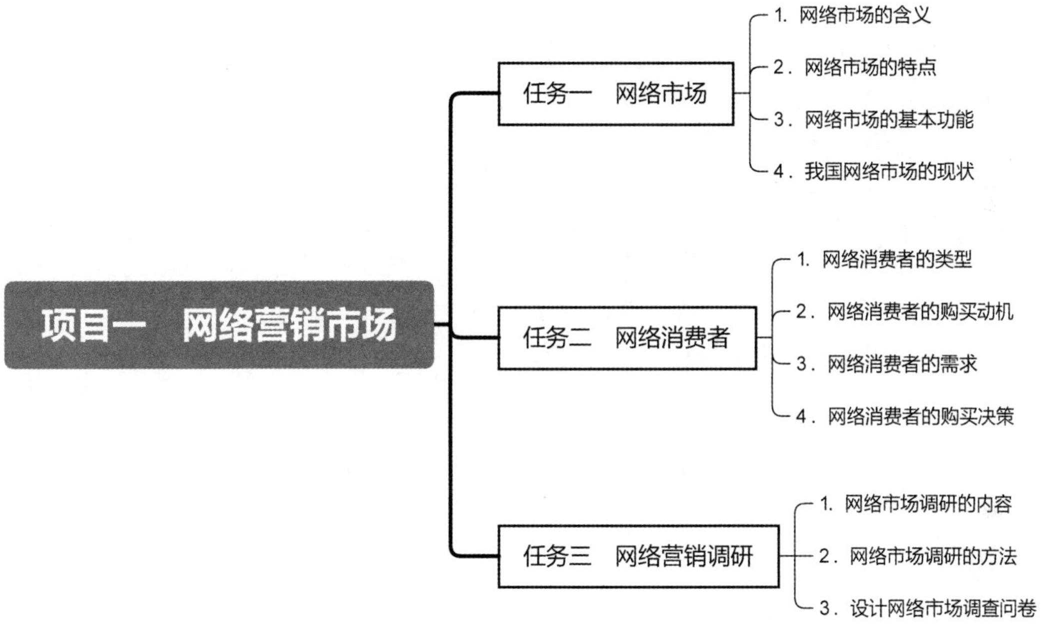

项目导读

淘宝是中国最大的提供消费者购物的网站之一，拥有 10 万多品牌商家，自创立以来，受到了消费者的热烈欢迎。根据阿里巴巴集团的数据，2021 年淘宝“双 11”交易额达到 5403 亿元，2020 年淘宝“双 11”交易额为 4982 亿元，2020 年同比 2019 年淘宝“双 11”交易额 2684 亿元增长了 85.6%。

李敏是一名即将毕业的大学生，身边的很多朋友和同学都在网上做生意，这让一向对网络营销感兴趣的李敏也有点跃跃欲试。在图书馆翻看了许多相关资料，又在网上查阅了很多网络营销的成功案例之后，她决定自己也在淘宝网上开一家店铺。

学习目标

知识目标

- 了解网络市场的特点及基本功能；
- 掌握我国网络市场的发展状况；
- 了解网络消费者的类型；
- 掌握网络消费者的需求与购买动机；
- 了解网络消费者的购买决策过程；
- 掌握网络市场调查的方法。

技能目标

- 能够了解网络市场并进行分析；
- 能分析网络消费者行为；
- 能设计网络市场调查问卷。

思政目标

- 树立正确的网络营销价值观，具有良好的职业道德；
- 具有遵守网络营销操作规范的意识。

任务一 网 络 市 场

工作任务

李敏兴致勃勃地打开淘宝商家入驻的页面，却不知道如何继续下去，因为商家入驻首先需要选择销售商品的类目和品牌。可是现在什么品牌、什么类型的商品更适合网络销售？网络市场跟传统市场有什么不同？网络市场以后将如何发展？

请你学习本任务，了解网络市场的特点、基本功能，掌握我国网络市场的发展现状，帮助李敏正确分析总结网络市场的发展趋势。

任务实施

为更好地学习网络市场相关内容，并完成工作任务，需要学习以下几个知识点。

网络购物

知识点 1：了解网络市场的含义

随着互联网成为重要的传播媒介，其营销传播价值得到越来越多企业的重视，信息技术、汽车、快消等行业对网络市场的投入规模和投放形式都有了较大增长与改变。

要了解网络市场，首先得了解网络市场的含义和组成结构。

1. 网络市场的含义

网络市场是以现代信息技术为支撑，以互联网为媒介，在消费者与厂商之间、消费者与消费者之间形成的一个信息、商品、服务交易的平台。它是企业开展网络营销活动的空间，是网上商品交换的场所，是有购买意向且具备购买能力的网上人群的集合。网络市场的构成要素如图 1-1 所示。

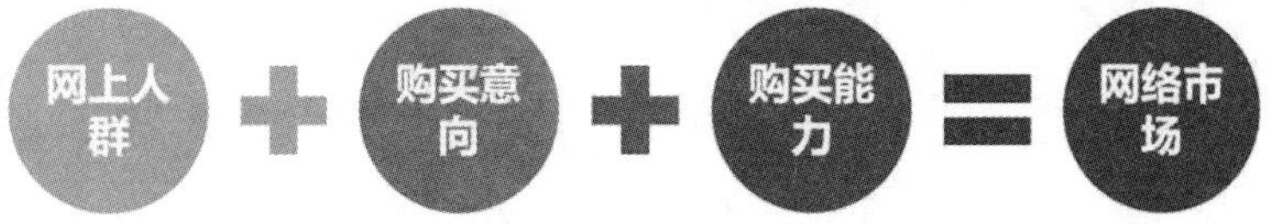

图 1-1　网络市场构成要素

2. 网络市场的组成结构

市场营销学中通常以购买动机和购买者身份为依据，将网络市场划分为网络消费者市场和网络组织市场两大类。

（1）网络消费者市场。为了满足生活消费需要，通过互联网购买货物或劳务的个人或家庭消费者的市场称为网络消费者市场。网络消费者市场主要包括商家对客户的模式（Business to Consumer，B2C）和个人与个人之间的电子商务模式（Customer to Customer，C2C）。

（2）网络组织市场。一般把通过互联网实现自己部分或全部购买行为的所有组织称为网络组织市场。网络组织市场主要包括企业对企业的模式（Business to Business，B2B）和商家对政府的模式（Business to Government，B2G）。

【练一练】网络营销市场经历了哪几个发展阶段？

____

____

____

知识点 2：了解网络市场的特点

购物防骗

随着互联网的发展，利用网络市场来进行营销活动成为各个企业的重要选择。从市场运作的机制看，网络市场主要具有四个特点：无店铺经营、成本低廉、无时间限制、无国界无区域。正是这些特点成就了网络营销的繁荣昌盛，也促进了许多电子商务平台的崛起，使网络市场在很多方面大有超过传统市场的势头。

1. 无店铺经营

无店铺经营相当于网络市场上的虚拟商店，不需要实体店铺、装潢、摆放货品和服务人员等，使用的媒体是互联网。

2. 成本低廉

虚拟商店的成本主要涉及网站成本、软硬件费用、网络使用费，以及以后的维持费用。它通常比普通商店的成本要低得多，这是因为普通商店需要昂贵的店面租金、装潢费用等。

【案例】思科（Cisco）在其网站中建立了一套专用的电子商务订货系统，销售商与客户能够通过此系统直接向 Cisco 公司订货。此套订货系统的优点在于不仅能够提高订货的准确率，避免多次往返修改订单的麻烦，最重要的是缩短了出货时间，降低了销售成本。在美国，一个中等规模的企业一年要发出或接受的订单在 10 万张以上，大企业则在 40 万张左右。因此，对企业，尤其是大企业，采用无纸交易就意味着节省少则数百万美元，多则上千万美元的成本。

3. 无时间限制

网络市场没有任何时间限制，可以随时向目标客户展示企业形象与产品信息，随时开展营销活动，全天候地为企业服务。一天 24 小时、一年 365 天的持续营业，这对于平时工作繁忙、无暇购物的人来说有很大的吸引力。

4. 无国界无区域

互联网创造了一个即时全球社区，它消除了同其他国家客户做生意的时间和地域障碍。面对提供无限商机的互联网，国内的企业可以加入网络行业，开展全球性营销活动。

【案例】某皮革服装城加入了计算机互联网络，跻身于通向世界的信息高速公路，很快就尝到了甜头。他们把男女皮大衣、皮夹克等 17 种商品的式样和价格等信息输入互联网，不到两小时，就分别收到十多家海外客商发来的电子邮件和传真，表示了订货意向。仅半年时间服装城通过网上交易，就吸引了美国、意大利、日本、丹麦等 30 多个国家和地区的 5600 多个客户，仅仅一家集团就实现外贸供货额 1 亿多元。

【练一练】虽然目前网络消费已成为一种时尚，但还是有很多人持反对意见。因为他们认为，网络消费还是有很多弊病，如产品质量或支付安全等问题，那么网络市场与传统市场有什么区别？

知识点 3：了解网络市场的基本功能

依法监管电商活动

学习了网络市场的特点后，还需要掌握网络市场具有哪些基本功能。网络公司利用网络市场的功能主要可以实现公司多元化的目标价值链，如：树立公司先锋形象、发展公共关系、与投资者保持良好的关系、便于公司选择合适的顾客群体、与客户及时在线交流可让客户记住公司名字或品牌。

1. 树立公司先锋形象

作为一个有实力可以在竞争中制胜的公司，必须率先进入网络市场，满足消费者个性化产品及服务的欲望；先锋者形象赋予公司一种财力充足、不断创新的表象，这是公司最稀缺、最珍贵的无形资产之一。

2. 发展公共关系

网络公司必须在网络空间的公共关系网中占有绝对的优势。具体的方法为：一是公司可以在电子广告栏目中描述公司发展的历史、公司的目标价值、公司的管理队伍、公司的社会责任及其对社区发展的贡献，以提高公司的社会知名度；二是公司能够利用多媒体技术（如图片、文件、音像、数字等）提供一种更为独特的服务，为顾客提供有价值的咨询信息，使访问者主动地进入网站，并进一步详细地阅读所有相关的资料。

3. 与投资者保持良好的关系

对于现代公司，与投资者关系的好坏对公司的发展至关重要。公司可以利用网站与投资者保持良好的信息沟通渠道，最大限度地降低信息的不对称性，从而降低投资者对公司可能存在的“道德风险”“机会主义行为”的担心，提高公司与投资者之间的信用度，保持长期的、双向的合作关系。

4. 便于公司选择合适的顾客群体

对于一个网络公司来讲，选择合适的顾客群体是公司实现网络营销战略的关键。公司通过互联网，可以大大地缩小销售范围，而以特色的产品和特色的服务来选择目标顾客群体，从而实现优良的客户服务。

【案例】在纽约有一家专营珠宝的在线零售商，其站点出售所有种类的珠宝首饰，从K金饰物、白金首饰到珠宝与银器。该公司的顾客主要分为两类：一类是自用顾客，大多为女性，年龄在35~55岁，她们通常会再次光顾该店；另一类是礼品顾客，多为男性，年龄大约在30~45岁。该店的总裁认为，公司成功的秘诀首先在于选择了最合格的顾客群体；其次在于优良的客户服务，这种服务是一对一式的，在顾客收到货品之后，公司通常会发出电子邮件来询问顾客是否满意；最后在于保证产品的质量和随时保持有新的商品供顾客挑选。

5. 与客户及时在线交流

通过在线交流，公司可以同所有的客户分享有关产品的有效信息，可以与客户更为自由地进行信息往来，并允许目标客户提出更多的反馈意见。

6. 让客户记住公司名字或品牌

产品销售中的宣传效应告诉我们，应尽可能地使名字醒目地展现于人们眼前的产品（或品牌）给人们留下的印象越深，人们越有可能记住它们，进而产生信任并最终购买。

【练一练】网络市场具有哪些优势和劣势？

____

____

____

知识点4：掌握我国网络市场的现状

在学习了网络市场的含义、特点和基本功能以后，接下来需要了解我国网络市场的现状，使读者学会从网络市场大数据中去发现问题并解决问题。

近年来，中国互联网市场发展迅猛，2022 年 2 月，中国互联网络信息中心（China Internet Network Information Center，CNNIC）在京发布了第 49 次《中国互联网络发展状况统计报告》。

1. 我国网民的总体规模

网民作为主要的个体消费者，是推动网络营销发展的重要力量。截至 2021 年 12 月，我国网民规模为 10.31 亿，较 2020 年 12 月新增网民 4296 万，互联网普及率达 73.0%，较 2020 年 12 月提升 2.6 个百分点。网民规模和互联网普及率如图 1-2 所示。

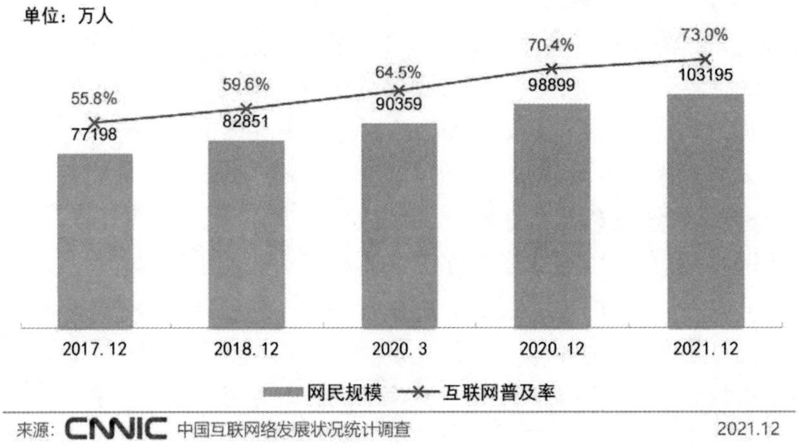

图 1-2　中国网民规模和互联网普及率

2. 手机网民的规模

截至 2021 年 12 月，我国手机网民规模为 10.28 亿，较 2020 年 12 月新增手机网民 4298 万，网民中使用手机上网的比例为 99.7%。手机网民规模及其占整体网民比例如图 1-3 所示。

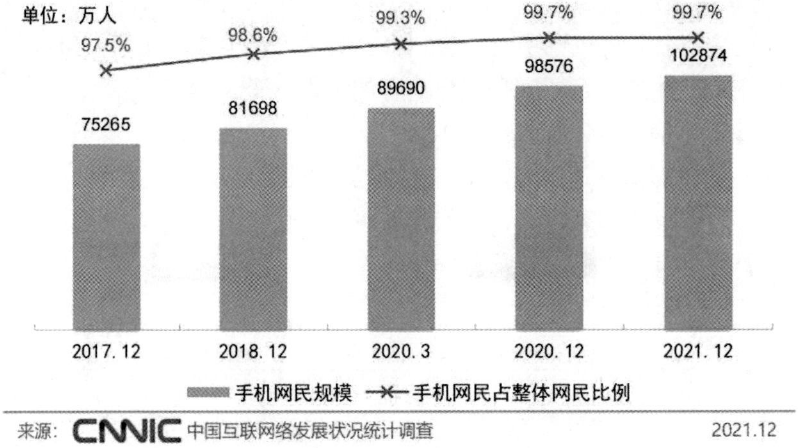

图 1-3　中国手机网民规模及其网民占比

3. 网民的性别结构

截至 2021 年 12 月，我国网民男女比例为 51.5∶48.5，与整体人口中男女比例基本一致。网民的性别结构如图 1-4 所示。

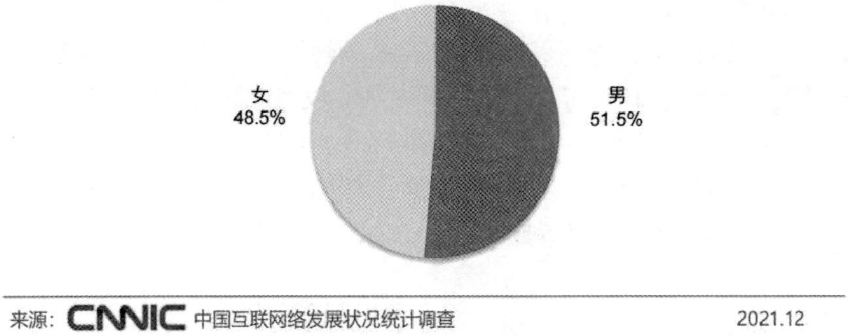

图 1-4　中国网民的性别结构

4. 网民的年龄结构

截至 2021 年 12 月，20～29 岁、30～39 岁和 40～49 岁网民的占比分别为 17.3%、19.9%和 18.4%，高于其他年龄段群体；50 岁及以上网民群体占比由 2020 年 12 月的 26.3%提升至 26.8%，可见互联网进一步向中老年群体渗透。网民的年龄结构如图 1-5 所示。

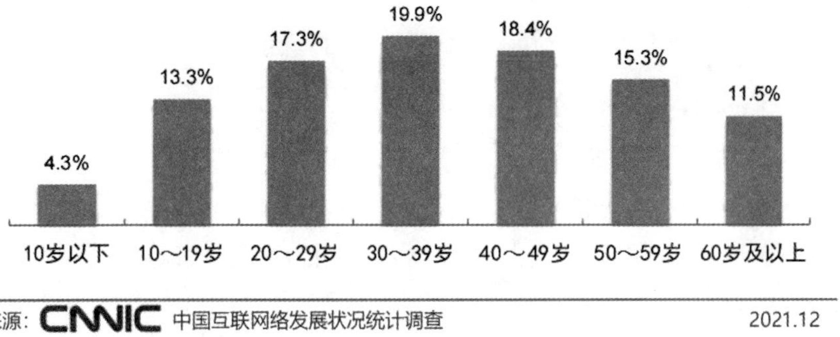

图 1-5　中国网民年龄结构

5. 城乡的网民规模

截至 2021 年 12 月，我国农村网民规模为 2.84 亿，占网民整体的 27.6%；城镇网民规模为 7.48 亿，较 2020 年 12 月增长 6804 万，占网民整体的 72.4%。网民的城乡结构如图 1-6 所示。

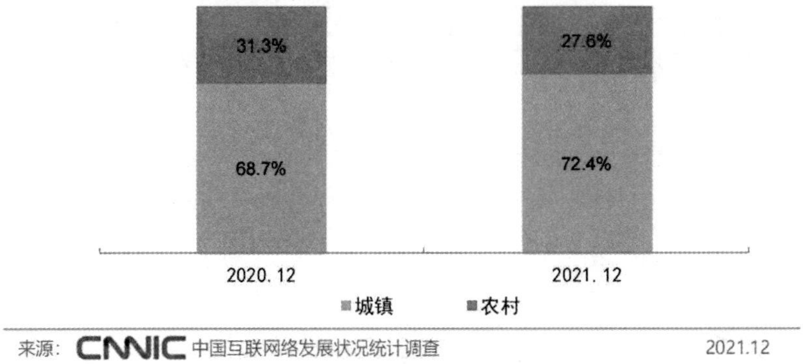

图 1-6　网民的城乡结构

6. 非网民规模

截至2021年12月，我国非网民（不上网的人）规模为3.82亿，较2020年12月减少3420万。非网民认为不上网带来的各类生活不便中，没有“健康码”无法进出一些公共场所位列首位，占非网民的28.4%；其次是线下服务网点减少，办事难，占非网民不上网不便比例的25.6%；无法及时获取信息，比如各类新闻资讯，占非网民不上网不便比例的23.9%；无法现金支付，买不到票、挂不上号的占比均为23.1%。非网民不上网带来的生活不便如图1-7所示。

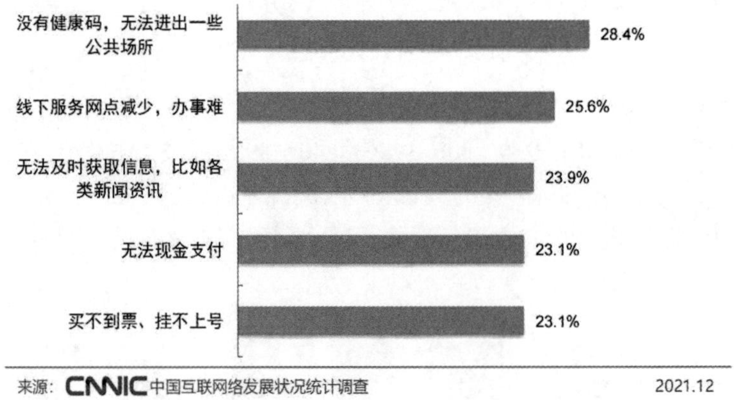

图1-7 非网民不上网带来的生活不便

使用技能缺乏、文化程度限制、设备不足和年龄因素是非网民不上网的主要原因。因为不懂电脑/网络而不上网的非网民占比为48.4%；因为不懂拼音等文化程度限制而不上网的非网民占比为25.7%；因为没有电脑等上网设备而不上网的非网民占比为17.5%；因为年龄太大/太小而不上网的非网民占比为15.5%；因为没时间上网的非网民占比为7.2%。非网民不上网原因如图1-8所示。

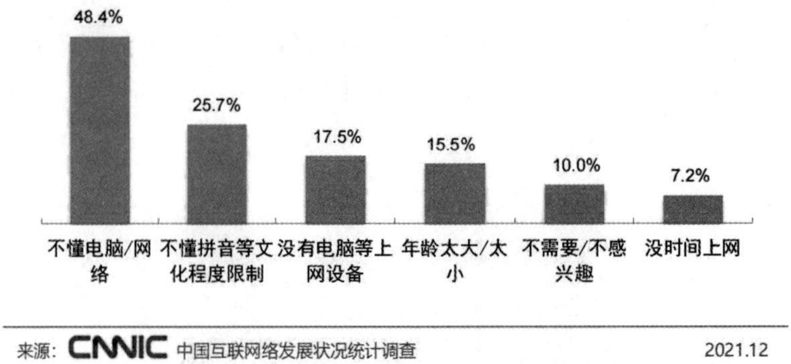

图1-8 非网民不上网原因

【练一练】我国网络市场用户有哪些行为特征？

【练一练】利用在线调查平台调查本校学生手机上网的情况（包括手机品牌、移动网络运营商、手机软件应用等）。

____

____

____

任务拓展

案例：天猫音乐短片——《用精致对抗时间》

天猫国际的一支音乐短片（Music Video，MV）《用精致对抗时间》运用了动画画风，配上富有节奏感的音乐旋律，吸引了很多人观看和欣赏。这支 MV 广告的目的是为天猫国际的世界妙物日全球精华专场进行推广，主打“你懒你先老”的护肤主题，目标主要为女性群体。为了更好地营造画面氛围，并兼顾到护肤年轻化的趋势，天猫采用了动画音乐 MV 的广告形式，在画面和音乐上进行雕琢，给观众带来更好的沉浸感受。

《用精致对抗时间》运用动画画面形式，以女性关注的美丽和护肤为主旨，通过生活中常见的皮肤和护肤问题，展示出了很多年轻人的生活痛点，引发目标群体的共鸣，在对于护肤产品和生活状态调整上有了更多的需求和愿景。借助可爱简洁的动画风格和动听的音乐，这支 MV 俘获了众多芳心。此外，由于其二次元的画风与哔哩哔哩（bilibili，简称 B 站）的风格非常契合，所以投放在 B 站上也引来了很多用户的围观。

在这支 MV 中，除了展示内容画面外，还在后半部分植入了一些品牌和产品。这些商品和前半部分的主题内容也较为相符，令很多人顺其自然地接收到了这些品牌的信息，甚至有些网友还表示非常喜欢 MV 中的音乐，但没有想到是广告。天猫的这支 MV 获得了很多年轻消费群体的关注，而其目的也正是向着更加年轻化的市场进行推广营销。

问题：大数据环境下，网络营销呈现出哪些特点和变化？

任务巩固

实训　三只松鼠的网络市场分析

【实训目的】

通过网络查询大数据，分析三只松鼠的网络市场概况，进而分析三只松鼠在消费者心目中的形象。通过学习优秀企业的成功经验，为以后提炼网络营销市场策略要点和特色做好铺垫。

【实训内容】

（1）结合网络市场的理论要点，分析并整理出三只松鼠在消费者心目中的形象。

（2）本次实训有 3 项任务，请依次完成实训任务，并将实训成果整理到相关表格中（表格可以另外附页）。

（3）实训过程中采用线上或线下混合式学习方式，学生以小组为单位协同合作，运用一些网络平台开展调研，通过头脑风暴集思广益，共同完成实训任务。

【实训资料】

三只松鼠股份有限公司是中国第一家定位于纯互联网食品品牌的企业，也是当前中国销售规模最大的食品电商企业。

公司于 2012 年 2 月在安徽芜湖国家高新区注册成立，是以坚果、干果、茶叶等休闲食品的研发、分装及 B2C 品牌销售为主要业务的现代化新型企业。

三只松鼠公司发展历程如下：

2012 年 2 月，由 5 名人员组成的创业初始团队在安徽芜湖都宝小区创立三只松鼠品牌。

2013 年 11 月 11 日，三只松鼠“双 11”的销售额为 3562 万元。

2014 年 3 月，三只松鼠再次获得今日资本、美国国际数据集团两家境外基金公司第三轮 1627 万美元的融资，用于三只松鼠智能一体化食品园项目的建设。

2015 年 9 月 16 日，三只松鼠创始人章燎原在安徽芜湖宣布，三只松鼠已获得第四轮融资，总金额达 3 亿元，三只松鼠估值 40 亿元。

2016 年 11 月 11 日，三只松鼠“双 11”全网销售额为 5.08 亿元，获天猫全品类第七名。

2018 年，三只松鼠营业额高达 70 亿元，净利润为 3.04 亿元，净利率 4%。

截至 2019 年 12 月，三只松鼠全年成交额突破 100 亿元，提前一年完成 2014 年定下的松鼠百亿梦目标。

2020 年，三只松鼠上半年营收为 52.52 亿元，同比增长 16.42%，但净利润为 1.88 亿元，同比下降 29.51%。三只松鼠没有增加利润的原因是被飙升的运营费用拖累了，其上半年平台服务费为 3.98 亿元，同比增长 51.3%，远超收入增速。

2021 年三只松鼠营业收入为 97.7 亿元，2022 年前三季度公司实现营业收入为 53.33 亿元，归属上市公司股东的净利润为 9349.96 万元。接下来，三只松鼠将继续推进“每日坚果示范工厂打造、分销全域布局、线下门店优化、事业部制改革”四大变革举措。

【实训任务】

（1）利用大数据收集食品坚果产业的发展资料，将三只松鼠产品系列的市场销量及用户评价填入表 1-1 中，并试着分析该品牌是如何进行市场细分的。

表 1-1　三只松鼠的市场销量和用户评价

三只松鼠主营零食	市场销量	用户评价
坚果		
肉脯		
果干		
膨化		

（2）根据三只松鼠的市场销量和用户评价，分析网络市场用户的行为特征和消费者的购买时间、频率、人群分布等信息，分析判断其目标消费者群体，并重点分析目标消费者的个性特征和购买行为特征，完成表 1-2。

表 1-2　三只松鼠的消费市场分析

分析维度	结论
网络市场用户行为特征	
消费者的购买时间	
消费者的购买频率	
主要消费人群	
目标消费群体	

（3）结合上述两项内容，分析三只松鼠如何寻找目标消费者，采用何种方式接触到目标消费者，并在此基础上明确三只松鼠在消费者心目中的形象，完成表 1-3。

表 1-3　三只松鼠的网络营销方式

分析维度	结论
接触目标消费者的方式	
在消费者心目中的形象	

任务一学习效果评价

评价方式	评价内容				
	评价项目	评价等级			
		A	B	C	D
自评	对本任务知识感兴趣的程度	浓厚	较浓厚	一般	弱
	独立思考的能力	强	较强	一般	弱
	体验到学习成功的愉悦感	强	较强	一般	弱
	理解别人的思路，与同伴交流的意识	强	较强	一般	弱
	在知识、方法等方面获得收获的程度	高	较高	一般	低
小组互评	本节课堂发言的次数	多	较多	一般	少
	课堂练习完成的质量	高	较高	一般	低
	自主探究意识和团队协作能力	高	较高	一般	低

任务二　网络消费者

工作任务

李敏在抖音上看到很多直播产品都特别有新意，价格也不贵，特别是一些介绍短视频制作和直播技巧的短视频引起了她的注意。她马上关注了几个相关账号，经过观察和多方对比后，她选购了一套课程，决心好好学习短视频带货技能，期望学成后能提高她网店产品的销量。是什么诱发了她的购买动机？作为一名理性的网络消费者，在购物做决策时，一般会考虑哪些因素？

通过学习网络消费者相关内容，了解网络消费者的类型和购买动机，掌握网络消费者的需求，能正确分析网络消费者行为及其购买决策。

任务实施

为更好地学习本任务的相关内容，并完成实训，需要学习以下几个知识点。

知识点 1：了解网络消费者的类型

现代生活中选择网络购物的人越来越多，人们也因为网络购物的方便快捷而减少了线下购物，网络消费者通常会有四类，分别是简单型、冲浪型、接入型、议价型。

【练一练】

请回答以下问题：

你是否经常在网上购物？________________

你一般花多长时间在网上购物？________________

你是否会和商家讨价还价？________________

你是否喜欢购买新颖、新奇的东西，即使它对你来说没什么用？________________

1. 简单型

简单型的网络消费者主要追求购物方便。如果他们每月只花 7 小时上网，那他们会花费一半的时间即 3.5 小时进行网上交易。零售商们必须为这一类型的人提供真正的便利，让他们觉得在你的网站上购买商品将会节约更多的时间。要满足这类人的需求，首先要保证订货、付款系统的安全、方便，最好设有购买建议的界面。另外提供一个易于搜索的产品数据库是一个保持顾客忠诚的重要手段。

2. 冲浪型

冲浪型的网络消费者在网上花费的时间较多，他们对经常更新、具有创新设计的网站表现出浓厚的兴趣。

3. 接入型

接入型的网络消费者通常是刚上网的新手，他们很少购物，而喜欢网上聊天和发送免费问候卡。那些传统品牌公司应对这群人保持足够的重视，因为接入型的网络消费者更愿意相信他们生活中所熟悉的品牌。另外，这些消费者的上网经验不是很丰富，对于网页中的简介、常见问题的解答、名词解释、站点结构之类的链接会更加感兴趣。

4. 议价型

议价型的网络消费者有一种趋向购买便宜商品的本能，他们喜欢讨价还价，并有强烈的愿望在交易中获胜。在自己的网站上打出“大减价”“清仓处理”之类的字眼能够很容易地吸引到这类消费者。

【练一练】面对不同类型的网络消费者，你会如何应对？完成表 1-4。

表 1-4　面对不同类型网络消费者的应对策略

不同类型的网络消费者	应对策略
简单型	
冲浪型	
接入型	
议价型	

知识点 2：了解网络消费者的购买动机

网络购物动机

了解网络消费者的主要类型后，需要学习网络消费者的购买动机理论，并了解购买动机类型。网络消费者的购买动机主要有需求动机和心理动机。

【练一练】自来水价格低廉，但数以万计的消费者还是愿意付出相当于自来水上千倍的价格购买瓶装水。这是为什么呢？

1. 购买动机理论

动机是指推动人从事某种活动的原因。需求激发动机，购买动机通常是由于某种需求引起的。由需求产生购买动机，再由购买动机加上购买决策最终导致购买行为。

购买动机是指为了满足一定需要而引起人们购买行为的欲望或意念。在现实生活中，每个消费者的购买行为都是由购买动机引发的，而动机又是由人的需要而产生的，由此可见，人们的购买动机是与人的需要密切相关的，需要是消费者产生购买行为的原动力。掌握消费者的购买动机，就可以有依据地了解并预测消费者的行为，从而更好地进行网络营销。

但是，并不是所有的需要都能表现为购买动机。由于受客观条件的限制，人的各种需要不可能同时全部获得满足。对于消费活动来讲，只有那些强烈的、占主导地位的消费需要才能引发消费者的购买动机，促成现实的购买活动。

2. 购买动机类型

（1）需求动机。需求动机是指消费者为了满足某种需求，而在网络市场中消费的购买动机。

1）兴趣需要动机。在网络市场中，消费者会对生活中很少见到或很难购买得到的商品产生浓厚的兴趣。营销者正可以利用这种兴趣，刺激消费者的购买动机，促使其消费。有的购物网站首页会以醒目的文字广告形式显示，如“巴黎时尚周今年冬天流行穿什么”，让很多追崇时尚的消费者情不自禁地点击进入并查看相关商品。

2）从众需要动机。根据统计显示，当下网络消费者大多数是中青年，他们大部分属于比较独立和繁忙的上班族，很少有时间上街购物。同时，他们又追求时尚，对流行的一些商品如书籍、音乐、服饰等没有免疫力。在这种情况下，网络购物会成为他们的首选。从众需要和追赶时尚是网络消费者产生购买需求的一个重要动机。

（2）心理动机。心理动机是由于消费者的认识、感情、意志等心理活动而产生消费的购买动机。网络消费者购买行为的心理动机主要体现在理智、感情和惠顾三个方面。

1）理智心理动机。理智心理动机指经过深思熟虑，而非凭感情所产生的购买动机。它具有客观性、周密性和控制性的特点。这种购买动机是消费者从产品的长久使用角度出发，在反复比较各商品后才产生的，属于比较理智、不易受外界影响的一种动机。理智购买动机的产生主要出于对耐用消费品或价值较高的高档商品的购买欲望。

【练一练】理智购买动机驱使下的消费者一般会考虑哪些问题？为什么？

____

____

____

2）感情心理动机。感情心理动机是由人的情绪和感情所引起的购买动机。这种动机大致可分成两种。一种是出于人们喜欢、满意、好奇等情感而引起的购买动机，它具有冲动性和不稳定性的特点。现在随着生活节奏的提高，消费者大都具有强烈的时间观念，面对过多的信息，他们没有充足的时间和精力去理智地选择所需要的信息，从而造成了消费行为的非理性化。许多消费者判断商品的标准是喜欢或不喜欢，这种行为偏感性化。

在社会分工日益细化和专业化的趋势下，即使在许多日常生活用品的购买中，大多数消费者也缺乏足够的专业知识，对产品无法进行鉴别和评估。随着上网用户的大量增加，依赖网络去了解市场信息的群体日趋增多，网络中出现的一则商品信息，就有可能带动一个群体的网络用户在短期内产生购买欲望。

另一种是由人们的道德感、美感、群体感而引起的购买动机，它具有稳定性和深刻性的特点。这种购买动机主要用于馈赠礼品或新推出的某种产品的购买。例如，许多网友由于时间、地域的限制，会通过网络购买的方式给朋友、家人赠送礼品。

3）惠顾心理动机。惠顾心理动机是建立在理智的经验、忠诚的感情和感恩的情怀之上的。人们往往会对熟悉的东西产生自然的信赖。网络消费者对熟悉的商家、网站、广告、商品也会产生一种信任感，这种信任会使之习惯性地进行访问和购买。具有惠顾动机的网络消费者，通常是某一购物站点忠实的浏览者。例如，一位消费者在某购物网站购买了某品牌的商品，使用后感觉比较满意。这种满意便会让消费者对该网站产生好感，对该品牌也产生信任，直接导致下次购物时，这位消费者会再次在这个网站上进行消费，或者关注这个品牌的其他商品。

知识点 3：掌握网络消费者的需求

客户沟通

在网络消费者需求这部分内容里，学生需要掌握马斯洛需求和网络需求，了解需要、需求和欲望三者之间的关系，并掌握消费者需要具备的基本特征。

【练一练】当一名营销人员企图去影响并主导消费者的行为时，他首先必须了解消费者背后的购买动机是什么。例如，为什么消费者会购买香蕉牛奶饮料？他们所追求的利益是什么？是为了解渴还是为了追赶流行？还是什么样的品牌形象与诉求吸引了他们？

1．消费者需求

（1）马斯洛需求。美国心理学家亚伯拉罕·马斯洛发现：当面对面包不足的时候，人类可以仅以面包为生。但当有大量面包且人的肚子长期被填饱后，人的需求会发生什么变化？他研究分析后得出的答案是：人类的需求是不断的；根据需求的重要性，可以按阶梯排列；人总是先满足最重要的需求，当重要的需求得到满足后，这个需求便不再是激励因素，它就失去了对行为的激励作用，于是人会转而追求下一个重要需求。这就是马斯洛需求层次理论，如图 1-9 所示。

图 1-9　马斯洛需求层次理论

马斯洛通过观察研究发现，一般人在生理需求获得 80%的满足时，其安全需求也已得到 70%的满足，社交需求得到 50%的满足，尊重需求得到 40%的满足，自我实现需求得到 10%的满足。所以，营销者要善于分析和利用消费者的需求，并且开发其潜在的需求，激励消费者在网络市场中进行消费。

不同收入水平消费者的需求强度不一样，如图 1-10 所示。

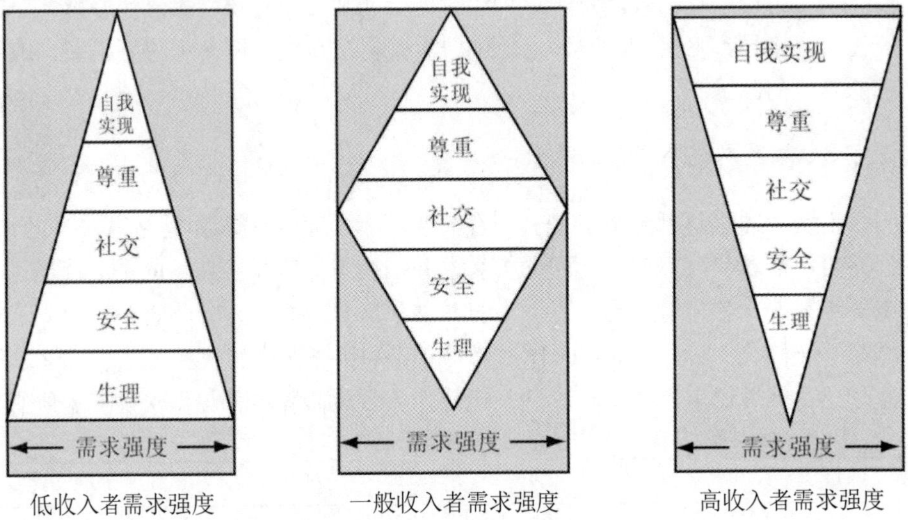

图 1-10 不同收入者的需求强度

（2）网络需求。在网络虚拟社会中，网络消费者除了拥有马斯洛需求以外，还会产生一些新的需求，这些需求可以大致分为三类。

1）兴趣需求。网民之所以热爱网络，就是因为对网络活动充满兴趣。兴趣是人们积极探究某种事物的认识倾向。这种认识倾向使人对有趣味的事物积极地去探究，并带有情绪色彩、向往的心情、好奇和能获得成功的满足感。兴趣也是电子商务最初向因特网（Internet）方向发展，并能赚钱的一个重要原因。例如，很多网民因为对网络游戏非常感兴趣，他们便愿意在网络上花钱去购买游戏中的装备等。

2）聚集需求。人类天生喜好集聚，网络为全世界的网民提供了一个聚集的场所，这种聚集不会受到时间和空间的限制。在网络中，每一个人都拥有平等的身份，从而让全球形成一个互联的世界。

3）交流需求。网络为人们提供了一种全新的平台和一个虚拟的社会，并受到绝大多数人的热爱。网民聚集在一起，必然产生相互交流。随着信息沟通的深入，逐渐演变为交易，成为人们确确实实的需求。并且随着交流频率的增加，交流范围不断扩大，进而产生示范效应，带动对某些种类的商品或服务有相同兴趣的成员聚集在一起，从而形成网络商品交易市场。

【练一练】通常你和你的小伙伴们在网购时是为了满足哪一类需求？

____

____

____

2. 需要、需求和欲望的联系与区别

营销学家将“顾客需求”作为营销的出发点，因为需求是需要的表现形式，是用来满足一种需要的特殊消费方式，三者之间的联系如图 1-11 所示。

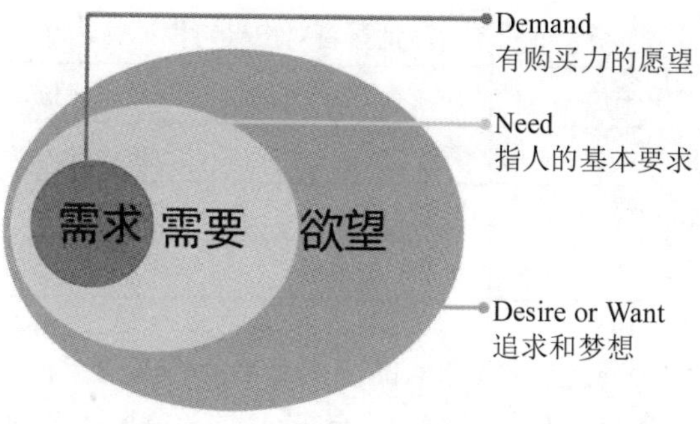

图 1-11　需要、需求和欲望之间的联系

需求、需要和欲望三者之间的区别如下：

（1）含义不同。需要是指人没有得到某些基本满足的感受状态。欲望是指人想得到某些基本需要的具体满足物时的愿望。需求是指人对具有支付能力购买并且愿意购买某个具体产品的欲望。

（2）出发点不同。需要是人们为了生存而产生对食品、衣服、住所、安全、归属、受人尊重、自我实现等需要的动力。欲望主要是指需要某些东西或者事物来满足自己的需求。需求是指当具有购买能力时，想要购买的欲望产生后，欲望即转化成需求。

（3）明确性不同。需要是精神上或者生活上产生的一种无明确指向性的满足欲。而欲望是指具有明确指向的“需要”。需求主要是有欲望和需要后，才会产生需求的购买力。

（4）购买力不同。需要是最为常态的购买，例如家里需要一件必需物，就会构成需要的购买力，按能力而行。而欲望是指所需要的东西比较多或杂乱，但是没有一定经济基础，就没有办法形成现实。需求主要指有能力可以大量购买，但是没有经济能力的基础，需求就比较渺茫。

【练一练】2019 年字节跳动发布的《短视频美好生活内容生态报告》中指出，近年以来，短视频类产品的日活跃用户增长迅速，用户使用习惯快速成型。且武汉大学心理系的研究显示，观看短视频和拍摄短视频与幸福感（“快乐”）存在正相关，观看抖音短视频能促进个体幸福感（“快乐”）的提升。

请根据这则材料分析用户需求。

3. 消费者需要的特征

（1）多样性。多样性是消费需要的最基本特征。它首先表现在不同消费者需要的差异上，由于各个消费者的民族传统、宗教信仰、文化程度、收入水平、个性特点、生活方式、职业、年龄等方面的差异，自然会有不同的价值观念和审美标准，有各种各样的兴趣和爱好，对产品和服务的需要自然是千差万别。例如，不同年龄段的消费者对同一款皮鞋的关注度就不一样，见表 1-5。

表 1-5 不同年龄段消费者对皮鞋特性的关注度

年龄	第一位	第二位	第三位	第四位
20 岁以下	耐穿	美观	舒适	价格
20～40 岁	美观	舒适	耐穿	价格
40 岁以上	舒适	耐穿	美观	价格

其次，同一消费者的需要也是多方面的。消费者不仅需要吃、穿、用、住，还需要社会交往、文化教育、娱乐消遣、休闲旅游、艺术欣赏等，这些都体现出消费需要的多样性。

此外，同一消费者对某一特定消费对象常常同时兼有多方面的要求。例如，既要求产品质量好，又要求外形美观、具有时代感、经济实惠等。消费需要的多样性决定了市场的差异性，这是企业进行市场细分和选择目标市场的基础。

【案例】脉动的“斜人”创意。

面对饮料市场如火如荼的激战，达能脉动是如何突围的？

从产品本身来看，脉动口感微酸，带有天然果味，同时富含多种维生素群。而消费者本身会产生对脉动的需求，正是因为生活每天有起有伏，总有一些时候不在状态。于是脉动有了全新的定位：在每一天的日常生活中，脉动可以随时帮你恢复理想状态！

纵观饮料广告创意，大多数都是水和喝水，或者活力和气泡的套路。而脉动则放弃了直来直去的行销方式，独创了一条“歪门斜道”的行销战略。正是脉动的“斜人”系列，在功能饮料市场上形成了一种全新的风尚。用“斜人”来暗示生活中的你总有不在状态的时候，因此，你需要随时脉动回来！

（2）层次性。消费者的需要是有层次的。除了马斯洛提出的人类需要层次性之外，还有消费者消费水平、购买力大小的层次性。消费者的收入水平、购买力大小是有差异的，不同层次的消费者购买的产品数量、质量、品牌等均有差异。

（3）发展性。消费需要的发展性主要体现在两个方面。

1）需要层次的发展变化。一般是较低层次的需要得到满足之后，逐渐向高层次推进，从简单需要向复杂需要发展，从物质需要向精神需要发展，从单纯追求数量上的满足向追求质量和数量的全面充实发展等，形成阶梯式的发展趋势。

2）消费需要随时代的进步而发展变化。时代的进步往往产生许多新的技术、新的产品、新的观念、新的社会风尚，这必然会引起消费需要的发展。可见，没有时代的进步，就没有消费需要的发展；没有消费需要的发展，也不可能有时代的进步。

（4）伸缩性。受内外因素的影响，消费需要可以扩大、增加和延伸，也可以减少、抑制和收缩。内因的影响包括消费者本身需要欲望的特征、程度和货币支付能力等，外因的影响主要是产品的供应、价格、广告宣传、销售服务及他人的实践经验等。

当客观条件限制了需要的满足时，需要可以抑制、转化、降级，可以停留在某一水平上，也可以以某种可能的方式同时满足几种不同的需要，在特定情况下人们还可能为满足某一需要而放弃其他需要。

一般地说，消费者对日常生活必需品消费需要的弹性较小，而对许多生活必需品或中高档消费品的消费需求的弹性较大。

（5）周期性。每个消费者的需要在获得满足后，在一定时间内不再产生。但随着时间的推移还会重新出现，显示出周而复始的特点，如女性头巾、皮鞋等。

这种周期性往往和生物有机体的功能及自然界环境变化的周期相适应，也同商品寿命、社会风尚、购买习惯、工作与闲暇时间、固定收入获得时间等相关联。

企业掌握消费需要变化的周期性规律，可以科学地预测市场需要的变化情况，在某类产品需要高潮出现前及时安排好生产和销售工作，及时满足市场需求。

（6）可诱导性。消费需要是可以被诱导的。消费需要的产生和发展除了个人生理、心理因素之外，外界的刺激是一个很大的诱因。

社会政治经济制度的变革、生活和工作环境的变迁、收入水平的提高、时尚潮流的起落、大众传媒的影响、艺术形象的激励、道德风尚的倡导、亲朋好友的劝说等，都可能引发消费需要的变化和转移。

消费需要的可诱导性为企业提供了巨大的市场潜力和市场机会。企业可以通过各种有效途径，提倡科学消费，引导消费者建立新的消费结构，使无需要转变为有需要，潜在需要转变为现实需要，微弱需要转变为强烈需要，未来需要转变为近期的购买行动，从而为自己开辟新的、更广阔的市场空间。

（7）互补性和互替性。消费需要对某些产品具有互补性的特点，即对一种产品需要的增加，会引发另一种与之相关的产品需要的同时增加。例如，影碟机销量的增加，必然导致消费者对各种影碟片需要的增加；消费者购买自行车时，可能会附带购买打气筒、车锁、修理工具以坐垫套等。

此外，许多产品有互替性的特点，即消费者对一种产品需要的增加会导致对另一种产品需要的减少。例如，消费者购买洗衣粉的数量增加，肥皂的需求量就会减少；空调的广泛普及，使得风扇的市场销路受到影响。

【练一练】面对网络消费者需要的不同特征，你会如何应对？完成表 1-6。

表 1-6　面对不同特征网络消费者的应对策略

不同特征的网络消费者	应对策略
多样性	
层次性	
发展性	
伸缩性	
周期性	
可诱导性	
互补性和互替性	

知识点 4：掌握网络消费者的购买决策

在全面掌握了网络消费者的需求以后，就可以有针对性地分析网络消费者的购买决策。网络消费者的购买过程包含五个阶段：唤起需求、收集信息、比较选择、购买决策、购后评价。影响网络购物者决策的因素需要从内在因素和外在因素两个方面进行分析。

【练一练】网上购物时你希望网站提供哪些增值服务？

1. 网络消费者购买过程的五个阶段

在大多数情况下，消费者在购买商品时，往往会面临两种或两种以上的商品可供选择，如何选出最佳的商品并进行购买的整个过程就是购买决策过程。每一个购买步骤是相互联系、相互影响的，每一个环节都必不可少。消费者的购买决策过程如图 1-12 所示。

图 1-12　消费者的购买决策过程

【练一练】在网络消费者不同购买的阶段，你会采取什么措施引导他们？完成表 1-7。

表 1-7　不同购买阶段的引导措施

网络消费者不同购买的阶段	引导措施
唤起需求阶段	
收集信息阶段	
比较选择阶段	
购买决策阶段	
购后评价阶段	

2. 影响网络购物的内在因素

（1）个人因素。消费者的购买行为在很大程度上会受到个人因素的影响。个人因素主要包括网络消费者的年龄、性别、受教育程度、经济状况、网购经历等。

1）消费者的年龄与性别。网络消费者对产品的需求会随着年龄的增长而变化，比如老年人对于手机的需求，大多数注重手机通话功能，而不太注重上网等功能。不同性别的消费者的购买行为也有很大的区别，如果是男生，可能就会比较侧重于选择可以兼容更多网络游戏的手机。

【案例】李敏需要一部可以联系亲人和朋友的电话，同时她也想使用手机上网，并且作为一个爱美的年轻女孩，李敏也想通过手机进行拍照。所以她应该购买一部集通话、上网和拍照功能为一体手机，首选应该是当下流行的智能手机。

2）受教育程度和经济状况。受教育程度和经济收入水平一般具有正相关关系，根据相关部门的统计，大多数进行网络购物的消费者接受过高等教育，这些人群的收入水平也略高于其他人群的收入水平。其原因是网络消费者的受教育程度越高，越容易了解和掌握互联网知识，也越容易接受网络购物的观念和方式。

【案例】李敏是一名大学生，属于正接受高等教育的人群，但还没有独立的经济收入。经济的拮据会直接影响购买选择，根据个人经济情况，她将购买的价格限制在 1500 元以内。同时，因为对互联网有一定的了解，她不仅能接受网络购物的方式，而且知道网络购买手机会更加便宜，也更加便捷。

3）网购经历。网购经历会在很大程度上影响消费者做出在线购买决策。网络购物经验丰富的人，会更加理性、客观地看待网络市场，能够条理清晰地分析出此次购买的动机与需求，然后根据自己的经验收集相关信息并进行判断抉择，最后才做出购买决策。良好的网络购物经历对网络购物行为会产生积极的促进作用，使消费者更加相信网络市场。反之，如果有了不愉快的网络购物经历，消费者便会对网络购物产生消极看法，在下次网络购物时变得谨慎。

【案例】由于李敏对网络市场比较熟悉，有比较丰富的网购经历，并了解网络购物的基本流程和相关技巧，所以李敏的很多同学在网购之前都爱咨询她，听听她的建议再去网上下单。

（2）心理因素。网络消费者除了具有传统消费者的心理动机之外，还具有其他由网络技术应用而引发的心理动机。首先网络购物的消费者往往具有追求新奇的心理，且最主要的群体是年轻人，这个群体的大多数人具有“喜新厌旧”的心理特征，他们更愿意尝试新事物。其次网络购物消费者具有个性化的心理需求，网络购物可以事先看到各种各样商品的信息，然后对商品进行选择，能满足群体对个性化的需求。与此同时，便捷的方式和便宜的价格，也能满足网络购物者对物美价廉的心理诉求，同时也能使他们随时把握时代潮流。

【案例】李敏的妹妹希望姐姐帮忙介绍一款照相功能好的手机，李敏上网查询手机相关商品信息，了解到苹果、华为、小米、OPPO、VIVO 等品牌的知名度较高，它们的产品质量、售后也都值得信赖。由于她妹妹喜欢精致小巧的手机，经过多番对比后，她帮妹妹选择了一款屏幕相对小巧的 OPPO 手机，而且这款手机照相功能特别好，价格也适中，妹妹十分满意。

【练一练】针对影响网络购物决策的内在因素，卖家应采取什么样的营销方式？完成表 1-8。

表 1-8 面对内在因素采取的营销方式

影响网络购物者决策的内在因素	营销方式
消费者的年龄与性别	
受教育程度和经济状况	
网购经历	
心理因素	

3. 影响网络购物的外在因素

消费者认识到自己有某种需要时，是其决策过程的开始，这种需要可能是由内在的生理活动引起的，也可能是外界的某种刺激引起的。

从广义范围分析，影响消费者的购买行为的外在因素可以统称为环境因素。环境因素是指能够对消费者产生影响的各种自然的、社会的与文化的等因素的综合体，它包括事物、地点及对消费者的认知和行为会产生影响的人，例如：参照群体、家庭、社会阶层、文化因素等。影响网络消费者在网络市场中做出购买决策的环境因素大致可分为文化因素、社会因素和营销因素。

（1）文化因素。文化因素是指由于不同文化背景、不同种族、不同国家地区所形成的价值观、信仰、生活方式、风俗习惯等。不同的文化背景下，人们的价值观念会有很大的差距。因此，不同的文化背景对网络消费者的购买行为也有很大的影响。

【案例】陈灵犀是典型的南方女孩儿，喜欢精巧的物品。对于随身携带的手机，她更希望它可以看起来精致。所以李敏在为她挑选手机时，特别注重产品的外观，尽量达到精美的要求。李敏注意到陈灵犀特别欣赏华为的企业文化，因此在选择手机品牌时，将目标锁定在华为上。

（2）社会因素。每个人生活方式和观点看法与其生存的社会环境密不可分，所以消费者的购买行为必定受到宏观环境因素的影响。网络消费者的网络购买行为更会受到外界环境的制约，因为不同的社会环境会对不同的网络消费者产生很大的影响。例如，白领一族和学生党购买的商品便会大相径庭。

【案例】虽然陈灵犀自己从来没有接触过网络购物，但是她身边很多同学都有过网络购物经历。大多数同学对网络购物的评价是更加便宜，可以节约逛街购物的时间和精力。对于经济不太宽裕、闲暇时间不多的学生来说，网络购物方式受到极高的推崇。

（3）营销因素。对于影响消费者网上购买的营销因素，主要有产品特性、企业形象、网络购物的便捷性、网络购物的可靠性和安全性。除此之外，网上信息的真实性、信用制度的建立、法律环境、配送体系的完善等也会对网络消费者的购买行为产生影响。

1）产品特性。手机属于电子类产品，在运送和使用过程中极易受损，所以在售后服务方面必须要求严格。例如，销售商家和厂商是否保证收货七天内无条件退换商品，多长时间内能够包换新机，保修时间是多久，是否可以全国联保等。只有把这些因素都考虑周全，才能保证消费者能够在手机使用过程中后顾无忧。

2）企业形象。市场口碑好、产品有特色、服务优质能有效帮助企业树立良好的形象。例如，小米手机近几年利用网络进行了大量的宣传，为产品提供有力的展示平台，突出手机特色、亮点以及企业的优质服务，在消费者中树立了良好的企业形象。

3）网络购物的便捷性。网络购物可以节约大量的逛街和挑选时间，为消费者带来更加方便、快捷的购物体验，这也是其越来越受当代人欢迎的一个主要原因。比如，以电器为主要销售商品的京东，在全国大多数地区，其商品的物流及配送速度可以实现"次日达"。也正是这一点吸引了大量的消费者，让他们更愿意在京东商城购买电子电器类商品。

4）网络购物的可靠性和安全性。部分消费者在网络购物时会存在很多顾虑，主要考虑商品质量安全、商品配送安全、资金安全和交易行为安全等问题。所以，理性的网络消费者会选择大型、知名度高的购物网站。因为大型的购物网站不仅要提供一个交易的平台，还有一系列规章制度用于监管旗下的网店，并会保障消费者的支付安全和个人信息安全。比如，天猫商城从商家入驻到经营的整个过程中，商家必须遵守相关规定，一旦违规，就会面临不同程度的惩罚，甚至取消经营的资质。

【练一练】企业进行消费者分析的目的是什么？

____

____

____

【练一练】假设你所在的班级需要在网络市场中购买一批班服，即学生成为网络消费者，请分组讨论分析影响此次购买行为的主要因素有哪些。

____

____

____

任务拓展

案例：京东超市"9.9 周年庆"

2022 年 9 月 6 日，京东超市"9.9 周年庆"发布会在京东举行。发布会上，京东超市正式宣布战略、品牌实现双升级，提出全新升级的 BOOST 战略，将进一步推进"开拓用户增长、布局同城业务、打造开放生态、建设供应链中台、拓展下沉市场"五大战略升级，凭借领先行业的供应链、全渠道能力，携手合作伙伴继续引领行业高增长。

同时，在此次发布会上，京东超市正式推出全新品牌，并主张"幸福来敲门"，进一步加强品牌心智建设，从销售领先到心智领先，致力于成为每个家庭幸福生活的陪伴者，成为人们购买消费品的第一"心智选择"。

如今，京东超市已经成为众多品牌销售的最大“增量场”。其中，包装米、食用油、奶粉等 10 余种产品在品类全渠道份额中占据领先地位，舒肤佳、金龙鱼、雀巢等超 10 个品牌在全渠道份额中居全球领先地位，蒙牛、伊利、五粮液等在内的 200 余个品牌在全渠道份额中居全国领先地位。

2022 年，京东超市双百亿俱乐部品牌数量再创新高，已有超 50 个品牌销售额过 10 亿元，100 余个品牌销售额超 5 亿元，500 余个品牌销售额过 1 亿元。目前，京东超市仍在全面提速，助力品牌成就高质量增长。

在 9 月 6 日 20 点，京东超市开启“狂欢 28 小时”周年庆专场活动。9 月 6 日 20 点至 24 点期间，“爆品”价格限时直降 4 小时；周年庆活动期间，京东超市还推出“每满 200 减 20”的超值福利，部分“爆款”更有 9.9 元秒杀，消费者打开京东手机软件（Application，App）搜索“京东超市周年庆”即可进入会场。同时，七鲜、华冠、酒行等全国超 8000 家线下商超门店加入到京东超市“9.9 周年庆”和中秋节系列专场活动中，共同营造中秋节日氛围。

此外，京东超市于 9 月 9 日 19：30，联合芒果 TV 共同打造 2022 京东超市星品之夜，邀请 15 位知名艺人现身活动现场，晚会送出 3 轮红包雨，共同为消费者呈现一场幸福满满、惊喜连连的精彩晚会，传递“幸福来敲门”的全新品牌主张。

思考：

（1）京东超市“9.9 周年庆”活动主要抓住了消费者哪方面的购买动机？

（2）该案例给我们什么启发？

任务巩固

实训　网络消费者的心理动机和消费特征

【实训目的】

通过本实训了解目前网民的现状，熟悉网络消费者的特点和心理动机，明确网络消费的需求特征，能够对网络消费者的购买过程进行分析。

【实训内容】

（1）结合网络消费者的理论要点，整理出网络市场定位的相关知识。

（2）本实训有 4 项任务，请依次完成实训任务，将实训成果整理到相关表格中（表格可以另外附页）。

（3）实训过程中采用线上或线下的混合式学习方式，学生以小组为单位协同合作，通过头脑风暴集思广益，共同完成实训任务。

【实训资料】

2010 年 4 月，小米手机公司在中关村银谷大厦诞生。同年 8 月，MIUI 内测版正式推出，这是国内为数不多的定制手机操作系统，在安卓的基础上融入了许多不一样的东西，其易用性赢得了不少好评。小米手机 1 代也在这时候发布了，直到次年下半年，累计销量突破了 300 万部。

2012 年 8 月，小米手机 1S 和小米手机 2 正式发布，和小米手机 1 一样，几分钟就被一抢而光。到了 2013 年，MIUI 全球用户已经突破了 1000 万，这样的成绩无疑是令人惊喜的。当时小米手机及 MIUI 操作系统的横空出世使得许多老牌手机厂商措手不及，他们没有想到，价格高昂的智能手机居然被小米卖到如此之低的价格。

2015 年 5 月，小米手机 4 的出货量达到了 1000 万部，它也被称为小米第五款千万级手机。

2016 年 10 月，小米具有划时代意义的手机——小米 MIX 发布，在这款手机上，小米首次在业内引入了全面屏的概念，这也是小米第一款全面屏手机。这款手机是由当代著名设计大师、极简设计的倡导者菲利普·斯塔克设计，采用 6.4 英寸全面屏、高通骁龙 821 处理器，拥有最高 8+256G（8G 运行内存、256G 存储空间）的规格，这款手机带来的全面屏概念也开始被其他厂商所采用。

2017 年年底，小米 MIX2 发布，这款手机自发布之初就备受关注，法国乔治·蓬皮杜国家艺术文化中心正式将全面屏智能手机小米 MIX 和小米 MIX 2 列入馆藏。这是中国消费电子产品首次被世界级艺术博物馆收藏。同时，这款手机也获得了 iF 产品设计金奖。

2020 年 2 月，小米在线上发布会正式发布小米十周年纪念手机——小米 10。这款手机搭载了高通骁龙 865 处理器、双扬声器等诸多顶级配置，无论是硬件还是软件都做到了极致，它也是小米这么多年来最优秀的一款手机。

2021 年 8 月 10 日晚，小米集团在北京举办了 2021 雷军年度演讲暨小米秋季新品发布会。雷军宣布小米当前的主要任务是真正站稳手机市场全球第二，并提出了三年拿下全球第一的目标。

【实训任务】

（1）在中国互联网络信息中心网站查询第 1 次、第 26 次、第 46 次中国互联网络状况调查报告，比较调查报告中核心数据的变化（人数、性别、年龄、收入、职业、文化程度等），分析网民发展状况对网络营销的影响。请将你的结论填进表 1-9。

表 1-9　网民发展状况对网络营销的影响

中国互联网络状况调查报告	核心数据的变化（人数、性别、年龄、收入、职业、文化程度等）	网民发展状况对网络营销的影响
第 1 次		
第 26 次		
第 46 次		

（2）通过搜索说明不同性别、不同年龄段的小米手机消费者的购买动机（如需求动机、心理动机），请完成表 1-10。

表 1-10 不同购买者的购买动机

购买动机	青年老师	大学生	爷爷奶奶
需求动机			
心理动机			

（3）登录京东网和小米商城查看小米手机打折的信息，并分析打折的商品是否能够吸引消费者进行购买？请完成表 1-11。

表 1-11 决定性购买因素

分析维度	结论
查询的网络平台	
小米手机的折扣信息	
决定购买的关键因素	

（4）网络的特点使得顾客的选择性和主动性增加，也使得顾客对品牌的忠诚度降低，你觉得小米应该采取哪些措施来吸引顾客开拓市场，并维持顾客的忠诚度，以稳定市场？请完成表 1-12。

表 1-12 针对消费者特征制定开拓市场的措施

分析维度	结论
小米手机消费者的主要特征	
消费者对小米的忠诚度	
小米维护开拓市场的措施	

任务二学习效果评价

评价方式	评价内容				
	评价项目	评价等级			
		A	B	C	D
自评	对本任务知识感兴趣的程度	浓厚	较浓厚	一般	弱
	独立思考的能力	强	较强	一般	弱
	体验到学习成功的愉悦感	强	较强	一般	弱
	理解别人的思路，与同伴交流的意识	强	较强	一般	弱
	在知识、方法等方面获得收获的程度	高	较高	一般	低
小组互评	本节课堂发言的次数	多	较多	一般	少
	课堂练习完成的质量	高	较高	一般	低
	自主探究意识和团队协作能力	高	较高	一般	低

任务三　网络营销调研

工作任务

为了开拓婴幼儿奶粉市场，李敏接到公司企划部的通知，需要对婴幼儿奶粉市场进行调研，了解市场对品牌的喜爱程度、消费者对奶粉价格的敏感程度等，她应该如何开展网络市场调研？

通过学习本任务的相关知识，了解网络市场调研的内容，学习网络市场调研的方法，能设计一份优秀的网络市场调研问卷。

任务实施

知识点 1：了解网络市场调研的内容

调研方案

网络市场调研，又称网上调研或在线调研，是指企业利用互联网作为沟通和了解信息的工具，对消费者、竞争者以及整体市场环境等与营销有关的数据系统进行调查分析研究。

市场调研内容主要有 3 部分：市场需求容量调研、可控因素调研和不可控制因素调研。

【练一练】你做过网络市场调研吗？你在什么情况下会做网络市场调研？

____

____

____

1. 市场需求容量调研

市场需求容量调研主要包括现有的和潜在的需求容量、市场最大和最小需求容量、不同商品的需求特点和需求规模、不同市场空间的营销机会、企业和竞争对手的现有市场占有率等情况。该调研的主要目的在于掌握市场需求量、市场规模、市场占有率，以及有效的经营策略和手段。

2. 可控因素调研

可控因素调研主要包括对产品、价格、销售渠道和促销方式等因素的调研。

（1）产品调研。产品调研包括有关产品性能、特征和顾客对产品的意见和要求的调研。产品寿命周期的调研，以了解产品所处的寿命期的阶段；产品的包装、名牌等给顾客的印象的调研，以了解这些形式是否与消费者或用户的习俗相适应。

（2）价格调研。价格调研包括产品价格的需求弹性调研、竞争对手价格变化情况调研、新产品价格制定或老产品价格调整所产生效果的调研、价格优惠策略的实施时机和策略产生效果的调研。

（3）销售渠道调研。销售渠道调研包括企业现有产品分销渠道状况、中间商在分销渠道中的作用及各自实力、用户对中间商尤其是代理商/零售商的印象等内容的调研。

（4）促销方式调研。促销方式调研主要是对人员推销、广告宣传、公共关系等促销方式的实施效果进行分析、对比。

3. 不可控制因素调研

（1）政治环境调研。政治环境调研包括对企业产品的主要用户所在国家或地区的政府现行政策、法令及政治形势的稳定程度等方面的调研。

（2）经济发展状况调研。经济发展状况调研主要是调查企业所面对的市场在宏观经济发展中将产生何种变化。

（3）社会文化因素调研。社会文化因素调研主要是调查一些对市场需求变动产生影响的社会文化因素，如：文化程度、职业、宗教信仰及民风、社会道德与审美意识等方面。

（4）技术发展状况与趋势调研。技术发展状况与趋势调研主要是为了解与本企业生产有关的技术水平状况及趋势，同时还应把握相同产品生产企业技术水平的提高情况。

（5）竞争对手调研。现代商品经济社会是一个竞争激烈的社会，企业想要在竞争中取胜就要知己知彼，每个企业都要了解竞争对手的优点和缺点。竞争对手调研主要调查竞争对手的数量、竞争对手的市场占有率及变动趋势、竞争对手已经并将要采用的营销策略和潜在竞争对手情况等方面的调研。

【练一练】与传统市场调研方法相比，利用互联网进行市场调研有哪些优势？

____

____

____

知识点 2：了解网络市场调研的方法

利用网络进行市场调研有两种方法：一种是直接进行一手资料调研，即网上直接调研；另一种是利用互联网的媒体功能，在互联网上收集二手资料，即网上间接调研。

1. 网络市场直接调研

网络市场直接调研指的是为当前特定的目的在互联网上收集一手资料或原始信息的过程。直接调研的方法有 4 种：网上观察法、专题讨论法、在线问卷法和网站投票法。使用最多的是专题讨论法和在线问卷法。

（1）网上观察法。网上观察的实施主要是利用相关软件和人员记录登录网络浏览者的活动。相关软件能够记录网络浏览者浏览企业网页时所单击的内容、浏览的时间；在网上喜欢看什么商品网页；看商品时，浏览者先单击的是商品的价格、服务、外形还是其他人对商品的评价；是否有就相关商品和企业进行沟通的愿望等。

（2）专题讨论法。创建相应的讨论组，利用过滤系统筛选出适合的信息，引导用户就某一产品或事件进行讨论，最终得到有用的调查信息。

（3）在线问卷法。在网络上发布相关的调研问卷，请求浏览其网页的用户填写电子问卷，参与调研，这是最常用的调研方法。当调研用户较多、数据量较大时，对在线调研系统的要求也就比较高，因此专业的在线调研往往委托第三方来操作。

【练一练】在线问卷的发布平台有哪些？

____

____

____

（4）网站投票法。该方法也是问卷的一种，但通常比较简单，整个问卷只有几个可选项目。适合用于了解用户对某事件的看法。

2. 网络市场间接调研

网络市场间接调研主要是利用互联网收集与企业营销相关的市场、竞争者、消费者、宏观环境等方面的信息。

互联网上虽有海量的二手资料，但要找到自己需要的信息，首先，必须熟悉搜索引擎的使用，其次要掌握专题型网络信息资源的分布。网上查找资料主要通过 3 种方法：利用搜索引擎；访问相关网站，如各种专题性或综合性网站；利用网上数据库。

（1）利用搜索引擎查找资料。搜索引擎提供一个搜索入口，根据搜索者提供的关键词，反馈出的搜索结果是与关键词相关的商机信息，比如供求信息、产品信息、企业信息以及行业动态信息，并且给予搜索者一定的信息分拣引导，以最终满足搜索者的实际需求。

（2）访问相关网站查找资料。搜索者可直接访问专题信息网站，获得所需的资料。

（3）利用网上数据库查找资料。网上数据库有付费和免费两种。

【练一练】网络市场调研一般需要经过哪些步骤？

知识点3：设计网络市场调查问卷

网络问卷

网络市场调查问卷，是调查者根据一定的调查目的精心设计的一份调查表格，是现代社会用于收集资料的一种普遍的工具。调查者可以根据收集的信息进行整合分析，以得出问题的答案，这有助于调查者进一步分析处理和完善有关事项并制定有效的决策和策略。

1. 问卷的分类

（1）自填式问卷。自填式问卷指由调查者发送给被调查者，被调查者自己填写的问卷。

（2）访问式问卷。访问式问卷是由调查者按照事先设计好的问卷或问卷提纲向被调查者提问，然后根据被调查者的回答进行填写的问卷。

2. 问卷的基本要求

问卷有以下几个基本要求：问题具体、表述清楚、重点突出、整体结构好；确保问卷能完成调查任务与目的；问卷应该有正确的政治方向，把握正确的舆论导向，注意对群众可能造成的影响；便于统计整理。

3. 在线问卷的基本结构

在线问卷法即请求浏览其网站的每个人参与企业的各种调查。在线问卷法可以委托专业公司进行。调查问卷的基本结构一般包括三个部分：标题及标题说明、调查内容（问题）和结束语。标题及标题说明主要说明调查的目的、意义、选择方法以及填答说明等；调查内容主要包括各类问题、问题的回答方式及指导语；结束语可对被调查者表示感谢，也可征询一下被调查者对问卷设计和问卷调查本身的看法和感受。

【练一练】设计调查问卷一般需要经历哪几个阶段？

4. 制作在线问卷的步骤

消费情况调查表

以“问卷星”问卷调查网为例，制作问卷的操作步骤如下：

（1）首先在百度搜索引擎中搜索“问卷星”，在搜索页中找到“问卷星”的官网，单击进入，如图1-13所示。

（2）首先在问卷星网页上注册一个账号，登录以后单击“进入管理后台”按钮，如图1-14所示。

（3）进入管理后台后，单击“创建问卷”按钮，便可以创建网上调查问卷了，如图1-15所示。

图 1-13　百度搜索“问卷星”

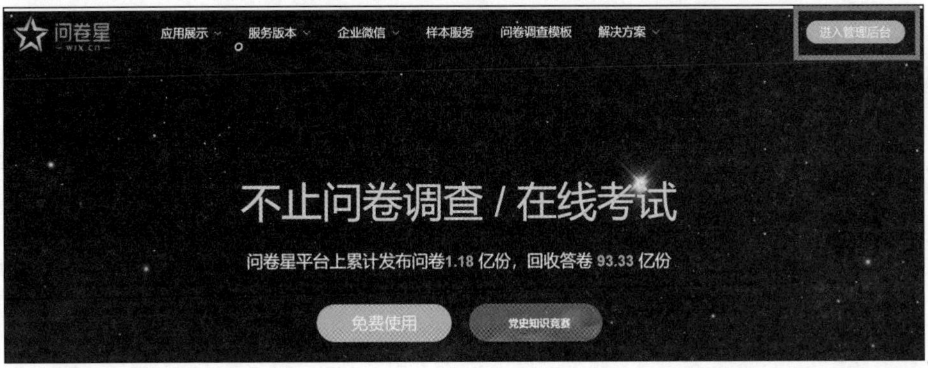

图 1-14　“问卷星”官网

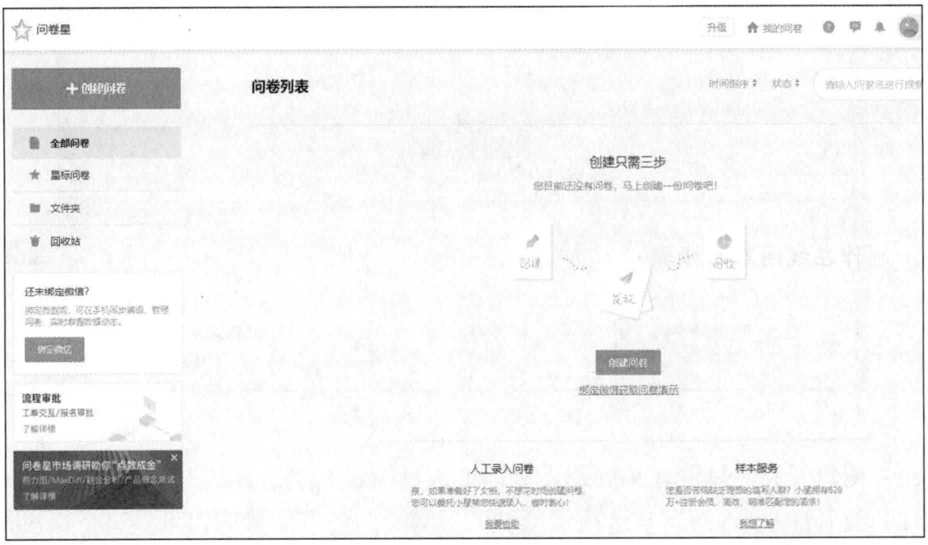

图 1-15　创建问卷

（4）选择问卷种类。单击“调查”按钮进入图 1-16 所示页面，在其中选择相应种类即可。

图 1-16　选择问卷种类

（5）输入问卷标题，如“大学生消费观调查问卷”，然后单击“立即创建”按钮，也可以选择“从模版创建问卷”“文本导入”“人工录入服务”选项进行创建，如图 1-17 所示。

图 1-17　输入问卷标题

（6）编辑问卷。以创建单选题为例，单击页面左侧“选择题”下的“单选”选项，在弹出的对话框中填入问题与选项就可以了。网页左边有多种题型可供选择，根据网络问卷调研的题型，逐个添加题目，编辑好以后，单击“完成编辑”按钮，如图 1-18 所示。

图 1-18　网络问卷编辑界面

（7）单击“问卷外观”选项，将问卷背景设置得美观一些，吸引更多人填写问卷。更改后，单击“发布此问卷”按钮，如图 1-19 所示。

图 1-19　设置问卷外观及发布问卷

（8）单击“互填问卷”选项，使更多人参与问卷的回答。也可将问卷链接发送到微信朋友圈和 QQ 空间等，请朋友帮助完成答卷，如图 1-20 所示。

图 1-20　生成问卷链接与二维码

（9）回收问卷并完成数据分析。

任务拓展

案例：刘某某与东方某某

2022 年 4 月 21 日，“为什么刘某某突然爆火”“刘某某燃脂操千万别乱练”等词条相继冲上了微博热搜榜。从 4 月 17 日到 4 月 20 日，他在抖音上 3 天涨粉 1100 万，创造了抖音最快涨粉纪录。这样的涨粉速度，直逼当年的李某某，朋友圈的“李某某女孩”们正在纷纷变成“刘某某女孩”。

据中国企业家杂志报道，从刘某某工作人员处得知，4 月 10 日，刘某某直播结束后，收获了 26 万音浪（抖音平台虚拟货币），4 月 19 日则收获了 240 万音浪。按照音浪与人民币 1∶10 的兑换比例，短短 10 天内，刘某某的直播收入从 2.6 万元暴涨至 24 万元，接近 10 倍增长。按照这样的增长速度，刘某某每日跳一场操的收入，可能很快就会超过一些中头部主播带货的收入。

2022 年上半年，抖音继刘某某之后，迎来新的爆点——东方某某。截至 2022 年 6 月 20 日，东方某某直播间粉丝数超过 1700 万。新某某股价在 2021 年因双减政策导致“脚跟斩”后，迎来暴涨。截至 2022 年 12 月，东方某某粉丝总量突破 3600 万，已推出 52 款自营产品，总销量达 1825 万单。

2021 年 12 月 28 日，东方某某在抖音平台正式开播，2022 年 6 月实现“破圈”传播。在直播方面，东方某某已开设 6 个直播账号，形成直播矩阵。销售产品覆盖农产品、食品、图书、生活用品。其中，东方某某粉丝接近 2900 万，东方某某之图书、东方某某美丽生活、东方某某自营产品 3 个账号粉丝量均超过 100 万。据第三方平台数据显示，东方某某已经连续多月位列抖音带货榜冠军位置。2022 年 12 月 27 日，“东方某某看世界”新账号开播销售海南旅游产品，单日销售额突破 2000 万元。东方某某抖音店铺用户评分达 4.99，几乎接近满分。

思考：

（1）请分析刘某某与东方某某爆红的市场原因是什么？

（2）这两个消费群体有什么不同？

任务巩固

市场调研报告

实训　网络问卷调查实训

【实训目的】

通过实训掌握利用互联网进行调查研究的技能，掌握针对具体问题收集一手和二手数据的方法，为继续学习网络营销后续内容奠定基础。

【实训内容】

（1）结合网络营销调研的理论要点，整理出网络市场调研的核心技能。

（2）本次实训有 4 项任务，请依次完成实训任务，将实训成果整理到相关表格中（表格可以另外附页）。

（3）实训过程中采用线上或线下的混合式学习方式，学生以小组为单位协同合作，通过头脑风暴集思广益，共同完成实训任务。

【实训资料】

消费大数据中的健康密码

为助力健康中国战略，由国家卫生健康委人口文化发展中心指导，八点健闻、复旦大学健康传播研究所在华泰证券支持下合作研发编制的中国居民健康消费指数于 2022 年 3 月 24 日发布。居民健康消费指数旨在使用消费大数据衡量居民消费习惯对健康程度的影响。通过计算居民平均每日消耗蔬菜水果、肉蛋奶、烟酒等商品，以及身体活动时间的具体数值，参考权威医学实证研究得出居民消费行为对于健康的影响系数，进而推算得来该指数。

健康消费与经济水平相关

报告显示，2021 年度居民健康消费指数排名中，上海、北京、天津在 31 个省（直辖市、自治区）中位居前三。我国居民健康消费指数呈现出明显的地区差异。更高水平的人均国内生产总值（Gross Domestic Product，GDP）和预期寿命与当地居民更健康的消费行为高度正相关，说明我国经济发达地区与欠发达地区人口的预期寿命差距明显，除了这两类地区医疗条件和公共卫生环境的差异，消费者健康行为生活方式的差距也不容忽视。

同时报告也指出了健康消费指数与人均 GDP 对比的局部差异：部分地区人均 GDP 和预期寿命排名前列，健康消费指数却相对靠后。可能的原因是，经济水平提高既可以促进居民购买更多健康型消费品，又会在一定程度上引致对健康不利的消费品的需求激增。

有营养≠更健康？

居民健康消费指数报告指出，居民往往缺乏有效的渠道去了解各类商品消费行为对健康的具体影响程度，对于消费品，在习惯意义上的“有营养”和科学意义上的“更健康”之间，往往存在认知差距，无法有效约束消费行为以达到“理想健康”状态，这也会在一定程度上导致地区健康消费水平的下降。

据介绍，居民健康指数报告中使用 OR 值（Odds Ratio，比值比）来衡量不同商品消费行为增减对健康的影响，OR 值大于 1，对健康影响为负（小于 1 则为正），某种商品的 OR 值越大，说明该商品消费越多对健康越不利。中国居民健康消费指数评价体系产品类目及居民健康行为权重如图 1-21 所示。

一级指标	二级指标	三级指标	死亡率风险比
吸烟	吸烟率	火机烟具等	男，1.21 女，1.33
饮酒	饮酒率	白酒等	1.13
身体活动	经常参与体育锻炼比例	平板电脑、学生平板等	0.80
营养摄入量	蔬菜及食用菌	半加工蔬菜、茄果瓜类、鲜菌菇等	0.90
	禽畜肉	红肉（猪牛羊）、禽肉（鸡鸭鹅）	红肉，1.02 加工肉，1.18
	水产品	鱼类、蟹类等	0.94
	蛋类	蛋类	1.07–1.29
	奶制品	低温奶、冷藏饮料等	0.91
	瓜果	草莓、橙子、瓜等	0.81

图 1-21 中国居民健康消费指数评价体系产品类目及居民健康行为权重

大数据创新动态监测，揭秘居民健康密码

居民健康状况的调查、监测和风险评估，对于实施健康中国行动意义重大。据国家卫健委公布的数据，2020 年我国居民健康素养水平达到 23.15%，比 2019 年提升 3.98 个百分点，增长幅度为历年最大，但总体水平仍不高，且健康问题和健康资源的区域差异较大，某些地区和人群的健康状况亟须改善。

目前网络购物已成为居民获取生活资源最重要的手段之一，全国网络购物用户规模接近 8 亿，大型电商平台的配送范围覆盖广，可及性较高，在法律框架内使用消费大数据来分析居民消费行为隐含的健康状况，可以获得的样本更加广泛、更新频率更高，并且比发放问卷更加节省成本。

（资料来源：中国居民健康消费指数报告 2022 年 3 月）

【实训任务】

（1）健康消费水平与经济水平、消费认知、健康行为有关，请调研现代大学生的消费观，结合实训资料完成表 1-13。

表 1-13　大学生健康消费观

问题类型	对应的内容
当代大学生的消费结构	
当代大学生消费中存在的问题	
当代大学生如何做好健康消费	

（2）撰写“大学生消费观”调查问卷，在每种问题类型中设计 2 个典型问卷问题并填入表 1-14 中，再将完善的网络调研问卷填入表 1-15 中，然后发布到在线调查“问卷星”网站，收集至少 50 人的调查问卷原始数据。

表 1-14　问卷问题设计

问题类型	问卷问题设计（2 个问题）
单项选择题	
多项选择题	
矩阵单选题	
矩阵多选题	

表 1-15　问题结构及内容

问题结构	内容
标题	
问卷说明	
正文（任选 1 种题型的 2 个题目）	
结束语	

（3）对问卷原始数据进行分析，并撰写调查报告。

（4）提交以下资料（资料文件命名方式：网络问卷调查+班级+姓名+学号）：

1）调查问卷数据分析报告（word 版）。

2）调查问卷原始数据（xls 版）。

3）调查报告。

4）电子版调查问卷。

任务三学习效果评价

评价方式	评价内容				
	评价项目	评价等级			
		A	B	C	D
自评	对本任务知识的感兴趣程度	浓厚	较浓厚	一般	弱
	独立思考的能力	强	较强	一般	弱
	体验到学习成功的愉悦感	强	较强	一般	弱
	理解别人的思路，与同伴交流的意识	强	较强	一般	弱
	在知识、方法等方面获得收获的程度	高	较高	一般	低
小组互评	本节课堂发言的次数	多	较多	一般	少
	课堂练习完成的质量	高	较高	一般	低
	自主探究意识和团队协作能力	高	较高	一般	低

学习成果实施与测评

一、单选题

1．网络消费者的购买动机不包括（　　）。

A．兴趣需要动机　　B．从众需要动机

C．爱好动机　　D．感情心理动机

2．（　　）是网络营销策略中最首要的部分。

A．产品策略　　B．定价策略

C．渠道策略　　D．促销策略

3．（　　）是消费者产生购买想法、从事购买行为的直接原因。

A．购买欲望　　B．购买动机

C．需求　　D．决策过程

4．（　　）是一个由 Internet 上的企业、政府组织和网络消费者组成的市场。

A．网络市场　　B．网络消费行为

C．网络营销　　D．市场

二、多选题

1. 下列选项中，属于消费者的购买决策过程行为的是（　　）。
   A．明确需求　　B．收集信息　　C．挑选评估　　D．满意度调查
2. 网络促销的形式分类有（　　）。
   A．网络广告　　B．销售促进　　C．站点推广　　D．关系营销
3. 网络营销策略包括（　　）。
   A．产品策略　　B．定价策略　　C．渠道策略　　D．促销策略
4. 影响网络消费者在网络市场中做出购买决策的环境因素有（　　）。
   A．文化因素　　B．感情因素　　C．社会因素　　D．营销因素

三、判断题

1. 网络消费行为和网络消费者行为完全一样。（　　）
2. 消费者的收入会决定其消费金额。（　　）
3. 订购电子书刊属于自我实现需求。（　　）
4. 不同的文化背景不会对人们的价值观念产生很大的影响。（　　）

四、简答题

1. 网络消费者购买决策过程的主要步骤有哪些？
2. 消费者的需求可以分成几个层次？

五、实训题

在慧聪网注册并申请一个服装类的店铺，并完成以下操作：

1. 分析消费者需求和购买动机，并形成一份简单的需求报告。
2. 分析对本店铺的消费者造成影响的营销因素。
3. 对建立的店铺制订一个“开业大酬宾”促销方案。

项目二 引爆网络流量的常见方法

思维导图

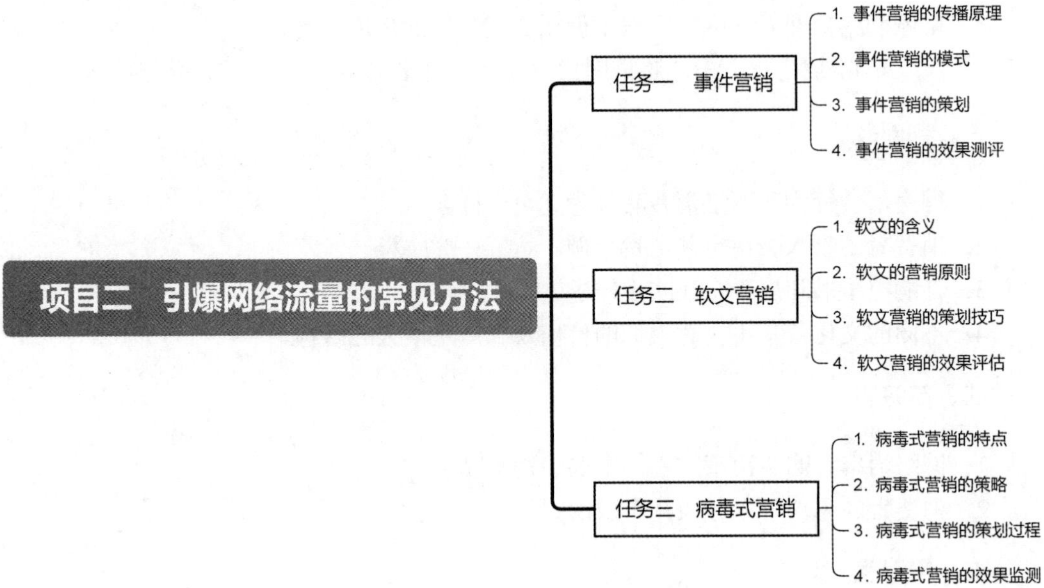

项目导读

由于公司规模不断扩大，知名度随之提升。李敏所在的公司需要招聘一批网络推广专员，底薪3000元/月，再根据公司政策计算提成，享受社保等福利，招聘信息一经发布，应聘者蜂拥而至。公司为了选拔到优秀的人才，对应聘者展开了多轮严格的考核，李敏的表妹阿荣最终取得总分第一的好成绩。

为了彰显招聘的公平性，人力资源部决定在正式录用阿荣前，对阿荣进行更全面的了解。通过认真细致的调查，发现阿荣在校期间就小有名气。她以表姐李敏为榜样，积极上进，多次荣获各类技能大赛奖项，而且还开了自己的网店，经常利用空余时间前往福利院做义工，是一名非常优秀的应聘者。经过技能考核和实地调查，人力资源部决定录用阿荣，并且在公司网站和微博上对这次招聘的经过、结果进行了报道，对阿荣的助人为乐精神、过硬的技能素质进行了宣传，引发了众多网友的关注。

阿荣在公司网站上看到报道后，决心到新单位后一定要好好努力拼搏一番。

学习目标

知识目标

- 了解事件营销的传播原理；
- 掌握事件营销的策划方法；
- 掌握软文营销的原则；
- 掌握软文营销的策划技巧；
- 了解病毒式营销的特点；
- 掌握病毒式营销的策划过程与方法。

技能目标

- 能运用不同的事件营销技巧开展事件营销活动；
- 能结合具体网络流量测评指标判断事件营销活动效果；
- 能根据软文营销的不同阶段进行软文营销策划；
- 能运用软文营销评估方法评估引爆网络营销流量的效果；
- 能根据病毒式营销策划流程开展营销；
- 能结合具体网络流量指标判断病毒式营销的活动效果。

思政目标

- 具有良好的职业道德和正确的网络营销价值观；
- 具有诚实守信、客观公正的工作意识。

任务一　事件营销

爱国企业家

工作任务

星期一上午 9 点，在公司召开的早会上，经理说，公司即将在夏季推出一款新的茶饮料，阿荣所在的小组得到一项任务，策划一起轰动互联网的事件，通过事件营销在新产品上线之前，提升新款饮品的知名度和销量。但是应该如何策划好一起轰动互联网的事件呢？

为助推公司新产品上市，小组马上开了头脑风暴会议，经过多轮讨论，大家一致认为策划一起引爆互联网流量的事件营销，首先需要了解事件营销的传播原理，然后选择一种合适的营销模式，最后还要对所策划的事件营销效果进行总结评价。

任务实施

为更好地学习事件营销的相关内容，并完成工作任务，需要学习以下几个方面的知识。

知识点 1：了解事件营销的传播原理

事件营销（Event Marketing）是企业通过策划、组织和利用具有新闻价值、社会影响以及名人效应的人物或事件，吸引媒体、社会团体和消费者的兴趣与关注，以提高企业或产品的知名度、美誉度，树立良好的品牌形象，并最终促成产品或服务销售目的的手段和方式。

理解传播原理是进行事件营销的前提。

1. 事件营销的初始动机——注意力稀缺

营销传播的目标是让消费者从注意、理解、购买到建立忠诚度的一个过程。注意力对于企业来说，是一种可以转化为经济效应的资源，企业把握住大众的注意力，也就有了事件营销的动力。通过注意力的导向作用，将受众的注意力导向一个特定的对象、企业和某个特定的事件，从而实现社会注意力和个人注意力的分配与再分配。唤起消费者强烈的共鸣，改变消费者对企业产品、服务的态度，促使消费者做出对企业有利的购买决策。

2. 事件营销的导火索——利用大众媒介“议程设置功能”

“议程设置功能”理论认为传播媒介的效果和作用在于引起人们的注意力。大众传播只要对一些问题给予重视、集中报道，并调动受众的注意力，就能间接地影响公众舆论。大众媒介是人们认识、了解客观世界的基本途径之一。一般来说，传媒作为重点详细报道或介绍的东西，受众也会引起重视，将它作为日常交际谈论的话题，通过口头传播、人际传播的扩散途径，加强社会公众对传媒报道重要性的感知与肯定。

3. 事件营销的必要途径——整合营销资源

企业要使营销传播活动获得高效率，首先，必须对各种营销传播资源加以科学、有规划的整合，资源一旦获得整合，能够产生更强的一致性，提高企业把信息送达顾客的能力，更加有效率地完成营销传播的任务。其次，“消费者导向型”的市场环境也迫使企业必须对营销传播资源加以合理整合。随着消费者越来越多，市场营销的功能正由战略型向策略型转变。企业的营销者可以通过各种营销传播资源的整合，来实现传播效果的最优化。

【案例】五菱口罩。

2021 年春晚台下的观众都戴着中国红的口罩，欢聚一堂，热闹非凡，但是当高清镜头往前推进到口罩上时，大家突然觉得有点不对劲？

原来口罩也是广告位，细心的网友把图片放大再放大，定睛一看，似乎看到了熟悉的 Logo——五菱，如图 2-1 所示。

虽然知道五菱一直开拓其他领域，但是大家属实没想到五菱这次居然承包了春晚现场的口罩。

图 2-1　2021 年春晚的口罩

【思考】营销活动中，事件营销也是网络营销传播过程中的一把利器，它利用名人效应、新闻价值以及社会影响的人物或事件，引起媒体、社会团体和消费者的兴趣与关注，以提高企业或产品的知名度、美誉度。那么，事件营销有什么样的特征呢？

知识点 2：了解事件营销的模式

奶糖与图书馆事件

事件营销通过“借势”和“造势”，以求提高企业或产品的知名度、美誉度，树立良好的品牌形象，并最终促成产品或服务销售的目的。组织进行事件营销常见的两种模式为借力模式和主动模式。

1. 借力模式

所谓借力模式就是企业将设定的话题向社会热点话题靠拢，促使公众对热点话题的关注转向对企业设定话题的关注。要实现好的效果，必须遵循以下原则：相关性、可控性和系统性。

（1）相关性。相关性是指社会热点话题必须与企业自身发展密切相关，也与企业的目标受众密切相关。

【案例】杠杆借力茶叶公司。

世界著名的利普顿公司为了使自己的产品迅速打入市场，在开业伊始别出心裁地举办了一次精彩的表演，他们买来几头小猪，用缎带给它们精心打扮，并插上“我要去利普顿市场”字样的小旗，然后赶着它们穿过闹市，引起众人的注意，达到了让商品家喻户晓的目的。

做广告需要花重金，但若匠心独运，也能四两拨千斤，用最少的钱让广告有声有色。茶叶公司与猪风马牛不相及，经公司公关人员策划牵线搭桥，小猪成了促销功臣，企业也借此腾飞。相比之下，我们有些企业至今仍固守着传统的营销模式，促销方式习惯跟着感觉走，以致推出的促销方式不是步人后尘，就是偏离了市场，结果普遍感到竞争激烈、生意难做。

（2）可控性。可控性是指企业自主设定的话题能在控制范围内，如果不能在控制范围内有可能无法达到期望的效果。

（3）系统性。系统性是指企业借助外部热点话题策划和实施一系列与之配套的营销策略，整合多种手段，实现一个结合、一个转化，即外部热点话题与企业话题的结合，公众对外部热点话题的关注转向对企业话题的关注。

【案例】奥利奥借力故宫。

107 岁的奥利奥与 600 岁的故宫两个超级品牌强强联合，不仅以“一饼融尽天下味”为主题，推出 6 种不同口味的宫廷御点，定制奥利奥玉玺、茶宴套装、古风歌曲音乐盒等故宫特色新品，还用时 26 天，为此拍了一部“史诗级”的广告片，如图 2-2 所示。奥利奥工作人员用 10600 块饼干搭建成一座史上最美味的故宫，该短片上线 3 天近 300 万观看人次。在微博上，“奥利奥进宫了”的话题引发热议，话题阅读量突破 12.9 亿。

图 2-2 “宫廷御点 · 中华六味”广告片场景

2. 主动模式

主动模式是指企业主动设置一些结合自身发展需要的话题，通过传播，使之成为公众所关注的公共热点。要实现好的效果，必须遵循以下原则：创新性、公共性及互惠性。创新性就是指企业所设置的话题必须有亮点，只有这样才能获得公众的关注；公共性是指避免自言自语，设置的话题必须是公众关注的；互惠性是指要想获得人们持续地关注，必须要双赢。

【案例】Kindle 盖泡面，面真香！

“聚划算欢聚日”在某宝旗舰店的广告语居然是“盖 Kindle，面更香”，官方认证自己的产品是一个盖泡面的盖子，这是破罐子破摔了吗？“弃疗”式广告语带动一大批网友亲自示范什么叫做“用 Kindle 盖泡面”。以“Kindle 官方盖章泡面盖子”为主题的微博话题阅读量破 2 亿，讨论量高达 3.9 万。前期的话题引爆助力 Kindle 泡面礼盒的售卖，在“聚划算欢聚日”开售 2 分钟就售出 100 台。

知识点 3：掌握事件营销的策划

涪陵榨菜事件

事件营销策划是指营销人员在开展事件营销活动之前，围绕社会公众利益，制造新闻事件，建立传播议题，有意识地安排某些具有新闻价值的事件在某个选定的时间内发生，并对后续传播与风险控制等做出一系列安排的工作活动。

1. 事件营销策划的策略

（1）借势策略。及时地抓住广受关注的社会新闻、事件以及人物的明星效应等，结合企业或产品在传播上想要达到的目标而展开一系列相关活动。

常见的借势策略有：

1）明星策略。一般来说，明星是社会发展需要与大众主观愿望相交合而产生的一种客观存在。当购买者不再把价格、质量当作购买顾虑时，利用明星的知名度去加重产品的附加值，就可以借此培养消费者对该产品的感情与联想，从而赢得消费者对产品的追捧。

2）体育策略。借助赞助、冠名等手段，通过所赞助的体育活动来推广自己的品牌。体育活动被越来越多的人关注和参与，而体育赛事本身就是品牌最好的广告载体，体育背后蕴藏着无限商机，这被很多企业意识到并投入其间。体育营销作为一种软广告，具有沟通对象数量大、传播面广和针对性强等特点。一个好的事件营销，应该像讲故事一样，一波三折，让人们看了大呼过瘾，甚至看了还想看，这样事件所引发的聚合效应才能持久。

3）新闻策略。利用社会上有价值、影响面广的新闻，不失时宜地将其与自己的品牌联系在一起，然后在官网、社区论坛等平台上进行宣传，从而达到借力发力的传播效果。事件营销无论怎样策划，一定要符合相关的新闻法规，不能越位。否则，一旦违背法规，可能会得不偿失。

【案例】“你爱我，我爱你，蜜雪冰城甜蜜蜜”是蜜雪冰城的广告曲，该曲于 2021 年 7 月风靡抖音、B 站……该曲在 B 站收获了 1261 万的播放量，此外网友改编许多版本的视频播放量破百万的也不在少数。

在抖音搜索“蜜雪冰城”关键词，弹出“蜜雪冰城主题曲”“蜜雪冰城甜蜜蜜”等十几个相关话题，其中单个话题的播放量高到 54 亿，累计播放量达百亿。这一主题曲的广泛传播，为蜜雪冰城抖音号吸粉高达 77.9 万，蜜雪冰城品牌知名度和影响力得到提升的同时，其产品销售额也迎来了爆发式增长。

（2）造势策略。企业通过举办活动或制造事件，并借助媒体的宣传报道，引起社会大众或特定对象的关注，造成对自己有利的声势，从而提高品牌的知名度，在社会公众中建立良好的企业形象。

常见的造势策略有：

1）舆论策略。通过与相关媒体合作，发表大量介绍和宣传企业产品或服务的软性文章，以理性的手段传播自己。事件与品牌有关联，能对品牌起到宣传的作用，如果事件很能吸引人的注意，但没有建立起与品牌的关联，那么，这个事件就难以促进企业的营销。

2）活动策略。为推广自己的产品而组织策划一系列宣传活动，吸引消费者和媒体的目光达到传播自己的目的。很多时候，事件营销还被称为新闻营销，可见事件营销与媒体是密不可分的。事件营销越能引起媒体的关注，那么传播力度就越大。

3）概念策略。企业为自己的产品或服务创造一种“新理念”“新潮流”，进而在市场中标新立异。例如“送礼就送脑白金”这句广告语，在一定程度上就树立了一种产品消费理念：“送礼”就送“脑白金”。后来，脑白金畅销，应该说与其新颖的营销策略还是有关系的。

事件营销未必每次都能像预期的那样进行，可能会在实施中出现一些新问题。因此，营销人员要戒骄戒躁、不断尝试，从中寻找最优方案。

2. 事件营销策划的工作流程

（1）监测关注热点事件。每个企业对任何社会事件、新闻、焦点都应该具有敏感性，才能有意识地关注社会环境、市场环境的变化，才能够借助社会大众集体关注的事件进行借势营销。

（2）研究分析可用事件。并不是每个热点都值得去营销，有些热点可能和企业品牌或产品没有任何关系，甚至有可能产生反作用，这样的热点就不值得去挖掘。当热点事件产生后，需要及时分析热点事件是否能够吸引目标消费者的关注，该事件与企业品牌形象有多高的契合度，该事件与品牌或产品合适的结合点是什么。

（3）策划阶段。找准切入角度。热点是热点，但以什么角度切入最合适呢？

选择发布渠道。发布渠道非常重要，如果企业官方账号粉丝量不多的话，就要另找用户数量多的渠道进行发布，如微博、微信、今日头条、抖音、论坛等。

（4）实施布局阶段。制作文案，文案包括视频、文字、图片。事件营销最关键的是要有好的文案，一个好文案可以让营销产生事半功倍的效果，能花费少费用做出大成绩。

1）实施布局。布局得当对企业产品销售和品牌宣传十分有利。实施布局要做好引导和说服工作。如脑白金事件的布局，先在电视上投放大量广告，然后在主流报刊上发布各种营销软文，达到了很好的营销效果，成交率非常高。当然，说服的方式是多种多样的，有正面说服、反面说服和正反说服。脑白金主要采用的是正面说服，采用的说服方式要根据产品和目标用户来选择。

2）响应快速。信息化社会每天发生的热点事件很多，大众对某一件事的关注度时长是有限的，制订好实施方案后的实施过程一定要紧凑，工作不能拖泥带水。

（5）跟踪反馈阶段。这一阶段主要是对事件营销的相关数据进行梳理，总结分析营销效果，并进行经验总结。

【练一练】短片《三分钟》。

短片《三分钟》别出心裁，该剧将镜头对准了列车上的乘务员，聚焦于一次事先约定好的团聚，而这次团聚恰好只有短短的“三分钟”。《三分钟》是根据真实事件改编而来的。作为乘务员的母亲每年春节都在列车上度过，过年期间与年幼的孩子相聚成为了一种奢望，今年过年这对母子早就约定好在站台见上一面，而上下车的旅客和短暂的停留都为这次来之不易的相见增添了不少麻烦。一声发自肺腑的“妈妈”，一个大大的拥抱，稚气的声音带来的乘法口诀，共同汇聚成了这次母子之间触动人心的相遇与分离。

令人惊奇的是，整个短片作品的拍摄并不是采用专业摄影机，而是采用当时风头正劲的 iPhone X 手机拍摄的，整个作品画面的清晰度、饱和度和锐利度都很棒。

请问《三分钟》运用了事件营销中的什么策略？请点评这部短片策划的成功之处。

____

____

____

3. 事件营销策划的注意要点

（1）事件营销要有创新点。创新点不等于创意，创意是创造意识或创新意识的简称，是对现实存在事物的理解以及认知。创意是一个创造性思维活动，是通过联想或想象创造出新的意念和想法。这种新的意念和想法可以是对旧的样式附以新的概念，也可以是具有原创性的、新奇独特的样式和概念。创新是以现有的思维模式提出有别于常规或常人思路的见解为导向，利用现有的知识和物质，在特定的环境中为满足社会需求，改进或创造新的事物、方法、元素、路径、环境，并能获得一定有益效果的行为。

（2）能否激发用户自传播。在社交“红利”时代，用户自传播效应之所以那么迷人，是因为它很容易引爆一个事件、一个产品或者营销活动。通常，引发用户自发传播的要素主要有 5 点，分别是：营销内容使用户产生共鸣、满足用户某种社交心理需求、个性化定制、让用户有参与感、紧密结合社会热点。

（3）能否形成广泛的社会影响。真正成功的事件营销案例不会局限在某一群体，而是突破圈层进一步传播，覆盖更多人群，形成较为广泛的社会影响。

（4）能否实现品效合一。从品牌角度来看，一个优秀的事件营销活动应该对品牌起到一定的促进作用，给品牌带来“声量”的同时，增加销量的转化。

【思考】事件营销策划有哪些常见的误区？

____

____

____

知识点 4：了解事件营销的效果测评

事件营销效果测评主要分为两个阶段：第一阶段是对事件本身的评估；第二阶段是对品牌影响的评估。对事件本身的评估可以从事件的知晓率、认知渠道的分布和对具体内容的评价等指标来衡量；对品牌影响的评估可以从认知、情感和意愿三个方面来反映，具体指标如品牌认知率、品牌认同感、品牌推荐等。

1. 对事件本身的评估

第一阶段的评估主要侧重于事件本身，从事件的知晓率到具体内容的评价，都有较为具体的指标：

（1）事件知晓率。事件知晓率是指对于此次事件营销有多少人知道，也就是此次事件本身的影响力。对于一个事件来讲，知晓率是非常重要的，因为它是衡量各品牌知晓率的基础。除此之外，可以对事件中的具体内容进行知晓率的调查，进一步来反映受访者对事件的了解程度。

（2）信息准确性。信息准确性是指企业通过事件营销希望传达的信息与受访者真正接收到的信息两者之间的差异。信息在传播的过程中，由于新闻法规、传播者限制、媒介损失等原因，不可避免地会产生一定的偏差，这是无法避免的。“失之毫厘，谬以千里”，准确性是一个无法量化的指标，但对于准确性的评估，却是一个不可缺少的环节，为此我们可以采取定性的方法来评估这个指标。

（3）获取渠道。信息的获取途径主要是用来了解受访者获取信息的主要方式，以及企业对各个主要传播渠道的覆盖情况。另外可以与受访者背景资料进行交叉，了解到各类受访者获取信息的主要渠道，进而便于企业针对目标群体进行更加有效地传播。

（4）报道/转载次数。随着网络科技的迅猛发展，绝大多数报纸、杂志都能在网络上找到痕迹，可以通过“关键词和搜索引擎”方式来测量事件营销被报道/转载的次数，从而作为衡量事件营销效果的一部分。

分析大众对于事件营销的总体评价和各具体内容的评价，可以通过重要性因素模型推导出事件营销中的薄弱环节，从而有针对性地予以调整，避免在今后出现同样的问题。

2. 对品牌影响的评估

第二阶段的评估主要侧重于对品牌的影响，按照对公众影响的深度和流程来看，品牌影响的评估主要包括认知、情感和意愿三个层面的效果。公众最终的购买行为，很大程度上取决于他对企业营销行为的认知和情感。

（1）认知层面。品牌认知是评估品牌影响的第一个环节，通过认知的广度、认知的深度、品牌形象的认同这三个指标，可以衡量经过此次事件后大众对于品牌的知晓率，另一方面可以了解大众对于企业品牌的认知深度。

（2）情感层面。情感层面指经过此次事件营销的影响，公众对于相关品牌在感情上的变化情况。通过两个指标来测量：一是品牌偏好，即通过此次事件大众是不是更加喜欢某个品牌了，喜欢的变化幅度如何；二是品牌信任，即通过此次事件大众是不是更加信任某个品牌了，信任的变化幅度如何。这两个指标的变化程度，能够较为准确地反映出事件营销对于受访者情感方面的影响。

（3）意愿层面。意愿层面也称为行为层面，认知是基础、情感是过程、意愿才是真正的结果。它指受访者经过此次事件营销的影响，对于相关品牌在最终行为上的变化程度。通过三个指标来测量，一是品牌关注，即通过此次事件大众是不是对某品牌更加关注了，可以通过官方网站日浏览量的变化来衡量；二是尝试和购买，即通过此次事件大众是不是更加愿意尝试和购买某个品牌了，尝试和购买的变化幅度如何；三是品牌推荐，即通过此次事件今后在家人或朋友要购买相关产品时是不是会优先推荐某品牌，变化的幅度如何。

任务拓展

案例：鸿星尔克——一次堪称标杆级的事件传播

2021 年 7 月 21 日下午，鸿星尔克官方账号在微博上宣布，通过郑州慈善总会、壹基金紧急捐赠 5000 万元物资，驰援河南灾区，河南加油！如图 2-3 所示。

图 2-3　鸿星尔克官方微博

其实，对于此次捐款，鸿星尔克并没有大肆宣传，只发了一条微博。而这一情况在第二天被热心网友发现后，开始引起热议。“鸿星尔克的微博评论好心酸”的话题在第二天成为热搜第一。

之所以引起如此大的讨论，是因为网友发现鸿星尔克在公司业绩不佳，甚至大幅亏损的情况下，仍捐出一笔巨款。这让网友替鸿星尔克鸣不平：“鸿星尔克是一家濒临倒闭的企业，捐款是‘破产式捐款’。”“感觉你要倒闭了，还捐这么多！”

7 月 22 日晚，平时几千用户观看的鸿星尔克直播间，突然涌入了上百万人“扫货”，每一件商品“上架”就被扫空。两位主播甚至不停地劝说观众，不要凭一时激动冲动消费，不让大家刷礼物。

7 月 23 日凌晨，鸿星尔克总裁吴荣照出现在直播间，呼吁网友“理性消费”，但网友热情不减，仍然疯狂“扫货”。鸿星尔克仅抖音直播间的产品就售出了大约 1.3 亿元，23 日当天线上销售额甚至同比暴增了 52 倍。

7 月 27 日，鸿星尔克抖音官方账号表示由于这几天订单系统异常，目前为止还有不少订单需要加急处理，因此鸿星尔克决定这几天暂时停止直播。

一时之间，鸿星尔克的产品成为了“国货之光”，鸿星尔克则成为 2021 年最火的现象级话题之一。

鸿星尔克的“火”早已从线上转移到了线下。7 月 27 日，成都的室外气温冲上了 30℃，但鸿星尔克线下门店内仍聚集了不少顾客在挑选商品。其实，不仅是成都的线下门店，在抖音平台搜索“鸿星尔克线下门店”发现，在湖南、长沙、哈尔滨、贵阳、西安、郑州等地，均有鸿星尔克线下门店被抢购的现象。

7 月 27 日，京东鸿星尔克官方旗舰店销量排名前 20 的商品中，有 19 件已打上“售罄”

标识，这些商品不限于鞋子，也包括裤子、衣服、袜子等。抖音平台的鸿星尔克官方旗舰店还发布《发货以及库存告急公告》称，非常感谢大家的支持与厚爱，大家的热情与“野性消费”把系统搞“蒙”了，导致订单延迟数据不准，现有的发货能力跟不上发货服务需求，将会加急处理发货。

问题：

（1）如何解析鸿星尔克的“破产式”捐款与消费者的“野性消费”？

（2）鸿星尔克这次依托网络热点事件所做出的营销成功利用了哪几个特点？

任务巩固

实训　事件营销活动

【实训目的】

认识网络事件营销活动，理解其实际意义，并能运用不同的事件营销技巧开展事件营销活动，能结合具体网络流量测评指标判断事件营销活动效果。

【实训内容】

（1）结合事件营销的理论要点，分析整理出事件营销策划的关键考虑因素。

（2）本次实训有 3 项任务，请依次完成实训任务，将实训成果整理到相关表格中（表格可以另外附页），或以思维导图形式呈现。

（3）实训过程中采用线上或线下混合式学习方式，学生以小组为单位协同合作，通过头脑风暴集思广益，共同完成实训任务。

【实训资料】

北京环球影城从 2021 年 8 月内部压力测试开始，就成为自带流量的热门打卡地。随着北京环球度假区的正式开园，变形金刚基地的威震天凭借“话痨”属性迅速走红，在各社交平台上都可以看到它与游客互动合影的短视频。甚至有许多网友去环球影城只为一睹威震天的风采。威震天更是被网友称为“社交无敌症”王中之王。无论面对什么样的游客，它都可以应对自如，金句频出引现场阵阵欢笑，也收获了大量网友的喜爱。

威震天并不是高科技产物，而是由穿戴机甲的工作人员在扮演，人头刚好在机器人脑袋的位置，脚踩在外骨骼大概膝盖的位置，说话的也是工作人员，但是加了变音处理。

威震天在和游客合影的简短过程中，其幽默诙谐的脱口秀和妙趣横生的互动，在网上引发了大量的用户原创内容和用户自主传播。它和每个游客合影互动时间也就几十秒到一分钟，每一个互动都是一个内容，而且内容有趣，符合短视频传播规则，容易在抖音里获得点赞、转发和更多的流量。

【实训任务】

（1）学生分组，分析北京环球影城威震天这起事件营销采用的是什么策略？该网络事件营销针对哪些目标人群？完成表 2-1。

表 2-1　北京环球影城威震天事件营销分析

事件	分析维度	结论
北京环球影城威震天	事件营销策略	
	主要目标人群	
	受广泛关注的主要原因	

（2）选择一个社会热点事件，策划一起事件营销，设计活动过程，监测营销效果，总结概括出这些活动能够给商家带来的影响。完成表 2-2。

表 2-2　事件营销策划

分析维度	结论
企业/品牌	
社会热点事件	
活动过程	
营销效果	
影响	

（3）分组将事件营销策划成果做成 PPT 进行展示，并组织全班讨论与评析。

任务一学习效果评价

评价方式	评价内容				
	评价项目	评价等级			
		A	B	C	D
自评	对本任务知识感兴趣的程度	浓厚	较浓厚	一般	弱
	独立思考的能力	强	较强	一般	弱
	体验到学习成功的愉悦感	强	较强	一般	弱
	理解别人的思路，与同伴交流的意识	强	较强	一般	弱
	在知识、方法等方面获得收获的程度	高	较高	一般	低
小组互评	本节课堂发言的次数	多	较多	一般	少
	课堂练习完成的质量	高	较高	一般	低
	自主探究意识和团队协作能力	高	较高	一般	低

任务二 软文营销

工作任务

阿荣小组在推广公司的新品——茶饮料时发现，一篇好的网络软文能起到事半功倍的效果。但是小组成员不太会撰写网络软文，于是他们查阅了大量的资料，然后被一篇题为《春节你一定会买它》的软文吸引住了，内容如下：

“仙女们，晚上好，我是鹿鹿。马上要过春节了，大家的新衣服买了吗？新口红、新粉底都买了吗？没买的等等我，我最近试了好多款，大部分都是天猫寄给我的，一共试了十多款粉底和口红，我挑出了最喜欢的几款，跟你们分享下……”

分析这篇网络软文有什么特点？阿荣会从中得到启发吗？为了帮助阿荣提高软文营销的能力，请先了解网络软文的含义，学习软文营销的原则，然后尝试完成茶饮料的软文营销策划，选择合适的平台发布软文，并跟踪软文营销的效果，最后总结软文营销的创作技巧。

任务实施

软文营销

知识点 1：了解软文的含义

软文是一种带有商业性的文字，它通过一定的文字模式将企业想要宣传的理念与信息推广给客户，使客户在阅读的过程中潜移默化地接受企业想要传递的信息，从而达到品牌推广、促进销售的目的。从本质说，软文是企业营销策略在广告上的一种体现。软文的发展经历了传统媒体阶段、网络媒体阶段和移动媒体阶段。随着互联网的普及特别是移动互联网的发展，软文主要以门户网站、微博、微信公众号、小红书、企业或个人网站等载体形式呈现。

【案例】火锅店软文。

“围炉聚炊欢呼处，百位消融小釜中。”诗词歌赋里把火锅说得那么欢乐，今天，我们也做会儿古人，把酒言欢。

【练一练】这篇火锅店软文有什么特点？

知识点 2：掌握软文的营销原则

1. 软文营销的含义

软文营销是指企业通过门户网站、自建网站或行业网站等网络平台，传播一些具有阐述性、新闻性和宣传性的文章，包括网络新闻通稿、深度报道、案例分析等，把企业、品牌、人物、产品、服务、活动项目等相关信息以新闻报道的方式，及时、全面、有效、经济地向社会公众广泛传播的新型营销方式。

软文营销能有效降低企业的品牌推广成本，快速打造品牌知名度，直接提高网站流量和销量，提高网络营销的实际效果。

2. 软文营销的原则

对于互联网企业来讲，软文营销起着十分重要的作用，成功的网络软文营销应该遵循以下几个原则。

（1）精准定位。通过收集与分析消费者的社会属性、生活习惯、消费行为等主要信息的数据，完美地抽象出一个用户的商业全貌，为软文营销目标人群定位做准备。软文营销的精准定位需要做到以下 4 个方面：

1）收集到用户所有的相关数据。

2）通过剖析数据为用户贴上相应的标签及指数。

3）用标签为用户建模，包括时间、地点、人物三个要素。

4）寻找迫切需求信息的匹配人群，精准推送相应的软文。

【练一练】江小白的目标消费者主要是 20 ~ 30 岁左右的年轻人（如图 2-4、图 2-5 所示），以男性为主，由于这部分消费者年龄偏小，在收入和职业方面普遍为中低收入。请分析很多人喜欢喝江小白的缘由。

图 2-4　白酒消费场景

图 2-5　江小白白酒

（2）注重标题。营销专家泰德 • 尼古拉斯曾说过，一则好标题的作用可能是一则普通标题的 17 倍。软文营销的标题很重要，但是不能做浮夸的“标题党”。如何写出具有吸引力的软文标题呢？下面介绍几个撰写软文标题的技巧。

1）标题中使用“标签”与目标受众建立关联。标签可以有很多种，如职业、身份、学校、年龄、性别、爱好等，要根据具体的产品及内容来确定使用哪些标签。如：《生活的压力没收了爸爸对你的陪伴》《向环卫工人致敬》。

2）标题中给出明确的利益承诺，使受众觉得“对我有利”。标题中要达成“与你有关”的效果，就必须站在受众的角度思考问题，在对受众“需求点”“利益点”“兴趣点”深度洞察的基础上，找到产品或服务能给受众带来的好处、收益或价值。如：《怎么打扮才有气质？一节课帮你找到穿衣风格！》《普通手机如何拍出专业级照片？》。

3）标题中点出情感共鸣点，引发受众阅读兴趣。寻找共鸣点需要从两方面努力：一是要了解目标受众是谁，从他们的角度思考他们需要做什么，能给他们带来什么好处或解决什么问题；二是要理解人性中的一些共同点，也就是引发共鸣的核心点，包括欲望、恐惧、懒惰、嫉妒等。如：《我为什么要坚持努力》。

4）标题制造“权威感”，使受众产生信任。无论是硬广（纯粹的广告）还是软文，都是带有一定商业目的的内容，消费者对广告普遍带有一种排斥感，影响消费者做出购买决策的一个关键因素是信任。如原标题为《进口新配方咖啡饱腹感强，节食减肥神器》，修改后标题为《硅谷最新发明：喝这杯香浓醇厚的咖啡，居然能减肥》。

【练一练】一个电商网站开办了“购物头条”版块，发布各类购物的咨询导流。春节过后，该网站对几款明星篮球鞋打 6~8 折，进行促销。针对这款产品的软文推广标题为《明星篮球鞋 6 折起优惠大促销中!》，请尝试优化该软文标题。

5）标题营造悬念，引发受众好奇心。在标题中对最具有吸引力的内容作出提示或暗示，以达到激发受众好奇心的效果，可以在标题中抛出问题，如《我是如何从失败中奋起，进而走向成功的？》。还可以在标题中“欲说还休”，启发受众思考，如《20 岁如果不做这 6 件事，你以后会哭的》。

6）标题制造冲突，引发受众思考。打破受众惯性思维，颠覆刻板印象或与原有认知形成某种反差，从而引起受众阅读文章内容的兴趣。如：《我从小口吃，昨晚 2 万观众听我演讲，持续掌声 5 分钟！》。

（3）优化内容。

房地产软文

1）软文的内容布局。内容布局是根据软文的行动目标，对软文相关材料按照一定的逻辑进行排列组合，从而形成完整和谐的整体。主要有以下几种布局方式：

- 设疑式布局。在软文开始设置一个悬念，引起受众的阅读兴趣，随着文章内容的展开不断设置新的疑问，形成一个环环相扣的结构，持续激发受众好奇心直到悬念解开，这样的写作方式为设疑式。
- 抑扬式布局。写作时为突出文章主题，对于某事或某人有意识地欲说其好则先说其不好，或欲说其不好却先说其好，这样的写作方式为抑扬式。抑扬式布局得当，可以使软文波澜起伏、重点突出、引人入胜，令读者留下深刻的印象。
- 层递式布局。围绕文章核心主题按照从现象到本质或者提出问题、分析问题、解决问题等一定的逻辑关系来组织文章结构的方式。要注意内容之间的前后逻辑关系，顺序不可随意颠倒。这种方法的好处是逻辑严密，能说明问题。

【案例】某微信公众号中一篇为手机应用“QQ 同步助手”所作的软文，文章开头先描述中老年群体在智能手机普及的趋势下更换了新手机，因为不熟悉软件操作而丢失通讯录的现象，指出中老年群体“倒腾一次手机，就跟丢掉了几段人生记忆一样，整个人都惴惴不安”的痛点，最后将“QQ 同步助手”作为解决方案顺势推出，使用该软件能够完整地同步通讯录，也能让父母心里不因失去联络人而怅然若失，是儿女们尽孝心的实际行动。

- 并列式布局。从几个方面入手平行并列地叙述事件、说明事物，或者从不同角度论证中心主题的结构方式。并列式布局的特点是将事件、事物或论题分成几个方面来叙述、说明或论证，每个部分是相对独立的部分，部分之间是平行并列的关系。
- “总—分—总”式布局。运用“总—分—总”式的软文往往开篇点题，然后在主体部分将中心论点分成几个横向展开的分论点一一进行论证，最后在结论部分加以归纳、总结和必要的引申。运用“总—分—总”结构时要注意，总总之间必须有紧密的联系，分述部分应是分述部分的总纲或水到渠成的结论。
- 片段组合式布局。片段组合式布局是选择几个生动的、典型的片段，把它们有机地结合在一起，共同表现一个主题。用这种方法构思的记人叙事的文章，可以在较短小的篇幅内，立体而多角度地表现人物、叙述事件、描写商品特点、烘托品牌。

【练一练】请为房地产行业撰写一篇片段式布局的软文。

____

____

____

2）软文的开头。开头要与标题相呼应，否则会留给受众“文不对题”的印象，降低受众的信任感，开头还应该引起读者的好奇心，吸引读者继续阅读。主要有以下几种开头方式：

- 情境引入式。开篇有目的地引入或营造软文行动目的所需要的氛围、情境以激起读者的情感体验，调动读者的阅读兴趣；或者在软文中设置产品或服务的使用情境，以便自然地将要宣传的信息植入进去。
- 故事代入式。软文开头讲故事，通过把与文章内容最相关的要素融入故事，让受众在阅读故事的过程中慢慢走近软文设定的营销目标。

【案例】“知道你不轻易放弃，我们也不轻易抛弃，永不畏惧一起向着目标勇敢迈进；我们永不抛弃不放弃，永远和你在一起，就算前路迷茫也要坚信梦想希望闯荡……”一首荡气回肠的《不抛弃不放弃》恰如其分地唱出了我对奇瑞 A5 这些年来的所有感触。两年里奇瑞 A5 陪着我东奔西跑，不管是上班旅游，还是搬家装修，它陪着我干了很多事。

转眼间，奇瑞 A5 来我家已经两年多了。我从家乡回来时，奇瑞 A5 照样驮着妈妈给我做的棉被和一后备箱的鸡蛋等土特产，奔跑千里，并把我对家乡的满满思念带回了北京。

- 开门见山式。在文章的开头便开宗明义，直奔主题，或引出文中的主题人物、事件或揭示题旨或点名对象。
- 设置悬念式。对软文标题所设置的悬念进一步展开说明，如某微信公众号里有一篇软文开篇先提出目标受众可能存在的普遍问题，即对于图片素材的依赖性太高导致没有图片就无法制作 PPT，紧接着给出了解决方案“没有图片的情况下，我们该如何推出有设计感的 PPT”，成功吸引目标受众继续阅读。

- 引发共鸣式。在文章开头通过展示目标受众的关注点、痛点等引起目标受众共鸣，从而吸引受众继续阅读。

【练一练】请打开你喜欢的一个微信公众号，任意找两篇文章进行分析，这些文章的开头吸引人吗？如果不吸引人，可以用什么方法进行修改？请将相关内容填入表 2-3 中。

表 2-3 微信公众号文章分析

序号	文章标题	文章开头分析

3）软文的结尾。一篇优秀的软文除了要有引人入胜的开头和具体清晰的正文内容之外，巧妙有力的结尾设置也是至关重要的。主要有以下几种结尾方式：

- 首尾呼应式。这种方式是“总—分—总”结构软文写作最常见的类型，开篇提出总论点，中间正文提出若干分论点和论据进行分析，结尾再次对总论点进行总结。首尾呼应式的结尾能让文章脉络互相贯通、结构完整。
- 篇尾升华式。在软文结尾通过一句话或一段话来点明主旨、升华主题，起到画龙点睛的作用。在结尾处拔高主题后，再自然而然地接入广告，对读者的转化更有促进作用。
- 巧妙发问式。在结尾处写下含义深刻的结束语后加入问句，引起读者反思，强化主旨。巧妙发问式结尾的软文能留给读者更多想象空间，同时能发起互动、提升读者参与感。
- 神转折式。在结尾突然转折到另一个看似与之前叙述内容毫不相干的话题，或是在结尾处亮出一个出人意料、峰回路转的结局并展示宣传信息。

【练一练】请用微信扫码阅读软文案例《过去二十年，你搬过几次家？》，分析这篇软文的开头与结尾采用了哪些方式？请尝试用不同方式撰写开头与结尾。

你搬过几次家？

（4）巧妙营销。

1）借势营销。借势营销是将销售的目的隐藏于营销活动之中，将产品的推广融入到一个消费者喜闻乐见的环境里，使消费者在这个环境中了解产品并接受产品的营销手段。具体表现为通过媒体争夺消费者眼球、借助消费者自身的传播力、依靠轻松娱乐的方式等潜移默化地引导市场消费。换言之，便是通过顺势、造势、借势等方式，以求提高企业或产品的知名度、美誉度，树立良好的品牌形象，并最终促成产品或服务销售的营销策略。

【案例】《我们是谁？甲方!》遭天猫借势，如图 2-6 所示。

图 2-6　天猫借势《我们是谁？甲方!》

【练一练】请参照《我们是谁？甲方!》为你自己最喜爱的品牌设计一篇借势营销软文。

____

____

____

提升借势境界要做到以下三点：

- 及时性。热点的时效性并不会很长，甚至很多只有一两天的寿命，然后就被新热点所取代。在热点发生后的 1 小时内是借势营销的黄金时期，因此不管如何借势，都必须能够紧跟热点，最好用的方法，就是经常去看热搜榜。
- 找准借势的形式。当热点采用的是文字形式，在借势的时候就可以用图片、视频、音乐等形式体现，但考虑到及时性，海报是首选的形式，因为海报制作起来相对简单，"文案+图片"的组合就能图文并茂的传递产品与热点的关系，达到借势热点的效果。
- 与品牌、产品高度契合。仅仅依靠简单的复述事件，或者找出一两个关联点，是远远不够的。正确的做法是发现和总结热点事件背后的问题，分析这些问题或发表看法，从而推导出与自身的紧密关系。可以用推理式、深度解读式、观点式、段子式等方式分析问题。

软文的营销借势对于品牌宣传、产品推广是十分有利的。但只是简单地借势，通常难以取得良好的效果。提升借势的境界，巧妙地进行热点事件的借势，才能获得最大的效果。

2）品牌植入。软文内容巧妙植入品牌信息。软文的内容要有可读性，要站在目标客户的角度思考问题，要传递出产品最核心的信息。软文通过从多角度描写产品的与众不同，使消费者对产品卖点有一个深度的认识，从心理上产生共鸣，从而勾起消费者的购买欲。

在传播的过程中，软文中植入的品牌信息不要过于直白，用润物细无声的方法巧妙地将品牌信息融入，更能得到意想不到的效果。可通过对品牌生产流程、销售流程、服务流程等的真实模拟和情景再现，让体验者直观感受品牌的产品和文化，留下难以磨灭的“品牌烙印”。职业体验本身是一种娱乐过程，体验者的主动参与有利于主动接收品牌诉求信息，实现深度品牌记忆。

【练一练】德芙巧克力的《青春不终场，我们的故事未完待续》针对年轻人的情感世界，写出了非常动人的情感故事。它讲述了主人公在大学与一个男生从相知相恋再到相伴相惜的心路历程，故事中间穿插广告词“不变的是德芙巧克力”。

请分析这则广告的成功之处。

____

____

____

知识点 3：掌握软文营销的策划技巧

最强备胎

企业的市场营销人员根据企业的产品或服务特征，结合企业经营管理过程中各个阶段的具体情况，以及当前及未来一段时间的市场需求变化趋势而制订网络软文营销计划。

1．不同阶段软文营销的策划

（1）初创时期。初创时期也叫空白期，这个阶段客户不知道企业要做的品牌与产品。初创公司新产品面市，首先就要解决客户对新产品的一无所知。这个阶段的品牌推广要找到权威性强、影响力大、有信任背书的渠道，快速建立一个较为全面的网络品牌影响。

空白期的软文可以从品牌故事、创始人故事、产品故事等角度来撰写。如：《最强备胎》就是从产品故事角度来宣传携程便捷的春运购票服务，请扫上方二维码查看《最强备胎》故事内容。

（2）观望时期。在观望期，软文的撰写可以朝这两个方向思考：一是测评，测评类文章就是给自己的产品找对手，在不贬低对方的情况下，突出自己的优点；二是产品定位到某一人群，结合自身产品的优势，提前找好精准人群做推荐。如：《谁是 13 寸轻薄本最强者？两大市场主力产品决战紫禁之巅》就是一篇针对同等价位、定位相同的 13 寸商务笔记本电脑的测评文章。

（3）准备时期。准备时期里用户根据自己的购买需求已经基本锁定了其中两个或三个品牌，此时客户需要企业销售人员的临门一脚。

在这个阶段的营销软文要偏向于用户生成内容（User Generated Content，UGC）软文，从使用感受角度来撰写文章，增加软文营销的可信度。写 UGC 软文有一个原则，即用体验过程代替产品参数。如介绍一款面膜补水效果好，不能说含有多少补水因子，而要注重描写使用了该款面膜后感觉到多么水润。

（4）行动时期。行动期是倾听用户反馈的最好时期，用户对产品的各种评价都要接收，好的评价作为下一轮 UGC 宣传素材；坏的评价作为产品迭代的依据，可以变成下一次产品更新的产品故事。此时可以尝试设置具有诱惑力的奖励机制，刺激用户为产品撰写文章，产生真正的 UGC。

（5）维护时期。维护时期是客户已经购买并使用产品的阶段。企业将产品卖出去容易，但是让客户留恋产品很难。让用户留恋企业的产品有两种情况：一是产品使用大大超出预期的满意度；二是品牌或产品和用户的情感产生了共鸣。事实上，能够大大超出预期的产品并不多见，软文应该追求让品牌和消费者发生共鸣。如：印度一款洗衣液品牌，包装印有“男性女性使用均可”，广告中传递了男人要帮女人分担家务的价值观，这款洗衣液在短时间内销量提升了 75%。

【练一练】下面这则软文所想传达的产品信息是什么？请参照这篇软文撰写一篇关于雨伞的软文。

你是否还记得那场雨？

“有些人走着走着就散了，有些梦做着做着就醒了，有多少无人能懂的不快乐，就有多少无能为力的不舍……”是的，梦醒了，人走了，只有那把伞还伴我左右！

那时我们还很懵懂，不懂什么是爱，只知道我很喜欢和他一起，哪怕是走在一起不讲话，好像也很惬意。第一次约会是在一个大雨滂沱的夏夜，其实那并不是一次正式的约会。在家里看书的我，发现手机响了一声，很欣喜地发现是他给我发了短信。

“笨蛋，你在干什么？外面下着好大雨……”

“你带伞了吗？”

“刚才出门忘了带。”

“我给你送吧？”

“下这么大雨，你还是不要来了。我可以打车的。”

虽然他说不用，我还是觉得打车也会淋雨的，屁颠屁颠地拿着伞出门了，伞有点破但他并没有介意……

第二天，他拿着一把很漂亮的金欧牌雨伞来到我的面前，“昨天很感谢你，这把伞以示感谢，望您老笑纳！”伞很漂亮，是金欧黑胶防紫外线 50+遮阳伞。事不如人愿，梦终究还是醒了，人还是散了。这么些年过去了，这把伞依旧一直在我身边，伴我左右，然而你不见了，走着走着我怎么就把你给弄丢了呢？

再也找不回了……

雨伞还在，你又在哪？是否你还记得那把伞？是否你也会在我想你的时候想起我？

____

____

____

2. 软文营销策划的注意事项

（1）与企业市场营销战略结合。软文营销必须与企业的整体市场营销战略结合起来，才更有可能实现战略目标。在大多数企业中，软文营销是企业市场营销战略中的一个部分，软文营销策划往往伴随着企业的其他营销策划活动展开。

（2）新闻媒体眼光和意识。在进行新闻类软文营销时，营销策划人员要以新闻媒体的眼光和意识来全面考虑，然后结合网络媒介的特点来进行软文写作，以提升最终的营销效果。

（3）品牌意识。树立企业品牌形象是软文营销的主要目的之一，因此，营销策划人员必须具有品牌意识。在软文营销的每一个步骤中，都要考虑到企业品牌元素的巧妙植入，否则，将会大幅丧失软文营销本该发挥的作用。

（4）多熟悉网络媒体特征。软文营销是基于网络进行传播的，因此，在进行软文营销策划时，营销策划人员还要了解各种网络媒体（包括综合门户网站、地方行业门户网站、个人媒体等）的特点，以制定出具有针对性的软文写作形式和发布方案。

【练一练】如果你是某酒店餐饮部的微信运营者，需要在国庆节到来之前宣传新菜品及发布套餐优惠信息。按要求一天要发 5 条相关的微信动态，根据内容要求你会如何选择发布时间及相应的内容呢？请将相关信息填入表 2-4 中。

表 2-4 微信信息发布时间及内容规划

序号	发布的时间段	发布的内容	内容要求
1			具有知识性、实用性
2			能够引发情感共鸣
3			能够引发评论和转发
4			介绍新品和优惠
5			引导消费者立即下单

知识点 4：了解软文营销的效果评估

网络软文营销对于企业认知度、品牌知名度、产品线下的销售有促进作用等，是不容忽视的。即便不能进行数据统计，但效果客观存在，也能够通过一些客观的指标做一个相对客观的效果评估。

1. 成本评价法

成本评价法主要针对营销为导向的企业。如果实施软文营销的销售业绩远远超过同时期未实施软文营销的销售业绩，以及营销投入费用小于业绩增长额，那么软文营销的效果就毋庸置疑，这种方法通常适用于平面软文和网络软文的效果评价。

2. 搜索引擎收录评价法

搜索引擎收录评价法主要针对网络门户软文。在软文投放之前，分别在百度网页和百度新闻栏目上检索相应关键词，也可以在 360 搜索、搜狗等网站进行检索，记录检索到的数字结果。在软文投放之后，再次进行检索，将结果进行比对，可以客观地评价软文营销的收录效果。

3. 转载率评价法

转载率评价法可以简单理解为二次传播率评价法，通过网站、论坛帖子的转载量进行效果评估。

4. 流量分析评价法

流量分析评价法主要适合推广公司，软文为网站带来了多少点击量，为活动页面带来多少流量，可以通过统计代码和链接后缀计算这个页面究竟能够带来多少流量，以及有多少用户阅读了软文后单击跳转文中的推广链接。

5. 置顶率评价法

置顶率评价法简单来说就是计算帖子被置顶的次数，一般适用于网络论坛、帖子的效果评价。

【练一练】请评估微博名为“吃货频道”的“意式牛肉烧饼”这则软文的营销效果，如图 2-7 所示。

图 2-7　“意式牛肉烧饼”软文

____

____

____

任务拓展

案例：当代中国家庭的关系，都藏在一碗米饭里

假期诱惑与工作压力让回家过年的人越来越少，与此同时，旅游过年、小家庭过年成了新潮。虽然形式变了，没变的情怀是那顿年夜饭。吃饭之于中国人，是一种幸福的浓缩，尤其是年夜饭，即使贵出天际，许多人也愿意为这一年一度的仪式感买单。

而随着二胎时代、单亲家庭、四世同堂等多元家庭形式的出现，家庭关系的变幻悄然改变着人们对“吃”的要求。从单纯追求“好吃”到一家人吃得开心，吃出幸福感，这背后体现着中国人在处理家庭关系中的智慧与内敛，赋予“吃饭”新的注解。

张韵，五口之家——“最软的幸福”

每个中年人似乎都要面对生活的不友好。我家兄妹两个，哥哥在外地，父亲过世后，我就把母亲接过来一起生活，上有老下有小成了我不得不面对的难题。

为了儿孙勉强自己大概是每个老人的“通病”。或许是介意成为孩子们的“累赘”，母亲最反感的事情就是我们迁就她。

一次，我们一起下馆子，儿子非要吃煲仔饭，我知道老太太牙口不好，便不让儿子点。“小孩子想吃，就让他吃，姥姥陪你吃！”母亲嫌我多事，阻拦了我。

后来，我们都吃完了，母亲缓慢又费劲地嚼着那些个硬米粒，还剩大半碗饭。小儿子玩了半天手机，抬起头说：“姥姥吃饭慢死了！”我瞪了一眼儿子，回过头说：“您慢慢吃。”

她有些尴尬地笑了笑，擦擦嘴让我打包，我心里很不是滋味。

回想起曾经那个可以背我过河的母亲，如今就算拼命追赶，也只能看年轻人渐行渐远，老小的矛盾似乎无法调和，但我想尽力让她和我们同步。

回家后，我又买了个电饭煲，专门煮母亲的饭。中午，我会做软糯的米饭，晚上就煮些米粥、豆粥给她喝，也好消化。

虽然两锅饭做起来、清洗起来都比原来麻烦了，但一家人一起吃饭的时光却变得同步且温馨起来。我喜欢看着母亲吃下软软的米饭（图 2-8），慈祥微笑的样子。

图 2-8　一碗幸福的米饭

王晓然，三口之家——“沉浸，是一种享受”

7 年前，女儿呱呱坠地，那时的我很是忐忑。可能是初为人父的紧张，或是不知道该如何迎接到来的三口之家。

那时，碰巧单位体检，久坐不动，常下馆子，又不爱运动的我还是为“三高”买了单，看着刚出生的孩子，我想她健健康康地成长，才是我最大的心愿。

回想起小时候，推开家门，迎接我的是属于我家独特的味道——熟悉的油爆虾、红烧肉，老妈会从厨房探出头，说一声“回来啦”，便继续忙碌，老爸会催促我快洗手，准备吃饭。这样三个人的幸福与人间美味，唯有家中才有，而我也想把这个感受传递给我的孩子。

女儿吃饭后，我便开始下厨，一开始是跟着手机上的菜谱笨拙地学习，看到女儿吃得开心的样子，我渐渐爱上了烹饪，开始研究新鲜的食材，穿个拖鞋去菜市场“寻宝”，也会用心挑选优质的大米来搭配美味。

要让孩子“爱吃”，我可是下了一番功夫。除了淘米、煮米、洗米，泡米也坚持泡够

30～45 分钟，以此让米蒸出来后达到女儿最爱吃的程度。随后，一根小葱，一叠排骨，一番翻炒，坐下来和家人乐此不疲地吃上一顿，便觉得生活美味至极。

饭是家的记号，也伴着全家的幸福与成长，这是我想给女儿留下的最美的回忆，如图 2-9 所示。

图 2-9　幸福的团圆饭

生活不过一口锅，一碗饭，正如上述两个家庭一样，每顿饭背后都有每个家庭专属的故事，也藏着中国人在处理家庭关系上的用心。有的人为了吃好一顿饭，用智慧不断调和，有的人为了让更多家庭吃好一顿饭，用 27 年走遍 20 多个省市，每年走访上千户家庭，凝聚数十万份测试数据，烹制出一碗“香甜”好米饭，这些人来自美的。

为了满足不同家庭间的口味与饮食习惯，美的工程师将“一锅两煮”“醒米”“不溢锅”“45 分钟煮出一碗米油粥”等特点融于一口电饭煲中，真正做出一碗又好又快的“极致好米饭”。一口煲的背后，是美的作为中国家庭关系变化顺应者和见证者的用心，解决了中国不同结构下家庭对饭的需求，而这也是美的九曲焖香电饭煲（图 2-10）诞生的初衷。

图 2-10　美的电饭煲

（资料来源：https://mp.pdnews.cn/Pc/ArtInfoApi/article?id=10897252）

问题：请思考《当代中国家庭的关系都藏在一碗米饭里》软文的正文部分采用的是什么结构？并简要点评该篇软文的成功之处。

任务巩固

实训 网络软文营销

【实训目的】

通过分析网络软文，理解网络营销软文的实际意义，并能根据软文营销的原则，为你喜爱的品牌撰写一篇软文并选择合适的平台发布软文，跟踪软文营销的成效。

【实训内容】

（1）结合软文营销的理论要点，整理出网络软文的写作技巧和软文营销的策划要点。

（2）本次实训有 3 项任务，请依次完成实训任务，将实训成果整理到相关表格中（表格可以另外附页）或以思维导图形式呈现。

（3）实训过程中采用线上或线下混合式学习方式，学生以小组为单位协同合作，通过头脑风暴集思广益，共同完成实训任务。

【实训资料】

口红自诞生之初，就对女人有着特殊的含义，它就像点亮女人生活的“明灯”。对于女人而言，口红可以轻易演绎出万种风情，瞬间提升女人的气场、气质；它就像女人的武器，正如伊丽莎白·泰勒所言，“女人拥有的第一件化妆品应当是口红”。即使素颜再好看的明星，没了口红的点缀，也会显得苍老、没气色，只要涂一层口红，人瞬间精神几倍，一下年轻好多。

设计灵感来自毕加索名画，外观、颜色都让人一眼惊艳的——滋色（ZEESEA）毕加索哑光雾面口红，如图 2-11 所示。不得不说，滋色非常给国货品牌争脸。2019 年滋色进入日本市场，上线一年便取得全渠道销售额近百亿日元的成绩。因为物美价廉的特点，在国外的美妆市场早就占据一席之地，是国货爆款品牌。Instagram、YouTube 等社交平台上，许多明星、美妆博主多次大力分享滋色产品。因为经济实惠，所以滋色的利润超级微薄，没有多余的资金做广告，导致它在国内只是小范围地火起来。但是只要用过该品牌产品的，就基本没有说不好的，显色度高，轻涂一两下就能晕染整个唇部，省时省量效率高，客户秋冬嘴唇不用涂润唇膏就能直接用，对嘴皮干的人特别友好。选用的模特基本都是嘴唇干、起皮的，涂滋色口红后，嘴唇显得又嫩又红，让人一眼惊艳，如图 2-12 所示。

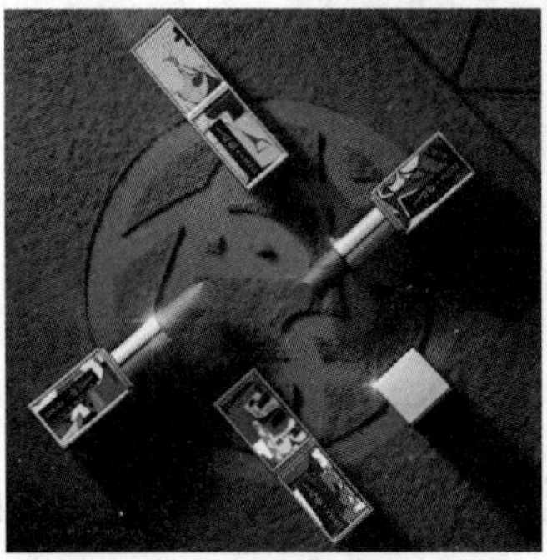

图 2-11 滋色毕加索口红

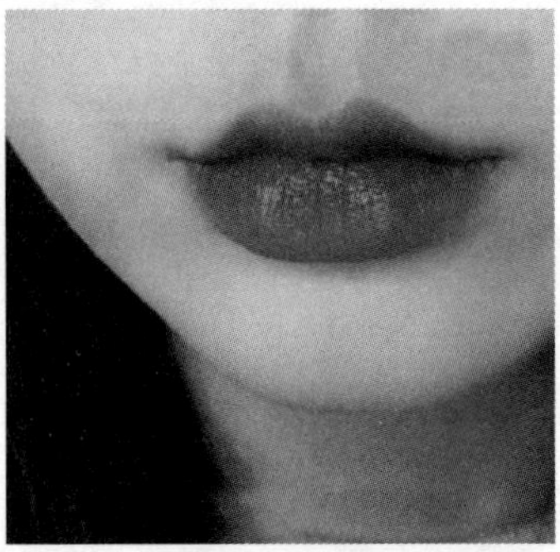

图 2-12 涂上毕加索口红的效果

滋色口红价格良心，原价只要 59.9 元/支。这次活动滋色口红 59.9 元一支，买一支送一支，满 110 元减 19.9 元，买两单口红价格是 59.9×2，即 119.8 元，触发满减活动，只要 99.9 元到手 4 支口红。与其花几百买一个不适合自己的口红，不如用几十块钱给国货更多的支持。

（资料来源："十点读书"微信公众号）

【实训任务】

（1）学生分组，根据实训资料，为这篇软文设计一个标题，并分析这篇软文的布局方式，尝试修改该篇软文的开头和结尾部分。完成表 2-5。

表 2-5　软文分析

分析维度	结论
软文标题	
内容布局方式	
修改的开头	
修改的结尾	

（2）为你喜爱的品牌或产品撰写一篇国庆节活动软文，可以选择微信、微博、抖音、贴吧、问答百科等网络平台发布，并关注发布之后的传播效果。请将你的结论填进表 2-6 中。

表 2-6　国庆节活动软文

分析维度	结论
喜爱的品牌或产品	
设计的国庆节活动	
发布的平台	
软文的标题	
软文的开头	
软文的结尾	

（3）分组将国庆节活动软文成果做成 PPT 进行展示，并组织全班讨论与评析。

任务二学习效果评价

评价方式	评价内容				
	评价项目	评价等级			
		A	B	C	D
自评	对本任务知识感兴趣的程度	浓厚	较浓厚	一般	弱
	独立思考的能力	强	较强	一般	弱
	体验到学习成功的愉悦感	强	较强	一般	弱
	理解别人的思路，与同伴交流的意识	强	较强	一般	弱
	在知识、方法等方面获得收获的程度	高	较高	一般	低
小组互评	本节课堂发言的次数	多	较多	一般	少
	课堂练习完成的质量	高	较高	一般	低
	自主探究意识和团队协作能力	高	较高	一般	低

任务三　病毒式营销

工作任务

元宵节快到了，阿荣所在的公司计划在元宵节期间推出新品茶饮料的套餐，让阿荣在微博上策划一起病毒式营销活动进行宣传。阿荣为了完成任务，到处查找资料，也请教了其他有经验的同事，同事给她讲了可口可乐公司非常经典的一个病毒式营销案例——火炬在线传递活动。

该活动的内容是这样的：当某用户争取到了火炬在线传递的资格后，他将获得“火炬大使”的称号，头像处将出现一枚未点亮的图标，之后就可以给他的一个好友发送邀请，如果 10 分钟内成功邀请其他用户参加活动，他的图标将被成功点亮，同时会获取可口可乐火炬在线传递活动专属 QQ 皮肤使用权和 QQ 面板皮肤，然后这个好友可以继续邀请下一个好友进行火炬在线传递。网友们以成为在线火炬传递手为荣，“病毒式”传播一发不可收拾，在短短 40 天内就“拉拢”了近 4000 万人参与该活动，平均每秒钟就有 12 万多人参与活动。

火炬在线传递活动能让阿荣受到启发，从而完成新品茶饮料的营销任务吗？为了帮助阿荣完成任务，请先了解病毒式营销的特点，掌握病毒式营销策略和策划流程，然后尝试设计一场病毒式营销活动，并对这次活动结果进行总结分析。

任务实施

病毒式营销

知识点 1：了解病毒式营销的特点

1. 病毒式营销的含义

病毒式营销（Viral Marketing）是指通过类似病理方面和计算机方面的病毒传播方式，即自我复制的病毒式的传播过程，利用已有的社交网络去提升品牌知名度或者达到其他的市场营销目的。

当含有物质诱惑或娱乐性质的“种子”被上传到网络上时，对此“种子”有兴趣的消费者就会被这个“种子”所吸引，一并对该“种子”所提供的信息进行确认，消费者感到满意或有趣，“种子”就被复制，不停地在易感人群中进行“滚动式”的传播。病毒式营销的传播过程如图 2-13 所示。

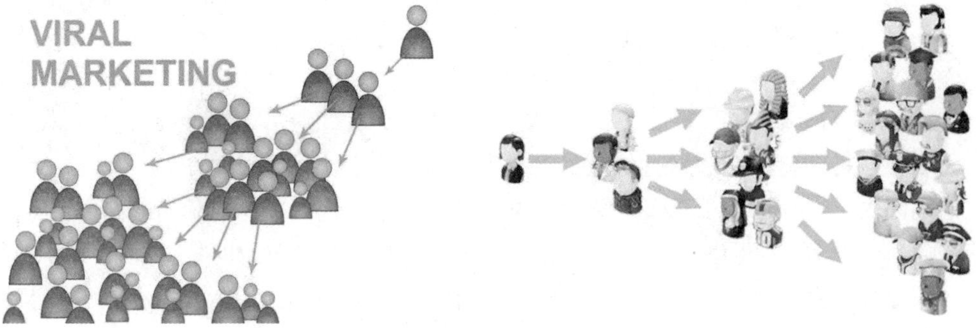

图 2-13　病毒式营销的传播过程

2. 病毒式营销的特点

（1）较强吸引力的病原体。病毒式营销有着极富吸引力的“病原体”，其第一传播者传递给目标群的信息不是赤裸裸的广告信息，而是经过加工的、具有很大吸引力的产品和品牌信息，这一披在广告信息外面的漂亮外衣，突破了消费者的戒备心理“防火墙”，促使其完成从纯粹受众到积极传播者的变化。

（2）传播速度快。病毒式营销是自发的、扩张性的信息推广，它并非均衡地、同时地、无分别地传给社会上每一个人，而是通过类似于人际传播和群体传播的渠道，产品和品牌信息被消费者传递给那些与他们有着某种联系的个体。

（3）高效率的接收。大众媒体投放广告有一些难以克服的缺陷，如信息干扰强烈、接收环境复杂、受众戒备、抵触心理严重。而对于那些可爱的“病毒”，是受众从熟悉的人那里获得或是主动搜索而来的，在接受过程中自然会有积极的心态。所以在朋友圈、微信群进行传播，能使得病毒式营销尽可能地克服信息传播中的干扰，增强传播的效果。

（4）更新速度快。网络产品有自己独特的生命周期，一般来得快去得也快，传播过程通常是呈 S 形曲线的，即在开始时很慢，当其扩大至受众的一半时速度加快，而接近最大饱和点时又慢下来。采用病毒式营销时，一定要在受众对信息产生免疫力之前，将传播力转化为购买力，方可达到最佳的销售效果。

【案例】冰桶挑战活动是由美国肌萎缩性脊髓侧索硬化症（Amyotrophic Lateral Sclerosis，ALS）协会发起的慈善活动，要求参与者在网上发布自己被浇冰水的视频，再点名其他人参与。被邀请者要么在24小时内接受挑战，要么选择捐出100美元。比尔·盖茨、雷军等各界大佬名流纷纷迎战。

伴随持续发酵的名人效应，从2014年7月29日到8月12日，ALS协会总部共收到230万美元捐款，而2013年同期收到的捐赠只有2.5万美元。截至8月20日，捐款金额已高达1140万美元。

零成本、短时间内引爆互联网，“冰桶挑战”是一场成功的病毒式营销。

【练一练】请问“冰桶挑战”病毒式营销的“病原体”是什么？

知识点2：掌握病毒式营销的策略

3W 策略

1. 提供有价值的产品或服务

大多数病毒式营销都赠送有价值的产品或服务来引起大众的注意。如在一定期限内免费使用的小黄车、免费的E-mail（电子邮件）服务、免费信息、具有强大功能的免费软件等。“便宜”或者“不贵”也许会让人产生兴趣，但是“免费”通常来得更快，病毒式营销采取了延迟满意的策略，也许今天不会盈利，明天也不会，但只要他们能用免费的东西吸引到源源不断的关注，然后迅速出击就会盈利。

【案例】饿了么发红包。

饿了么做活动，用户在中餐、晚餐、夜宵时段打开口碑App，可以领到两种红包：一种是5元或者100元的口碑套餐红包，可以用来在口碑App里购买活动商家的套餐，直接抵扣，3小时内有效；另一种则是饿了么的外卖红包，红包最低3元，最高7元，可在口碑App里点饿了么外卖使用，三天内有效。

【练一练】请问“饿了么发红包”病毒式营销成功之处是什么？

2. 提供无需努力便可向他人传递信息的方式

生活节奏日渐加快的今天，大多数时候没人愿意花大量时间和精力去了解一样新东西，更不要说费心费力地推荐给别人，所以营销信息一定要简化且易于传播。病毒只在易于传染的情况下才会传播，因此，携带营销信息的媒体必须易于传递和复制，如：E-mail、网站、音乐、视频、文书、图表、软件下载等。病毒式营销在互联网上得以极好地发挥作用，是因为即时通信变得容易且廉价。

【案例】 AKQA（雅酷广告）与Nike（耐克）合作，利用微信平台推出“自由起动”活动。

关注Nike的微信号，随意上传一张照片，就能即刻收到一张根据照片量身打造的FREE ID设计图，上传的照片越是颜色亮丽、对比度高，FREE ID设计图的色彩也就越丰富。将设计图和故事分享到微博，还有可能获得一双真正的跑鞋。活动开始的一个月内，已经积累上传了33090张照片。

【练一练】 请问AKQA与Nike合作的病毒式营销成功之处是什么？

____

____

____

3. 利用别人的资源进行信息传播

最有创造力的病毒式营销是利用别人的资源达到目的。如：合作联盟项目病毒式营销——免费提供文章的作者把文章放到合作联盟者的网页上去，一则新闻可能被数百家杂志选择，可能会带来成千上万名读者阅读该篇文章。别人的报纸和网页成为病毒式营销的信使，消耗的是别人的资源而不是发起病毒式营销企业自己的。

【案例】 支付宝抽中国锦鲤。

支付宝推出一个转发指定微博的活动，它从转发者中抽出1位全球独宠于一身的“中国锦鲤”。大礼包里面包括衣服、鞋、包、化妆品、手机这类商品不说，还有按摩、游轮、住宿、机票，更有吃的、用的、住的甚至，还有在美国休斯敦为期2个月的私人飞行员培训。这条微博在不到六小时的时间里，转发量突破100万，成为企业营销史上最快达成百万级转发量的微博。更厉害的是，国庆期间，这条微博周累计转发破300万，支付宝官方微博关注数净增1000多万！在十一假期的最后一天，在万众期待下，被“馅饼”砸中的幸运儿出现了！她就是网友“信小呆”，一位92年的天津姑娘。一时之间，微博、微信朋友圈到处都在转发“信小呆”凭借300万分之一的概率一跃成为新一代“中国锦鲤”，“信小呆”的微博一夜之间粉丝暴涨70万，一条微博瞬间达成80万的转发。

这场病毒式营销，让支付宝赚足了群众的眼球，热搜不断。这次“中国锦鲤”营销的最终导向从“物”转向了“人”，从“实惠”转向了“幸运”，这个幸运的人才是人们最关心的！

4. 利用公众的积极性和行为

病毒式营销会利用人的共同动机和行为。人与人之间有交流的需要，这种需求驱动着人类社会产生了数以百万计的网站和数以亿计的E-mail信息。企业为了传输信息而建立在公众积极性和行为基础之上的营销策略就会取得成功。

【案例】 小游戏：围住神经猫。

围住神经猫这款小游戏曾经在微信朋友圈爆火。该游戏玩法非常简单，就是将游戏中的那只猫围住，不让它从旁边跑掉。在游戏开始时，会有几个随机分布亮格子，你需要点一个圈将猫围起来，这时候你会发现猫的姿势会改变。而游戏最终的目的就是让它无路可走，最终游戏结束后，看看你用了几步。

【练一练】请问“围住神经猫”这款小游戏的毒式营销成功之处是什么？

5. 信息传递范围容易从小到大规模扩散

为了满足病毒所带来的巨大需求，企业的服务必须适应从小范围到大范围的迅速改变。

【案例】Flash 动画片：《大话 G 游》。

中国第一部使用 Flash 技术制作的动画大片《大话 G 游》改编自周星驰的《大话西游》，《大话 G 游》没有改变原来故事的脉络，但加入了一些新创意与新的 Flash 视觉，具备更适合网络的搞笑元素。这部大片一经上传，便在新浪、搜狐、TOM、网易、腾讯、闪客帝国等网站迅速传播，其下载量已超过了 1000 万次，并入网站评选的“年度最受欢迎 Flash”，更在电视等媒体上纷纷播放。

6. 利用现有的通信网络

大部分人都喜欢社交，现在互联网上的人们也同样发展着网上关系网络。很多人喜欢在微博、微信、QQ、抖音等社交网络平台上发布信息或与他人互动、交流。通过现有的通信网络，人们可以迅速地把信息传播出去让更多的人看到。

【案例】抖音春晚红包发出 12 亿，支付宝六年 7 亿人集五福。

2021 年 2 月 12 日，大年初一，作为 2021 年央视总台春晚独家互动合作伙伴——抖音，共发出 12 亿元红包，总互动次数达 703 亿次。支付宝大年三十晚上 22:18，“集五福”活动正式开奖。

抖音：703 亿次红包互动，全程没有宕机，为了让春节期间年味不减，抖音还上线超 50 款拜年特效，从 2 月 4 日（小年）到 2 月 11 日（除夕），抖音上的拜年视频累计播放量超 506 亿次，获赞 62 亿次，新媒体行动的曝光超 813 亿次。

支付宝：六年累计 7 亿人参加“集五福”，每 2 个中国人里就有 1 人曾参与扫福、集福、送福活动。2021 年，2.6 亿网友在线上手写了福字，送给亲朋好友，其中还有 350 万福字通过支付宝打印、寄送回家。其中，60 岁以上老人的参与积极性也很高，老年人对在手机上写福字更为热衷，人均写福次数为 5 次。

知识点 3：掌握病毒式营销的策划过程

火炬病毒式营销

病毒式营销很容易成为使互联网推广品牌或产品具有爆炸性的方法。病毒式营销可以让从未购买过（可能永远不会购买）的人们提高对企业产品或服务的兴趣。病毒式营销在微博、微信、今日头条等互联网平台非常受欢迎。

1. 病毒式营销策划的含义

病毒式营销策划是指营销人员在开展病毒式营销活动之前，设定活动目标，并在分析用户、挖掘其兴趣点的基础之上，对传播策略与推广渠道等做出的一系列安排的工作活动。

2. 实施病毒式营销的步骤

（1）找到根源。俗话说没有根就没有果，任何事情的发生一定要找到根源，才能真正弄明白背后的真相。如何找到问题的根源？需要注意以下3个方面：

1）关注力度要大。要想实现用户自发传播，一定是与用户的切身利益直接关联，而且是用户重点关注的话题。

【案例】《马化腾大战马云，微信提现收费最大败笔!》这篇文章在今日头条上一个晚上阅读量超过100万，并且被搜狐、网易、新浪等众多媒体转发，形成了病毒式传播。但是文章主题就是用户重点关注的、有关微信提现收取手续费的问题。

2）关注人群众多。关注“病原体”的人群基数大，病毒式传播才有力量。

【案例】《马化腾大战马云，微信提现收费最大败笔!》这篇文章主题涉及微信用户，而微信用户有12.6亿，人群基数足够庞大了。

3）用户急需解决。“病原体”必须戳中用户的痛点，企业必须尽快解决，不然的话就会耗费很大的精力、财力。

【案例】微信提现收取手续费，看起来手续费不多，但是对很多经常使用微信转账的人来说，这也是一笔巨大的开支。网民看到《马化腾大战马云，微信提现收费最大败笔!》这篇文章后，迫切希望腾讯公司做出调整，希望这个话题引起重视，所以该篇文章的主题能引发人们广泛的自主讨论。

（2）生产内容。病毒式营销找准了定位，找到人群痛点以后才好生产内容、制造话题。有了用户关心的话题之后，才容易引发用户的参与，最后实现话题的传播。生产营销内容要注意以下3点：

1）根据痛点生产。好的内容一定是为解决用户的痛点服务的，要多去寻找行业大痛点，因为哪里有大痛点，哪里就有大利润。

【案例】 网易云音乐病毒式营销。

网易云音乐联合杭港地铁发起“乐评专列：看见音乐的力量”活动，承包了一列车，和一个地铁站，用那些戳心的评论，让你看见音乐的力量。

从网易云应用平台上4亿多条评论中，挑选出点赞数最高的5000条。经人工筛选，最终选定85条。没有广告公司的参与，没有大笔费用预算，与其说是“音乐的力量”，不如说是网易原生用户、优质的文字内容戳中了人们心中的孤独感和表达欲，从而迅速引爆了社交网络。经过一层层的晒照分享与转发，最终成为2017年经典的病毒式营销案例。微信指数陡然攀升，同期官方微信号也突破10万，为日阅读量的5倍。

【练一练】营销如何融于产品又避免生硬枯燥？

____

____

____

2）借力杠杆设计。移动互联网之所以被人称作传奇，就是因为互联网可以借力，能够无限放大力量100倍、1万倍，甚至更多倍。

【案例】诸葛亮为什么能够草船借箭，为什么能够火烧赤壁？这些都是在借力。聪明的投资家才会拼命烧钱，智慧的投资家一定会懂得杠杆借力。

3）变换不同形式。生产出来的内容要变成不同的形式，如：变成专业的视频、语音、图片、海报、段子等。这些不同的形式都是武器，它们具有看不见的强大力量，在关键时候发挥重大作用。

（3）传播病毒。根据用户的精准定位，将设计出来优质的内容快速传播。微信之所以能够快速裂变，因为它是六度分割理论，这是信息传播的渠道。传播病毒要注意以下 3 点：

1）找到传播群体。找到喜欢看这些优质内容的群体，如《马化腾大战马云，微信提现收费最大败笔!》这篇文章讲到的微信提现收费问题，与这类话题关联的一定是微信用户，更重要的是提现收费对他直接产生利益关系的用户。找到这类群体，才有可能实现快速裂变。

2）意见领袖参与。在传播过程中，很重要的一点是找到名人传播，或者行业意见领袖。意见领袖的参与极为重要，在传播过程中一定想办法获得意见领袖的力量。

【案例】有一位做在线教育的专家萨尔曼 · 可汗，他因为在互联网上录制了众多教学视频而成名，当然最重要一点是世界首富比尔 · 盖茨推荐了他。比尔 · 盖茨因为教女儿数学而苦恼，最后听人说有一个叫萨尔曼 · 可汗的人录制的视频很好，于是他自己去学习了，并成为了可汗的粉丝，还给他投资了 500 万美金。萨尔曼 ·可汗最后上了福布斯杂志的封面。

3）利益诱惑加强。用户在传播一个话题文章的时候，一定是背后利益的驱使。如搞笑视频的热传，是因为它给人带来了极大的快乐；一篇感人肺腑的励志故事的热传，是因为它激发了人们的斗志；一篇生活技能文章的热传，是因为它给人们的生活带来极大帮助。只要病毒式营销设计者用心对待用户，用户一定会加倍回馈。

（4）流量变现。病毒式传播的目的，一定是找到大量的用户数据，最后找到最终买单的群体。也就是通过用户数据，实现最后的流量变现，在这个阶段需要注意以下 3 个细节：

1）得到海量数据。获取流量的方法既有免费的也有付费的。在大流量平台进行有价值的内容输出，其引流效果非常好。

【案例】《吃喝出来的癌症有三种》这篇文章是通过一些专业文章改写的，阅读量很快超过了 300 万，直接引流 4000 多粉丝，这就是一个海量的数据。

2）流量精准细分。企业根据病毒式营销的目的设定筛选流量的条件，对海量数据进行细分从而得到精准的流量。

【案例】《吃喝出来的癌症有三种》这篇文章吸引的粉丝是非常广泛的人群，需要再次细分。有很多粉丝加了作者的微信小号以后并没有主动与作者说话，作者通过群发消息互动，把这些人群再次做了一个细分，根据他们的需求、行业特征等，做了一次简单的分流。

3）精准用户变现。得到粉丝的目的在于成交，看健康类感兴趣的文章，一定是有这个方面需求，要么是注重健康的人，要么是这个领域的从业人员。通过和这些人群的再次沟通交流，易于达成产品的成交。与这些细分的粉丝再次交流的时候，需要用到一些之前设计好的营销话术，交流得当在这个环节可以直接成交。

（5）总结梳理。每做完一次病毒式营销案，一定要及时总结和梳理，分析这次病毒式营销的成功点和失败点。总结梳理要注意以下 3 点：

1）目标达成分析。对这次营销目标的效果做总结，失败的地方是什么，为什么失败？成功的地方是什么，为什么成功？

2）用户数据分析。根据营销的数据做详细分析，对阅读量、转发量、咨询量、成交量等做一个非常详细的数据统计。

3）营销模型总结。最后根据营销的数据，做出详细的营销模型，优化营销策略和方法。

【练一练】“啥是佩奇？”2019 年 1 月 17 号晚上，这个简单标题的视频在朋友圈、微博等社交平台以惊人的效率扩散。这支 5 分钟左右的短片，讲述了一位农村老人，在春节前夕为孙子准备礼物的故事——啥是佩奇？老爷子多方打听，终于弄明白这个让城里的孙子惦记、全村人都不太知道的小猪是什么。最后点题：这是即将在大年初一上映的，中英合拍动画电影《小猪佩奇过大年》的预告片。简而言之，这是一则广告。截至发稿日，新浪微博上“小猪佩奇过大年”的官方账号发布的这支预告片，评论超过 6 万，转发达到 27.7 万，《啥是佩奇》发布 24 小时内，下载量达到 3.4 亿次，不到 2 天，点击量已超 15 亿次。

《啥是佩奇》的病毒式营销为什么会如此成功？

____

____

____

知识点 4：了解病毒式营销的效果监测

1. 病毒式营销效果监测

（1）及时追踪收集活动反馈信息。病毒式营销实施之后，是否能在目标消费群体中形成口碑、口碑是好是坏、是否能够达到预期的目的，都应该引起足够的重视，这就必须对病毒式营销进行跟踪反馈。

有 5 种方法可以追踪到“病毒”的反馈信息：

1）定期进行问卷调查。可以用多种方式公布调查问卷，如发布在公司网站、电子刊物、直邮资料以及放置在产品包装箱内等，也可以张贴在网上信息公告板、电子邮件讨论列表或新闻组中。

2）为消费者创建在线社区。在线社区包括聊天室、公告板、讨论组等，定期了解消费者对“病毒”的谈论和看法。

3）创建消费者服务中心小组。邀请 10～12 个最忠诚的消费者定期会面，让他们提供改进病毒服务的意见。

4）定期与消费者保持联系。可以通过邮件、电话、信件等形式询问他们对“病毒”信息的看法。为了和消费者保持联系，营销人员应提供尽可能多的联系方式，并在消费者的生日或假日定期保持联系。

5）开设消费者出席的会议。邀请消费者出席公司会议、宴会，参观公司或参加讨论会，营造主人翁氛围，激发消费者对“病毒”的讨论。

通过合适的方法收集到反馈信息，就可以了解自己的病毒式营销的状况，同时也能够更进一步了解消费者的需求和市场的变化，这样就能有的放矢地开展后续工作。

（2）及时调整病毒式营销策略。跟踪反馈信息的目的就是发现问题，及时解决问题。在病毒式营销中，根据病毒反馈信息发现要解决的问题，及时地对病毒式营销的策略进行调整，确保其成功。

如果在反馈信息中发现很多用户不了解或者根本不知道该“病毒”，这说明传播渠道不通畅。针对这样的情况，必须对病毒式营销策略中的渠道与途径因素进行细致分析，找到问题的症结，然后再具体地对营销策略进行调整。

如果发现有人开始厌烦此“病毒”了，这说明“病毒”已失去新鲜感，就要及时给“病毒”注入新元素，比如升级换代、改善服务、提升价值等；如果发现“病毒”在传播过程被无意或恶意改变了，就要强化“病毒”包含的营销信息，及时纠正偏差，以免演造成负面口碑；如果发现“病毒”造成不良影响，就要认真审视自己的产品或服务是否存在问题，改进质量、改善服务，否则形成负面口碑，得不偿失。

（3）及时控制“病毒”的负面效应。

1）充分利用反馈信息，及时发现并修正产品或服务的失误，并获取创新的信息，尽量将负面口碑扼杀在摇篮中。

2）妥善处理顾客的投诉和抱怨，积极灵活处理，将“负面口碑”转变为“正面口碑”。鼓励顾客投诉，采用各种奖励和补偿方式让对产品或服务不满的顾客主动将心中的不满反映给公司；同时建立便捷的顾客投诉渠道，使顾客能很方便地将投诉反映到公司；建立有效投诉处理小组，能在最短的时间内对顾客的投诉进行处理，并将投诉处理结果反馈给顾客。

3）诚信为本。如果自己的病毒式营销确实已经形成“负面口碑”，就要诚心处理、妥善改正存在的不足，进而提高企业的名气和诚信，扭转病毒式营销的进展。

2. 病毒式营销的效果评估

（1）产品销售利润。病毒式营销最直接的目的就是销售企业的产品或服务获得利润。从著名的 Hotmail 病毒式营销开始，病毒式营销就以“低成本高产出”而备受营销人员的喜爱。因此病毒式营销能否为企业带来产品或服务的销售、能否获得利润是最直接也是最可行的评估方法。同时数据可以量化，说服力强。

（2）口碑影响力。口碑影响力是用于衡量企业在病毒式营销过程中，对用户、媒体及广告主等产生的影响力。其主要包括以下四个基本指标：

1）用户关注度。反映社区网民及企业网站网民对企业的关注程度，主要包括社区用户关注度、用户覆盖人数和用户点击次数三个基本数值。

2）用户参与度。用户参与度指社区用户对相关帖子的回复率，反映用户参与相关话题的积极程度。

3）媒体关注度。反映媒体对企业的关注程度，通过百度新闻和谷歌新闻搜索获得。

4）广告关注度。主要针对网络媒体，反映网络媒体作为广告投放平台的价值，主要包括广告投放量、广告主数量和广告投放金额三个基本数据。

口碑影响力计算公式：口碑影响力=用户关注度×30%+用户参与度×30%+媒体关注

度×20%+广告关注度×20%。在实际操作中，并非全部包括上述四个指标。在非网站类型的病毒式营销，比如“王老吉”的病毒式营销中，口碑影响力就只需采纳用户关注度、用户参与度和媒体关注度，其权重可以相应调整为40%、40%、20%。另外，在某些病毒式营销中，口碑影响力只涉及用户关注度和用户参与度，其权重各占一半。

（3）口碑美誉度。口碑美誉度是用户衡量社区网民和媒体对企业的评价，主要包括社区相关帖子的正负面和媒体新闻的正负面两个基本数据。口碑美誉度计算公式：口碑美誉度=社区用户评价×80%+媒体评价×20%。同样在实际操作中，病毒式营销未必会引起网络媒体的关注而对其进行报道，这样就只要考虑社区用户评价（企业、品牌和产品等在网络社区中被谈及的帖子和博文数量）即可。

病毒式营销重在口碑效应，不是一个短期的营销行为，而是一个长期的战略，其效果要较长时间之后才能体现出来。同时，病毒式营销的效果由于基于网络环境，难以量化，定性的评估缺乏足够的说服力。因此，建立病毒式营销的效果评估体系，是促使其市场发展的重要动力。

【练一练】4小时后，逃离北上广（北京、上海、广州）。

这是由“新世相”联合“一直播”和“航班管家”在微信上发起的一个活动：我买好了30张机票在机场等你，4小时后逃离北上广。现在是早上8点，从现在开始倒计时，只要你在4小时内赶到北京、上海、广州 3个城市的机场，我准备了30张往返机票，马上起飞，去一个未知但美好的目的地。

直播间主播说：现在很多男孩子来到了现场。结果直播弹幕上有网友回复说：女孩子输在了起跑线上……因为早上起来要化妆要洗澡。

整个逃离过程，由“一直播”进行独家全程直播，仅仅早上两个小时，“新世相”北上广三个直播间共计获得了累计87.4万人次围观；而“新世相”微信公众号阅读量40分钟就破10万，3个小时阅读量超过100万，涨粉10万；微博话题“4小时后逃离北上广”阅读量迅速突破700万。

这个活动是怎样触动到百万网友内心的？请点评“4小时后逃离北上广”的病毒式营销效果。

____

____

____

任务拓展

案例：冬奥会吉祥物冰墩墩成功出圈

2022年的开年顶流非冬奥会吉祥物冰墩墩莫属。2022年2月4日，北京冬奥会正式拉开序幕，与开幕式一同登上热搜榜的还有冬奥会吉祥物冰墩墩。这个可爱的IP（Intellectual Property，知识产权）形象在短短几天之内就一跃成为新晋网红，在社交媒体上吸引了巨大的流量。在赛事逐渐进入高潮之际，每天仍然有与冰墩墩相关的微博话题出现。在天猫奥林匹克官方旗舰店里，与冰墩墩相关的产品，例如保温杯、钥匙扣、小挎包、徽章等，一经上线就被抢购一空。从国内到海外，针对冰墩墩的讨论也愈演愈烈。

不过早在三年前，冰墩墩刚刚发售的时候，并没有得到多少关注，甚至有网友表示不会购买。从一个默默无名的吉祥物到全网难求的“顶流”，冰墩墩到底经历了什么？冰墩墩凭借什么笑傲冬奥、成为最火的 IP 形象之一呢？

（1）萌文化。受到萌文化的影响，越来越多的年轻人对于可爱事物缺乏抵抗力，这一消费心理，催生出猫爪杯、汉堡猫窝这样的爆款单品，各种二次元联名周边也受到消费者的热捧。在设计上，冰墩墩以幼年熊猫的形象为蓝本，整体以黑白为主，没有过多的视觉元素。作为中国的国宝，熊猫一直给人以憨态可掬的印象，其粉丝遍及世界各地。冰墩墩透明外壳的灵感则来自老北京小吃——冰糖葫芦。设计团队还将奥运五环和国家速滑馆“冰丝带”的元素融入其中，最终造就了这个软萌可爱、极具治愈性的 IP 形象。而北京冬奥会将熊猫形象作为此次赛事的吉祥物，赋予了其文化属性。

（2）社会情绪。北京是世界上第一个举办夏季奥运会和冬季奥运会的城市，这一独有的优势也给全民带来了极大的民族自豪感。冰墩墩作为 2022 年北京冬奥会的吉祥物和见证者，同时承载着中国文化与奥林匹克精神。更重要的是，获得金银铜奖牌的运动员可以获得“金墩墩”玩偶，这一举措也增加了冰墩墩的内在属性。对于年轻一代而言，只要拿到冰墩墩，就能够增强冬奥会的参与感和代入感，这种情绪价值将用户的购买热情推向顶峰。

（3）IP 开发。2022 年 2 月，北京冬奥会组委打造的动画电影《我们的冬奥》发布相关海报及预告片，影片中除了冰墩墩、雪容融，还有我们熟悉的孙悟空、熊大、熊二等多个国产动画形象。

（4）社交媒体。在开幕式当天，冰墩墩抖雪的动态表情包便开始在微博刷屏，有趣的动图让原本呆萌的冰墩墩变得更加有血有肉，机灵可爱的神态契合了大众的情感需求。随后在“冰墩墩”卡门、“冰墩墩”挑战 4A（阿克塞尔四周跳）等短视频的加持下，冰墩墩火遍全网。网友们纷纷加入与冰墩墩有关的话题，自发创作表情包、拍摄同款视频，高频率的曝光进一步巩固了冰墩墩的可爱人设。在小红书和抖音平台上，人们积极展示与冰墩墩有关的周边产品，知乎上关于冰墩墩的问题，也吸引了上百万次浏览。

问题：

（1）冰墩墩背后的营销策略是什么？

（2）在网络营销运营上我们应该注意什么？

任务巩固

实训　网络病毒式营销

【实训目的】

认识网络病毒式营销活动，理解其实际意义，能根据病毒式营销策划流程开展病毒式营销，能结合具体网络流量指标判断病毒式营销活动效果。

【实训内容】

（1）结合病毒式营销的理论要点，整理出实施病毒式营销的策略和工作流程。

（2）本次实训有 3 项任务，请依次完成实训任务，将实训成果整理到相关表格中（表格可以另外附页）。

（3）实训过程中采用线上或线下混合式学习方式，学生以小组为单位协同合作，通过头脑风暴集思广益，共同完成实训任务。

【实训资料】

我不是药神

《我不是药神》是一部了不起的现实主义题材作品，它的剧本是堪称优秀的，它的故事核心是一群为了活下去的绝症病人，体现了病人如何求生存。一个看似简单的故事情节，有伦理、道德、生存、尊严、希望、社会、法规等多元化的创作融合。

这部电影展现的是一个普通凡人——程勇在不断蜕变，无论是起初不想管这些患病的病人，还是到他直接帮助了这些病人，他不断在内心里跟自己对话、说服自己，与身边的人惺惺相惜。

这部影片里的每一个人可能都是主角，呈现一个明亮的视野，感受到的情感很宽阔，其中程勇、黄毛、小吕、假药厂子、药厂商人、警察等人物形象的设定，让故事的发展变得有章可循。围绕在程勇身边的一群病人，他们身份各异、有老有少、有男有女，能苦中作乐，不管生活是怎样的艰难，受到病痛怎样的折磨，他们都没有放弃自己的生命。

这部电影上映不到 2 天，票房破 5 亿！据了解，《我不是药神》包括宣发在内的总投资为 1 亿多元，也就是说 1 天回本。它是中国又一部里程碑式的作品。所有看过它的人，都在为它奔走相告。在豆瓣上影迷也给它打出了 9.0 分的高分。在此之前，豆瓣评分超过 9.0 分的国产片只有三部。《我不是药神》用一种最克制的叙述方式，直指人性和法理的最深层面，令人飙泪动容。

【实训任务】

（1）学生分组，分析《我不是药神》这部影片在内容上采用了什么策略？该影片的“病毒”根源是什么？给你的营销启示是什么？请将结论填进表 2-7 中。

表 2-7　《我不是药神》影片的病毒式营销分析

分析对象	分析维度	结论
《我不是药神》影片	内容策略	
	“病毒”根源	
	营销启示	

（2）学生分组，任意选择一个企业或品牌，为它策划一个病毒式营销活动，可以选择网络媒体、微信、微博、视频、贴吧、论坛、问答百科等网络平台进行实践，并关注病毒式营销的效果。将结论填进表 2-8 中。

表 2-8　某品牌的病毒式营销策划表

分析维度	结论
企业/品牌	
病毒式营销策略	
“病毒”根源	
生产内容	
传播平台	
营销效果	

（3）请各小组将本组的病毒式营销活动及实施效果做成 PPT 进行展示，并组织全班讨论与评析。

任务三学习效果评价

<table>
<tr><th rowspan="3">评价方式</th><th colspan="5">评价内容</th></tr>
<tr><th rowspan="2">评价项目</th><th colspan="4">评价等级</th></tr>
<tr><th>A</th><th>B</th><th>C</th><th>D</th></tr>
<tr><td rowspan="5">自评</td><td>对本节知识感兴趣的程度</td><td>浓厚</td><td>较浓厚</td><td>一般</td><td>弱</td></tr>
<tr><td>独立思考习题的能力</td><td>强</td><td>较强</td><td>一般</td><td>弱</td></tr>
<tr><td>体验到学习的愉悦感</td><td>强</td><td>较强</td><td>一般</td><td>弱</td></tr>
<tr><td>理解别人的思路，与同伴交流的意识</td><td>强</td><td>较强</td><td>一般</td><td>弱</td></tr>
<tr><td>在知识、方法等方面获得收获的程度</td><td>高</td><td>较高</td><td>一般</td><td>低</td></tr>
<tr><td rowspan="3">小组互评</td><td>本节课堂发言的次数</td><td>多</td><td>较多</td><td>一般</td><td>少</td></tr>
<tr><td>课堂练习完成的质量</td><td>高</td><td>较高</td><td>一般</td><td>低</td></tr>
<tr><td>自主探究意识和团队协作能力</td><td>高</td><td>较高</td><td>一般</td><td>低</td></tr>
</table>

学习成果实施与测评

一、单选题

1．事件营销的英文是（　　）。

A．Marketing　　B．Marketing Management

C．Event Marketing　　D．Market

2．下列选项中从制造“权威感”使受众产生信任角度拟标题的是（　　）。

A．普通手机如何拍出专业级照片

B．爸爸带孩子有那么糟糕吗？你居然被红牌罚下

C．我为什么要辞职去卖肉夹馍

D．硅谷最新发明：喝这杯香浓醇厚的咖啡，居然能减肥

3．下列（　　）项目具有病毒性营销的基本特征。

A．网络热词　　B．共享单车

C．微信运动步数排行榜点赞　　D．朋友圈转发微信公众号文章

二、多选题

1．事件营销其实就是抓住公众的眼球，达到（　　）。

A．注意力　　B．吸引力　　C．冲击力　　D．辐射力

2．软文营销的精准定位需要做到（　　）。

A．收集用户所有的相关数据

B．通过剖析数据为用户贴上相应的标签及指数

C．用标签为用户建模，包括时间、地点、人物三个要素

D．寻找迫切需求信息的匹配人群，精准推送相应的软件

3．病毒式营销的特点包括（　　）。

A．较强吸引力的病原体　　B．传播速度呈几何倍速增长

C．高效率的接收　　D．更新速度快

三、简答题

1．事件营销和软文营销、病毒式营销三者之间有什么联系和区别？

2．事件营销策划的流程和步骤是什么？

3．请谈谈病毒式营销策划的步骤。

四、实训题

和班级同学组成一个团队，策划一个关于某品牌手机的软文营销方案。可以选择以手机的品牌为噱头，也可以选择以手机的某一性能为切入点，还可以利用某热门事件制造话题点等，撰写有吸引力的软文。根据目标群体选择合适的网络平台发布，并注意检测软文发布之后的转发量和评论量。

项目三　视频与直播营销

思维导图

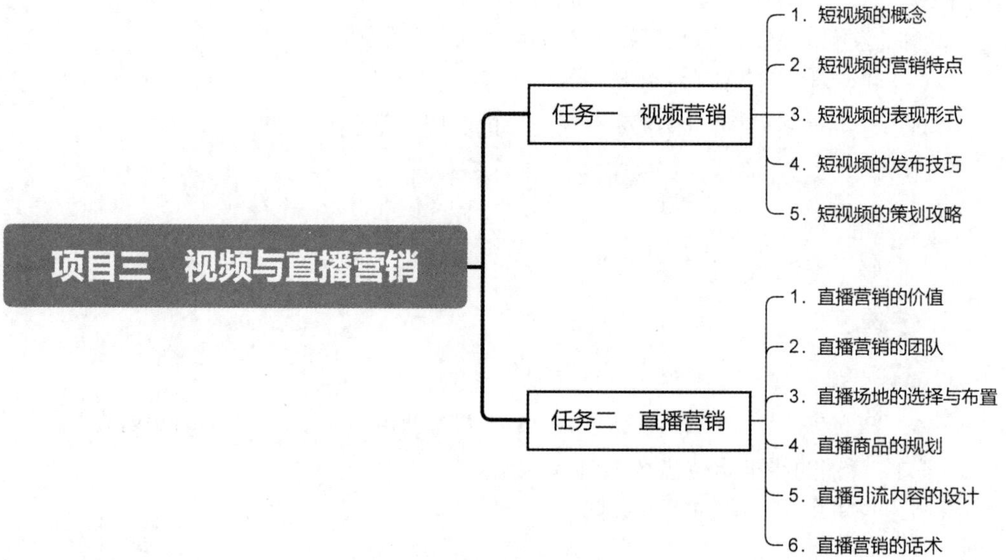

项目导读

2019 年，淘宝“双 11”活动期间，超过 10 万商家开通直播，活动开场不到 9 小时，直播成交额突破 100 亿元，超过 50%的商家都通过直播获得新的销售额增长。2020 年初，各类线下服装店、超市、企业、品牌纷纷转战直播营销行业，直播营销领域呈现出一派生机盎然的景象。短视频的火爆带来了直播电商的高速增长。随着技术的发展，直播行业迎来新的发展机遇，电商直播、“直播+”等新商业模式获得快速发展，中国市场已显示出强大的潜力和活力，并加快了实体商业向数字化转型的步伐。CNNIC 数据显示，截至 2022 年 6 月，我国网络直播用户规模达 7.16 亿，占网民整体的 68.1%，较 2021 年 12 月增长 1290 万。其中，电商直播用户规模为 4.69 亿人，占网民整体的 44.6%，较 2021 年 12 月增长 533 万人。截至 2022 年 6 月，我国网络直播使用率为 68.1%，较 2020 年 6 月增长 8.3 个百分点，网络直播使用率增长明显。

近几年视频与直播越来越受到企业、品牌和商家的青睐，李敏对短视频与直播十分感兴趣，由于她刚到电商运营部不久，对短视频与直播的相关技能还不太熟悉，她打算下狠功夫学习相关知识技能，跟上公司发展的步伐。

学习目标

知识目标

- 了解短视频营销的特点；
- 掌握短视频的表现形式；
- 掌握短视频的发布技巧；
- 掌握短视频营销的策划攻略；
- 了解直播营销价值；
- 熟悉直播场地选择与布置；
- 掌握直播商品的规划；
- 掌握直播引流内容的设计；
- 掌握直播营销话术。

技能目标

- 能合理地选择短视频表现形式；
- 能有效地发布短视频；
- 能够策划短视频；
- 能合理地布置直播场地；
- 能合理地规划直播商品；
- 能准确设计直播引流内容和直播话术。

思政目标

- 具有遵纪守法意识，能自觉遵守电商平台法律法规；
- 能诚信经营，拥有大国情怀和文化自信；
- 具有品牌意识与社会责任感。

任务一　视频营销

工作任务

公司让李敏在抖音上试运营一个短视频账号，李敏对短视频的运营不是很熟，为了完成公司交代的任务，她向陈晓玲咨询短视频的拍摄与发布的技巧。陈晓玲抖音账号有几百万粉丝，她熟知短视频运营技巧，她给李敏提了几点建议。李敏听了以后马上有了思路，但是需要助手配合她一起做短视频账号。

为了帮助李敏做好短视频营销账号，请你学习一下短视频营销的特点，了解短视频的表现形式，掌握短视频的发布技巧和策划攻略。

任务实施

知识点 1：了解短视频的概念

短视频概念

1. 短视频的发展现状

近年来抖音、快手等短视频类 App 流量规模增长迅速，2021 年 6 月，短视频类 App 月活跃用户规模达 8.88 亿，2021 年 3 月，日人均使用时长达 125 个小时，2021 年 1 月，日人均使用时长占比超过即时通信类 App。在充足流量供给的支持下，短视频平台可主动调整娱乐内容中电商内容的植入比例，从而实现电商流量的供给，进而从 C 端（客户端）推动电商高速成长。

目前我国短视频行业已经从蓄势期、转型期、爆发期慢慢过渡到平稳期。短短数年，短视频已经经历翻天覆地的蜕变，随着移动互联网的普及、大众消费娱乐水平的提高和数字化互联网技术的发展，短视频平台已经从最初的娱乐服务转型到包括直播带货、内容付费等多种形式共生的内容生态圈。

【案例】海信 2022 年 12 月发布了以“陪伴”为主题的怀旧温情短视频《还记得陪你看世界杯的人吗？》该短片追溯了一个小女孩从幼年、上学到结婚十几年间跟家人、朋友看世界杯的光影，从一位女性的视角出发，讲述了她伴随世界杯成长的故事。视频中，通过对典型场景做还原，海信电视以一个更大众化的沟通角度激发用户群体的共鸣，传达“世界杯和青春都会谢幕，但是爱你的人会一直在身边”的温情。该短视频引发 366 万次观看，4.2 万次转发，创意情感值高达 99.3 分。品牌同期还发起了“还记得陪你看世界杯的人吗”话题，全网征集海信电视留下的世界杯珍贵影像和世界杯陪伴故事，该话题引发 8.8 万次讨论、4000.1 万次阅读。

2. 短视频的概念

网络视频是指由网络视频服务商提供的、以流媒体为播放格式的、可以在线直播或点播的声像文件。在网络上以 WMV、RM、RMVB、FLV 以及 MOV 等视频文件格式为主，包括各类影视节目、新闻、广告、Flash 动画、自拍 DV、聊天视频、游戏视频、监控视频等。

不同平台对于短视频的定义各不相同，在很长一段时间里没有一个标准化的定义。在 2019 年，艾瑞咨询对短视频下了一个比较清晰的定义：短视频是指一种视频时长以秒计数（一般在 10 分钟以内），主要依托于移动智能终端实现快速拍摄和美化编辑功能，可在社交媒体平台上实现分享和无缝对接的一种新型视频形式。短视频的内容融合了技能分享、幽默搞怪、时尚潮流、社会热点、街头采访、公益教育、广告创意、商业定制等主题。由于内容较短，可以单独成片，也可以成为系列栏目。

【练一练】不同视频平台对短视频的定义各不相同，请根据你所了解的信息完成表 3-1。

表 3-1　短视频平台的对比

平台	时长	呈现方式
微信视频号		横屏、竖屏都可以
抖音		
快手		
西瓜视频		
哔哩哔哩		

知识点 2：了解短视频的营销特点

短视频特点

网络视频营销是建立在互联网及其技术基础之上，企业或组织机构为了达到营销效果和目的而借助网络视频介质发布企业或组织机构的信息，展示其产品内容和组织活动，推广自身品牌、产品和服务的营销活动和方式。短视频融合了文字、语音和视频，可以更加直观、立体地满足用户的表达、沟通需求，满足用户之间展示与分享的诉求。

1. 目标精准

做短视频运营前，需要完成账号定位。根据账号的垂直定位和垂直领域的目标用户制作相关视频，指向性明确。抓住用户的痛点或社会需求点，以最低成本管理最大限度地提高营销效果。

【案例】快手有着信息流广告精准定向体系，支持移动设备定向、地理位置定向、人口属性定向、兴趣定向等多种定向方式，能更精准地帮助企业锁定目标用户，辐射更多可能感兴趣的人，有效提升广告投放效果。

2. 低成本简单营销

传统广告营销一般需要投入大量人力、物力、财力，而短视频营销入驻门槛较低，成本相对减少，这是短视频营销的优势之一。短视频内容创作者可以是企业，也可以是个人。其内容制作和粉丝维护的成本相对较低。但是制作短视频，一定要具备良好的内容创意、坚持输出原创的决心，才能打造出优质短视频，吸引用户关注。

3. 互动性强

几乎所有的短视频都可以进行单向、双向甚至多向的互动交流，这种优势在于可以迅速获得用户反馈并针对性地进行调整。具有互动性质的短视频在用户触达上可覆盖到更广泛的人群，互动带来的参与感和趣味性能够更好地感染用户，提升用户对视频和品牌的好感度。

4. 病毒式的传播速度

切中用户关注点的网络视频传播速度非常快。从当前热门的抖音、快手等短视频平台就可以看出，与传统营销模式比起来，短视频营销具有病毒式的传播速度，将互联网的优势发挥得淋漓尽致。重要的是，短视频“短”的特点，在快节奏的生活方式下，尤其受到用户青睐。不管是火山、美拍、梨视频、头条、快手还是抖音，只要短视频内容足够精彩，就能在很大程度上引起大量用户的转发狂潮，达到大面积传播的效果。

不仅如此，各类短视频平台还积极地和新浪、头条这样具有超大用户基础的自媒体平台进行合作，强强联合，吸引更多的流量，进一步推动了短视频传播，达到高质量的营销效果。除此之外，区别于图片、文章等容易被复制粘贴的缺点，短视频可以添加水印、原创作者联系方式等，能够保护原创内容创作者的利益。

【案例】小木耳、大产业。

连日来，柞水木耳成为新晋网红。2020年4月21日，人民日报直播间上线8万多包，共计12.2吨柞水木耳，瞬间售罄。柞水木耳也成为淘宝等电商平台最热销的商品。

不少网友认为，“抢得刺激，买得上头，收得开心”“电商+农副产品+扶贫攻坚，必须支持”。总书记点赞柞水木耳，更被称为“史上最强带货”，成为各大网络平台的热搜话题，红遍全网。网友“胶莱人”说，相信电商扶贫将按下快进键，为乡村振兴注入新动力。

5. 效果可观测

短视频营销可以对视频的传播范围及效果进行数据分析，包括有多少人关注、有多少人浏览、转载多少次、评论多少条、多少人互动等，不管是哪一类短视频，都能直观地看到播放量、评论量等数据。可以通过数据分析、对标账号、分析行业竞争对手等，掌握行业风向，调整并及时优化短视频内容，从而达到更好的营销效果。

【练一练】给你留下深刻印象的短视频是什么类型内容？吸引你的是什么？

____

____

____

知识点3：掌握短视频的表现形式

网络视频包括影视广告、网络视频、宣传片、微电影等多种方式，并把产品或品牌信息植入到视频中，产生一种视觉冲击力和表现张力，通过网民的力量实现自传播，达到营销产品或品牌的目的。正因为网络视频营销具有互动性、主动传播性、传播速度快、成本低廉特点，所以网络视频营销，实质上是将电视广告与互联网营销两者“宠爱”集于一身。

1. 短纪录片

纪录片是以真实生活为创作素材，以真人真事为表现对象，以展现真实为本质，并用真实内容引发人们思考的电影或电视艺术形式。短纪录片和纪录片相比，内容、形式相似，但短纪录片的时长更短，一般在15分钟以内。短纪录片中的代表作品，如人物纪录短片“一生所匠”、实物纪录短片“银杏——中国活化石”等，时长通常在10分钟以内。

2. 情景短剧

情景短剧是依托相对固定的场景，利用生活中常见的情节及道具，根据自身风格及品牌诉求进行剧情编创及场景化演绎的短视频类型。情景短剧故事性较强、类型丰富、风格多样，常见的情景短剧主要有幽默类、情感类和职场类，多是一些剧情轻松、有趣或有创意的视频集。情景短剧通常有比较完整的故事情节，主要通过网络进行传播，从而达到吸引用户、传播产品和品牌的目的。短剧内容通常比较贴近生活，容易引起观众的亲近感，题材灵活、制作成本低，可以边制作边播放，充分保持与网络用户的互动，投其所好地制作出更好的内容，获得更好的传播效果。情景短剧主要有以下3类：

（1）幽默类情景短剧。幽默类情景短剧的娱乐化属性明显，常通过“抖包袱”“放大尴尬”等剧作手段设置剧情，用幽默的风格呈现作品，内容传播形式覆盖面广且用户接受度高，如“河里捞火锅”“没想好呢”等。

（2）情感类情景短剧。情感类情景短剧常通过各种戏剧化的创作手法设置剧情，强调以情动人，多从亲情、爱情、友情等情感视角创作视频，作品更易传递情感，可快速引起用户的情感共鸣，如“阿豪来了”“后来我不粘你了”等。

（3）职场类情景短剧。职场类情景短剧基于细分的职场场景，如基于办公室等演绎职场故事，再现职场情景。职场类情景短剧兼具时尚感强、易引发共鸣、话题感十足等优势，如“这个世界没有你想象的那么复杂，加油！未来在等你”“当代职场共患难”等。

情景短剧一般时长比较短，比较符合现在网络用户碎片化的时间特点，以网络为传播媒介，可以有效提升短剧的传播速度和宽度，保持与网络用户的良好互动。

3. 解说类短视频

解说类短视频是指短视频创作者对已有影视作品、图片或视频（已获得授权）进行二次加工、创作，配以文字解说或语音解说，加上背景音乐的短视频。在制作这类视频时，短视频创作者不用自己动手拍摄视频，只要提前找好想要解说的视频素材，理清解说思路，再将剧情片段与解说内容完美对应，并添加字幕即可。

这类短视频如果只是简单的内容搬运，很容易造成内容同质化，风格千篇一律，用户的互动意愿会明显降低。

4. 脱口秀类短视频

脱口秀也称谈话节目，传统的脱口秀节目通常会邀请很多嘉宾就某个话题进行讨论。但脱口秀类短视频简化了这一流程，通常仅由出镜者一人发表自己的观点。脱口秀类短视频的内容涉及方方面面，按照具体内容的不同，主要可将脱口秀类短视频分为3类：幽默类、分享类、现场类。脱口秀类短视频是目前比较常见的一种形式，如“谈咸鱼伴侣该不该鞭策”，通过一段段实例讲解该不该鞭策“咸鱼”伴侣，引发全场爆笑；再如“做人要真实”，通过正反实例举证说明讲解做人要真实的重要性，向用户传递正能量。

脱口秀视频想要做好，最关键的就是内容要有干货，要打破用户认知，让用户看后有所收获、认可你、信任你，自然会持续关注你。

5. Vlog

Vlog是最近比较火的领域，符合平台记录生活的初衷，众多明星都在拍摄该类视频，它就如我们写日记一样，只不过以视频的形式展现，比如某网友以Vlog的形式记录他在清华的日常，传递正能量；某网友以Vlog的形式与用户分享她的旅游经历，很受用户喜欢。这类视频拍摄要注意三点：要有主题；主次分明、突出重点；注意拍摄效果。

6. 传统影视节目二次传播

二次传播可以增加用户的深度交流，让更多被二次传播吸引过来的用户转而关注原本的影视节目，对用户进行广泛引流，从而提高节目的收视率和知名度等。传统影视节目的二次传播是传统媒体与新媒体的互补，彼此互相拓展和延伸，实现全方位、立体化的整合推广。

7. 微电影

微电影通常比较短小精美，可以围绕产品和品牌来设计故事。企业在使用微电影进行宣传时，将产品需求、品牌推广与观众的休闲娱乐相结合，既能满足用户的观影需要，又不会占用太多时间，让观众可以在故事情节中自然而然地对品牌产生认知。

【案例】在《诗的童话》（图 3-1）这部微电影中，中国银联从渔村留守儿童视角开始讲述故事，以一种相对欢快又略微感伤的基调，刻画孩子细腻的情感变化。从“半信半疑”到“坚信诗歌”可以兑换一切想要的，老师和村民们用善意的谎言，默默地成全黑子的诗歌梦想。诗歌是俗世生活之外的另一种精神向度，它能引领人们向前走。整部电影最让人动容的一点是，这不仅仅是一个美好的童话故事，而是在现实里真实发生着的。

图 3-1 微电影《诗的童话》

从 2019 年的中国银联“诗歌 POS 机”，到连接古今的“诗歌长河”，再到雄赳赳气昂昂的“诗歌长城”，“诗歌 POS 机”一直守护着山里孩子的诗歌才华，也治愈着大人疲惫的心灵。影片最后留下一个令人遐想的问题，黑子最后到底能不能用“诗歌才华”兑换车票、走出渔村，其实答案取决于你我。

【练一练】请在短视频平台上发布一条短视频，将发布的相关内容填写在表 3-2 中。

表 3-2 发布的短视频内容记录

维度	相关内容
表现形式	
发布的台	
核心内容	

知识点 4：掌握短视频的发布技巧

短视频标题

1. 短视频标题创作技巧

高质量的短视频标题能够迅速吸引用户注意力，激发用户观看短视频的兴趣。

（1）短视频标题创作的原则。

1）戳中痛点。提出让用户困扰的问题。短视频标题要想吸引用户，就需要戳中用户的痛点，所涉及的痛点越痛，就越能引发用户的关注。并且这类痛点不能只针对某一个人，而是要能引发大众共鸣，是大多数人普遍存在的痛点。

要想搜集到好的痛点，可以多关注网络热点或日常生活中人们常交谈的话题，然后提炼出与之相关的最贴切、最通俗的词语。具有代表性的痛点标题不少，如“这是不是小时候你洗澡的样子”。

2）指明利益。指明利益是指在标题中明示或暗示短视频内容中有解决问题的方法。在这样的标题中，选用简单通俗的语言描述问题和利益，更有助于吸引用户点开短视频。如“零基础电脑制表，如何制作这种能打√又能打×的表格”这一标题针对电脑初学者提出问题，用简单又实用的操作步骤轻松解决零基础制表的问题。

3）引发好奇。在标题中提出问题，将答案放在视频中。创作标题，需要告知用户观看短视频的好处，但这并不意味着要在标题中直接告知答案。如果在标题中抛出一个令人好奇的话题，而将具体答案或内容放在短视频中，就能更吸引用户观看。如“100 亿年后的地球，会发生怎样的改变？人类文明是否还存在？”就是典型的引发好奇类标题。

【练一练】根据短视频标题创作的原则，为自己即将上传抖音平台的短视频拟一个标题。

（2）创作短视频标题的技巧。

1）在标题中加入“如何”“你要相信”等字样。在标题中加入“如何”是常用的创作标题的方法之一，能够彰显内容的功能性，也能够突出痛点和解决痛点的方法，如“如何撰写简历，能够获得更高的回复率？”“如何与同学对话，勾起对方聊天兴趣的概率更大？”，这种简单的句式在加入了“如何”之后，就能让用户快速识别内容的主题，判断自己是否对这则短视频感兴趣。

在标题中加入“你要相信”，这是励志类、治愈类短视频标题中常用的字眼，能够起到鼓舞人心的作用，如“你要相信，所遇到的一切人和事，都是命运最好的安排”“你要相信，你配得上这个世界上所有的美好，愿你我走出半生，归来仍是少年”。这类标题通常带有一定的情绪暗示，能够起到加油打气、抚慰心灵的作用，更能得到用户的喜爱。

2）善用修饰词。修饰词能够强调内容的独特性，并增强感情色彩。对于短视频标题创作而言，短视频创作者同样可以利用这种方法，如："国旗展开的那一刻，感动！风雪中坚定的前行，是边防战士对祖国最深的爱。致敬！"标题中"感动""坚定""最深"都属于修饰词，能暗示内容的价值。

3）加强紧迫感。紧迫感标题能够击中用户的好奇心，用户往往对于还没有普遍传播的信息有着强烈的探索欲望，想要快速体验和感受。用标题制造一种紧迫感，能够促使用户将好奇心理转化成行动，从而观看短视频内容。如："无人知晓的英语单词速记法，还无人尝试！"标题中的"无人知晓""无人尝试"突出了内容的唯一性，让看到短视频标题的用户萌生了紧迫感，并自然地产生了一种"做第一个吃螃蟹的人"的想法，然后主动观看内容。

4）赋予用户抢占了珍贵资源的感觉。许多好的标题会给用户制造这样一种感觉：自己抢占了珍贵的资源。这类标题同样能够让用户产生"不看就亏了"的感觉，毕竟珍贵的资源并不是谁都能获得的，如："主播培训内部资料""内部资料，底层算法逻辑！建议新手截屏仔细看！"这类标题给用户一种"绝对珍贵"的感觉，认为不是所有人都能获得这些信息，因此，用户会迫不及待带地想要打开短视频一看究竟。

5）传递简单易学、好处多的感觉。在现代社会，碎片化学习成为一种趋势。因此，创作短视频的标题时可以突出"简单易学"的特征，并告知用户获取这一技能后会得到很大的好处，如："5 秒钟搞定绝美发型，挑战 3 天不洗头！""新手化妆小技巧，5 分钟画个淡妆，一看就会"。这类标题给人一种简单、好操作且信心满满的感觉，通常可以套用一个万能公式，如"动词+所得利益"，使用这个模版，往往能轻松地拟定一个好标题。

6）强调针对某类固定人群。短视频内容创作讲究垂直领域，当标题明确指出短视频内容专门针对某类固定人群时，虽然受众有一定的局限性，但却能很大程度上引起这类人群的注意，如："超详细！新手零基础化妆全步骤，我就不信你还学不会！""新手开车，五大技巧"，这类标题属于对症下药，可以直接吸引对内容感兴趣的用户观看。

7）贴上"福利"的标签。给短视频标题贴上"福利"的标签，能够使用户认为观看这些短视频对自己有利，可以获得意想不到的福利，如："年底福利！国家给咱每个人发钱了！""2021 年起 8 类人有福利啦！"短视频创作者创作这类短视频标题时，通常需要利用一个契机。如"从某个时间起"，能给用户带来一种要珍惜好不容易获取这个福利的感觉，从而快速点开视频查看。

8）结合热点，套用网络热词。网络热词是天然的流量"东风"，短视频创作者作为互联网文化的传播者，自然要深谙最前沿的潮流文化。将网络热词作为标题关键词，有助于提升短视频的搜索量和曝光量，如："emo 的时候打开听听"中的"emo"是网络热词，有忧郁、伤感的意思；"万物皆可 yyds，但汉语之美才是永远的神"中的"yyds"是网络热词，直译为永远的神，有赞美之意，这样的标题迎合了现代网络流行文化。

【练一练】你喜欢哪一类短视频标题？为什么？

____

____

____

2. 短视频封面图制作技巧

短视频封面图又叫“头图”，相当于一个文件的“缩略图”，能够让用户在打开短视频之前，就了解短视频的基本信息。在快手、哔哩哔哩、西瓜视频等平台，封面图与标题同等重要，都能给用户留下“第一印象”。在抖音平台，账号页面仅会显示短视频封面，并不显示标题文案。当用户浏览短视频账号主页面时，封面图直接决定了用户是否会观看该短视频。下面以 B 站为例展示制作短视频封面图的七大技巧。

（1）对比法。封面有明显的效果反差，会大大引起用户的好奇心，想要点击进入一看究竟。这种封面很适合知识技能、方法类的文章、短视频。对比法的封面图如图 3-2 所示。

图 3-2　对比法的封面图

（2）提炼价值法。封面用文字表明内容价值，简单明了，直击重点。这样同样适合知识技能、方法类的文章、短视频。提炼价值法封面图如图 3-3 所示。

图 3-3　提炼价值法的封面图

（3）颜值吸睛法。如果出镜且颜值不错的话，可以使用颜值吸睛法制作封面，人们都有欣赏美的心理。这一方法可以和异性营销相结合，比如目标用户是男生，可以使用高颜值的女生作为封面；反之，用帅气的男生作为封面。当然，不一定非要用自己的照片。

（4）夸张表情、动作法。夸张的表情和动作，往往会让用户觉得的不寻常，引起好奇心。

（5）搞笑卖萌法。封面可以和标题形成配合，通过搞笑或是卖萌配图来刺激用户。搞笑卖萌法的封面图如图 3-4 所示。

（6）戏剧体验法。该方法通过封面传达一个戏剧场景，让用户好奇这是发生了什么。戏剧体验法的封面图如图 3-5 所示。

图 3-4 搞笑卖萌法的封面图

图 3-5 戏剧体验法的封面图

（7）文字重点法。一般使用纯色图片或是场景图片，在上面用鲜亮的文字注明重点。文字重点法的封面图如图 3-6 所示。

图 3-6 文字重点法的封面图

3．短视频发布的注意事项

（1）封面展示的主体要鲜明。封面图片一定要突出主体，不管是实拍还是文字，尽量放大主体，让人们一眼就能够看出重点。

（2）视频封面图应该有亮点。比如说很夸张、搞笑的表情和肢体动作，或者醒目的、对比度高的、明显的色彩对撞等，要起到抓人眼球的效果。

（3）封面字体要简洁明了，尽量不要超过 15 个字。不要将封面字体变成副标题，将标题没有说到的亮点，直接概括出来，核心关键词要用亮色、重点标记出来，加粗加大，字体和图片的颜色要对比明显，不要看不清楚。

（4）注意图片版权和字体版权。图片上面有文字的，需要注意图片版权和字体版权，尽量选择无版权的，使用起来放心。

（5）图片要清楚。封面图一定不能模糊，封面模糊的视频，平台会自动减少推荐量，也不要有黑边。

【练一练】请尝试在 B 站或抖音上制作一个短视频的封面图。

知识点 5：掌握短视频的策划攻略

分镜头的脚本

分镜头的 MV

1. 设定短视频的营销目标

产品与品牌角度。可以围绕产品卖点、品牌的核心诉求，进行情节、内容的设计，将产品整体、功能属性、制作过程等融入到创意中去。

【案例】2021 年 6 月安踏儿童在快手已进入稳定日播常态，每天由 3 位主播轮流带来共 15 个小时左右的直播。同时，安踏儿童还在通过优质短视频作品，以“直播+短视频”组合拳稳固私域流量、沉淀用户信任，进行深度推荐。

应从以下两个角度设定营销目标：

（1）消费者角度。策划人员可以将产品的使用、产品额外的利益等融入创意中。

【案例】元气森林联名新华社客户端，在五四青年节期间首次推出了“元气新青年”限定联名礼盒。礼盒内有七瓶定制大字瓶（中国元气青年行！），传递品牌对当代青年的信任与支持，同时配有三位北京冬奥冠军的签名手写信及帆布包赠品，以“元气新青年”榜样身份鼓励年轻人不断追梦。礼盒上线后，相关公关话题积累超 6000 万曝光。同时，元气森林还推出概念视频，并联动电商渠道开展活动，邀请“元气新青年”代表做客直播间畅聊青年话题，传递品牌及 IP 核心主张。

（2）市场角度。主要分析市场上还有哪些空白点，竞争对手的策略是怎样的，有什么薄弱环节。

【案例】美妆博主的市场定位是“中国美妆领军者”；“30 秒营销学”市场定位是“中国营销学自媒体领导者”；“穷游中国”的市场定位是“中国穷游推荐领导平台”。

【练一练】你创作的短视频的目标定位是什么？

2. 分析用户的使用习惯

对网络视频用户进行分析。如用户的自然特征、喜好、上网习惯、观看内容的平台、获取信息的渠道，在行业网站、论坛关注的重点与内容有哪些，对企业存在的问题或想了解的内容有哪些等。

【案例】以抖音为例，2022 年抖音用户年龄段集中在 35 岁以下的有近 86%，其中 20 岁以下、20～25 岁及 26～30 岁这三个年龄段的用户数基本相当，抖音使用人群年龄占比如图 3-7 所示。目标人群可以分为两大类：内容发布者和观看潜水型。两类用户都符合抖音的调性：酷、潮、年轻化；凸显个性、表现欲、展示自我、追求被认可；用智能设备、生活节奏快、有娱乐需求。

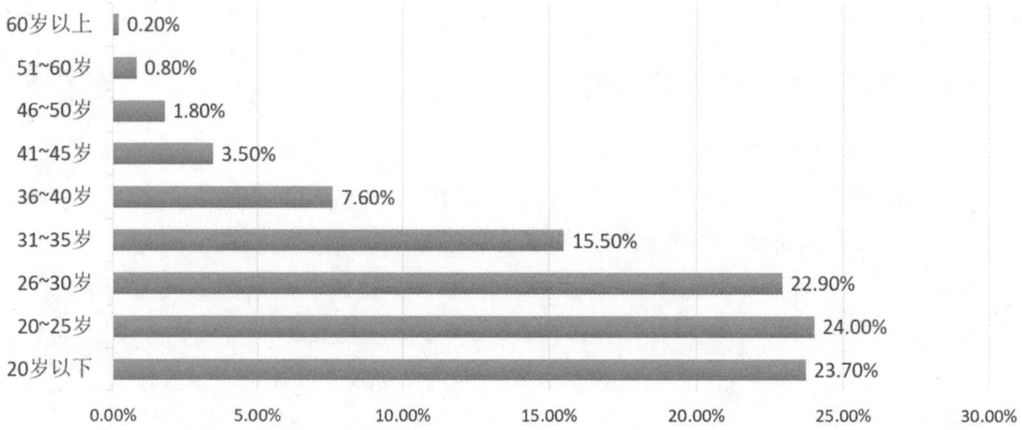

图 3-7　抖音使用人群年龄占比

3. 分析用户喜欢短视频的原因

短视频内容创作中可融入新奇、焦点、幽默、情感、励志、非常规等元素，创作的内容要做垂直细分，要有价值、差异性和持续性。

（1）新奇元素。短视频融入稀奇、新奇的元素往往能够勾起人们的好奇心，具有“奇”这一特点的视频容易持续增加粉丝。

【案例】B 站：一个肥皂盒能有什么新奇？这则短视频通过使用肥皂起泡盒和未使用肥皂起泡盒的对比来说明肥皂起泡盒的便利性和实用性。新奇元素短视频如图 3-8 所示。

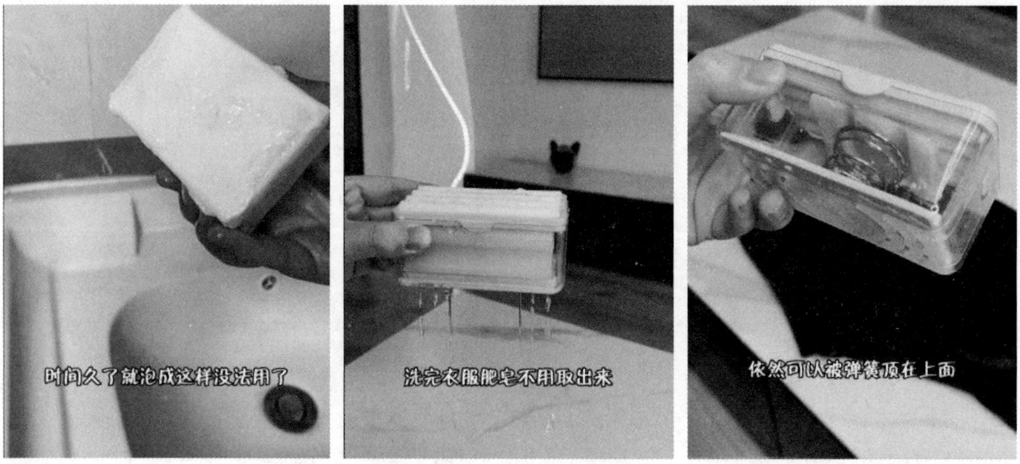

图 3-8　新奇元素短视频

（2）焦点元素。短视频内容聚焦社会各类热点问题，让用户观看以后产生实用感、获得感和价值感。

【案例】B 站：网络安全焦点系列视频。工信部相继协调处置了多起针对互联网的攻击事件，涵盖了病毒、木马、漏洞、流量攻击等多种类型，涉及网络基础设施公共系统、重要信息系统和终端。焦点元素短视频如图 3-9 所示。

图 3-9　焦点元素短视频

（3）幽默元素。与用户交流的最好方式之一就是有品位的幽默。每个人都喜欢幽默，作为专业人员，应该深刻领会在网络视频建设中加入幽默元素的必要性。这会让更多用户更喜欢视频，提升视频的浏览量。

（4）情感元素。网络视频将情感元素于作品之中，黏合网络民众求新、求异、求感动的心结，并在利用网络的准确、即时、互动等传播特性，取得良好的传播效果。情感可分为爱情、亲情、友情三大类，它们是广泛意义上的人类情感类型，并作为重点元素运用于网络视频中。

【案例】京东的轮胎宣传片《妈妈也不会》以最不催泪的形式讲述了母爱。

（5）励志元素。短视频作品中融入励志元素，符合网络民众积极进取的心理需求。短视频平台每天都会推送一些励志的短视频，如成功人士曲折的创业经历、高三学子逆袭考上清华大学等，这些内容较易产生高观看量。

【案例】《努力一点点》，感动 20 亿人的励志小视频！

（6）非常规元素。好的商业广告，本质上是传达出企业的价值观，并且和消费者产生沟通，进而让他们对产品或者服务产生信任感，促成转化率。

【案例】2021 年 4 月，安踏儿童正式在快手建立品牌官方账号“安踏儿童官方直播间”，开启品牌自播。

而对于大部分像安踏儿童一样从零粉丝开播的品牌而言，即便品牌自身知名度并不低，但是在账号运营初期，仅依靠自身进行摸索和调整，往往各项数据增长较为缓慢。为了打破这一增长困局，安踏儿童与快手磁力金牛平台达成合作，借助快手专业化营销平台和工具的优势，迅速实现品牌自播粉丝和销量的双突破。

4. 短视频的推广运营

在短视频运营初期，大部分账号都没有粉丝基础，处于冷启动阶段。按照短视频运营的基本思维逻辑，首先需要进行推广运营，增加短视频的曝光度，开展短视频推广运营的前提是熟知主流短视频平台的推荐机制和短视频账号的运营方法。

（1）短视频平台的推荐机制。目前主流短视频平台的推荐机制既有相似点，也存在不同。其中，哔哩哔哩较为特殊，除了设有点赞、评论、收藏、转发等功能，还设有投币和弹幕功能，与这些功能相关的数据也是哔哩哔哩考量短视频质量的重要标准。

目前抖音、西瓜视频、快手、微信视频号、哔哩哔哩的推荐机制见表 3-3。

表 3-3　主流短视频平台的推荐机制

短视频平台	推荐方式	具体说明
抖音、西瓜视频	冷启动和叠加推荐	以内容导向为基准。在冷启动阶段，根据播放量、评论量、点赞量、完播率等判断内容质量；优质内容将会被再次推荐，进入更高级的流量池，层层递进
快手	社交和兴趣	优先基于用户社交与兴趣分发内容。将内容优先推荐给“关注你的人”“有 N 位好友共同关注”“你有可能认识的人”“他在关注你”等用户，并根据播放量等各项数据再次分发内容
微信视频号	社交和兴趣	优先基于用户社交与兴趣分发内容。将用户微信好友产生点赞及互动行为的内容优先分发给用户，并根据热点话题、用户兴趣标签、地理位置等分发内容
哔哩哔哩	内容标签和用户标签	利用内容与用户双重标签推荐。明确内容标签、用户标签（观看习惯、历史浏览、关注和订阅、消费行为、身份信息），以此进行推荐

（2）短视频账号的运营方法。

1）付费推广。目前短视频创作者可以在抖音、快手、哔哩哔哩进行付费推广，花费少额资金为短视频购买流量。下面付费推广详解以抖音为例。

DOU+是抖音官方推出的付费营销工具，它可以将短视频精准推荐给目标人群，提高短视频的播放量。短视频创作者在发布短视频之前，可以选择购买 DOU+，使该条短视频能够在系统的智能算法下，被推荐给对该类型短视频感兴趣的用户。因此 DOU+是抖音平台提升短视频曝光度的最佳利器。在投放 DOU+时，短视频创作者可以选择短视频推荐人数、自定义推荐用户群的特征等。短视频创作者可以根据实际情况购买 DOU+。

2）参与官方活动。各大短视频平台都会不定期地推出宣传活动，帮助用户提高短视频的曝光量，在此还是以抖音为例进行介绍。

2020 年 7 月，抖音热门话题活动“不心动挑战”引发大量用户积极参与创作短视频。截至 2020 年 10 月，该活动短视频的播放量已经突破 48 亿次。这类短视频富有趣味性和创新性，主要的拍摄模式为短视频出镜人员观看各类高颜值任务的图片，然后对其外表的“心动指数”进行评分。许多出镜人员因为看到令自己心动的人物图片，而表现出兴奋、激动的状态，引发广大用户关注。该类话题的短视频在短期内迅速获得流量，并收获了不少用户的关注。

【练一练】查看抖音最新的官方活动，尝试参与活动创作短视频。

____

____

____

任务拓展

案例：抖音账号“张同学”两个月涨粉 1000 多万

抖音账号“张同学”是异军突起的存在：2021 年 10 月 4 日发布第 1 条短视频，点赞量 24.8 万，此后一周涨粉几百万，2 个月时间里已经有 1000 多万粉丝。从第一个视频开始，该账号各方面数据都很好，好几条内容都霸占过热榜。短视频平台甚至有模仿“张同学”风格的“王同学”“李同学”相继出现，连“张同学”的背景音乐和拍摄细节等相关话题都上过热搜榜。

那“张同学”是做什么的呢？他的创作内容是以东北农村生活为背景，记录了日常生活的“流水账”。他还被网友叫作“男版李子柒”“东北李子柒”，也被《人民日报》点评称赞。《人民日报》鼓励更多人以这样的方式去记录农村的真实生活，发掘农村美丽。

要说他为什么突然那么火，其实大部分人也是说不清的。因为记录真实的农村生活吗？可是前有宣传农村仙境的李子柒，后有记录川渝麻辣生活的桃子姐等，短视频平台同样背景创作的不少。此前有人质疑张同学的爆红是因为团队的操作，不仅有拍摄团队，而且还有推广团队，还有人说他的视频都是根据脚本进行拍摄制作的。张同学接受采访时说，他没有团队，一切都是自己拍摄，并且都是自己剪辑的，而他使用的剪辑软件也不是网络上说的 Photoshop、After Eflects 等专业软件，是通过手机版剪映完成的。虽然他两个多月的时间涨粉 1300 多万，但如果不澄清网络上的各种猜忌和流言，一定会影响他接下来的发展，更会影响他继续涨粉。此时“张同学”站到媒体面前，说出了自己的实际情况，在让观众看到一个真实的“张同学”之外，还看到了他的勤奋和努力，这个人设更能助推他继续火下去。

一般情况下，在拥有一定量的粉丝之后，很多人都会通过直播带货等形式让流量变现。但“张同学”并没有这样做，因为他越是这样做，那些品牌商就会一直追着他，而给到他的佣金比例也会不断地提高。

也正是以上几个方面，让我们看到了真实的“张同学”，不仅了解了他成为网红的坚守，也看到了他对最初梦想的坚持。

问题：

请分析抖音账号“张同学”的短视频成功的原因是什么？

任务巩固

实训　短视频的创作

【实训目的】

通过该实训了解短视频的特点和表现形式，掌握短视频的发布技巧与策划攻略，能够在抖音短视频平台上运营一个短视频账号。

【实训内容】

（1）本次实训有 3 项任务，请依次完成实训任务，将实训成果整理到相关表格中（表格可以另外附页）。

（2）实训过程中采用线上或线下混合式学习方式，学生以小组为单位协同合作，通过头脑风暴集思广益，共同完成实训任务。

【实训资料】

爆款短视频的共性

爆款短视频往往具备以下 6 个主题点中的一点或者几点，分别是：热点、笑点、知识点、正义点、冲突点、泪点，而这些主题点导向的价值核心就是让用户产生共鸣点。做好一条爆款短视频要注意以下几点：

（1）视频开场。在视频开场的 3～5 秒内一定要亮出关键点，千万不要挑战用户的耐心，这是提升完播率的关键。

（2）视频中间。中间要控制好内容发展的节奏，要设置足够多的诱因（包括音乐、人物关系等）来“吸”住用户，避免因内容枯燥带来的用户跳出（具体来说，横屏视频要做到 30 秒一小笑点，60 秒一大笑点）。

（3）视频结尾。视频结尾要做到出其不意，有惊喜、有反转、有互动鼓励，以促进用户反复观看，提升复播率和互推场景，再由场景构建剧情，这样才能让产品与剧情衔接得更加自然。

而具体到衔接形式上，又可分为拼接、植入和融合。这三种形式对于创作者的要求是逐级上升的，越往上内容越细腻，植入往往也越巧妙。

（1）拼接。即以剧情为重点吸引用户往下看，在剧情中（常见于末尾）让产品露出，露出部分几乎不影响内容完整性。

（2）植入。将产品作为剧情一部分呈现在内容中，与情节高度融合，产品可作为“关键道具”推动剧情发展。

（3）融合。内容与产品密不可分，完美结合，产品利益点可以非常流畅、形象地传达。

以上是抖音最为常见的品效（品牌与效果）广告的做法。

品宣广告一定要找到自身与品牌形象的结合点来创意内容，以更好地诠释品牌精神、品牌主张；品销类广告则需要让用户在短时间内切换视角——从“观看者”变为“消费者”，通过极具代入感的共情化内容，更好地撬动用户的购买决策，利于留存和转化。

【实训任务】

（1）将学生分成小组，每组 5 人，以小组为单位进行短视频创作实战任务的前期讨论、作品设计及制作。

（2）以宣传一款牛奶产品来创作短视频。各小组对短视频的表现形式和内容构思进行描述，确定视频发布的平台、时间和受众对象，将结论填在表 3-4 中。

表 3-4 短视频创作方案

短视频分析维度	结论
表现形式	
内容构思	
发布平台	
受众和目标客户	
发布时间	
标题	
封面图	

（3）完成实训报告。

任务一学习效果评价

评价方式	评价内容				
	评价项目	评价等级			
		A	B	C	D
自评	对本任务知识感兴趣的程度	浓厚	较浓厚	一般	弱
	独立思考的能力	强	较强	一般	弱
	体验到学习成功的愉悦感	强	较强	一般	弱
	理解别人的思路，与同伴交流的意识	强	较强	一般	弱
	在知识、方法等方面获得收获的程度	高	较高	一般	低
小组互评	本节课堂发言的次数	多	较多	一般	少
	课堂练习完成的质量	高	较高	一般	低
	自主探究意识和团队协作能力	高	较高	一般	低

任务二 直 播 营 销

国家领导点赞农特产

工作任务

为迎战“双 11”电商节，需要做大量的准备工作，公司里每个人都有任务，李敏所在的电商运营部的任务比较重，例如主播的人选、“双 11”活动方案、直播引流预告、直播商品规划、直播场地、直播脚本等。直播看起来简单，但是面对“双 11”大促，要有条不紊地完成这些任务，还是有一定难度的。李敏她们小组接到的任务是做好直播营销的引流预告和直播间的搭建。李敏第一次负责这个工作，尽管前面一直在跟着学习，但她还是有点担心不能很好地完成任务。

为了帮助李敏完成“双 11”大促相关工作任务，请你了解直播营销价值，学习直播营销团队组建策略，熟悉直播场地选择与布置，掌握直播商品规划，尝试设计直播引流内容和直播营销话术。

任务实施

直播营销优势

知识点 1：了解直播营销的价值

1. 直播营销背景

随着互联网的快速发展，网络直播平台的元素也越来越多元化，人们可利用手机或计算机，通过网络直播平台进行及时信息传播。传统的网络直播平台多呈现出草根性、实时性、可视性等特点，计算机（PC）端的使用更是帮助主播与粉丝之间、粉丝与粉丝之间交互更加频繁便捷。直播营销是一种营销形式上的重要创新，也是非常能体现出互联网视频特色的版块。

直播营销是指在现场随着事件的发生、发展进程同时制作和播出节目的营销方式，该营销活动以直播平台为载体，达到企业获得品牌提升或销量增长的目的。

【练一练】你平时看直播吗？一般在哪些平台上看直播？一般在什么时候会去看直播？

2. 电商直播发展历程

电商直播的发展主要分为三个时期：成长期、变现期和爆发期。

（1）成长期。这个时期主要是 2015—2017 年。当时 4G 网络正处于高速发展的状态，依靠网络的工具型产品衍变行业爆发，逐渐形成内容产业百家齐放的局面。在成长期中，直播行业以娱乐为主，当时泛娱乐盛行，吸引大批用户，为以后的发展积累粉丝基础。然而，由于发展初期监管不严、行业不规范，直播平台违法违规的现象很多。

（2）变现期。这个时期主要是 2017—2019 年。经历过乱象横生的现象后，政府对直播平台开始做出相关的规范以约束违法违规行为。在监管趋严的状态下，很多不合规的直播平台和企业相继倒闭，资本进入脚步放缓，企业融资遭遇困境。至此，直播平台开始谋求变现，打赏和广告是主要的变现模式。然而好运不久，直播平台的竞争逐渐呈现白热化，以及受到直播内容的同质化影响。上述两种变现模式不再适用于当时的情况，直播平台开始谋求新的发展——电商直播。电商、短视频等头部公司开始布局电商直播，竞争加剧。

（3）爆发期。这个时期主要是 2020 年至今。受到疫情的影响，直播用户突破 5 亿。

“直播+”被应用在教育、金融、医疗、办公、电竞等行业，其使用效果也得到各领域的一致好评。在疫情期间，电商直播带货备受人们的青睐，在2020年，直播电商激活了万亿市场，各领域开始深耕电商直播领域。

【练一练】直播的发展经历了4个阶段，分别是直播1.0时代PC端秀场直播、直播2.0时代PC端游戏直播、直播3.0时代移动端直播、直播4.0时代电商直播，请问直播的每个阶段有哪些不同的特点？

____

____

____

3. 直播营销价值

近两年直播的火爆主要原因是自身与其营销价值被充分挖掘，许多行业人员积极涌入直播行业，将直播营销作为新时代营销战略之一。

（1）重构“人、货、场”三要素。营销的本质是连接商品和用户，而连接方式就是构建消费场景。商品简称为“货”；用户即“人”；场景是“场”。“人、货、场”即构成了营销的三要素。直播营销是一种基于直播每天的新型营销方式，并没有脱离“人、货、场”三要素，而是有效重构了“人、货、场”三要素，更符合用户的购物体验，是一个更高效的新商业模式。

“人”有两个元素：用户和主播。用户是直播营销的基础元素，决定这一场直播的营销效果。而能不能吸引用户在直播间互动甚至产生购买行为的关键因素是主播的营销能力。对直播的考评不仅仅看其影响力、名气或粉丝量，还要看主播是否充分了解用户需求，能否根据用户的需求选出好物，能否跟供应商谈成低价和争取足够有吸引力的福利，能否通过直观的讲解减少用户的消费决策成本及节省用户选购时间。

“货”指直播间销售的商品。选品的原则是选择低价、高频、刚需、展示性强的商品，在此基础上还要满足四个要求，即符合直播间定位、商品好用、优化品类组合、有售后保障，这样才更容易获得良好的销售业绩。

“场”主要指消费场景，为连接“人”和“货”而存在的。在直播营销中主播通过实时互动，搭建消费场景，引发用户的消费欲望，促使用户产生消费行为，如图3-10所示。目前主要的场景模式有六种：碎片式场景、社交式场景、消遣式场景、需求式场景、沉浸式场景、追星式场景。

图3-10　图书直播场景

【练一练】请写出你经常观看的 2 个直播平台，并对比这 2 个平台的“人、货、场”有什么不同？

____

____

____

（2）搭建传播矩阵。目前的视频平台有抖音、快手、微信视频号及各大电商平台等，众多企业已经占领了不少的视频平台，而抢先占领，能够搭建好的传播矩阵，形成新的营销传播体系，更何况目前直播是各视频平台的重点项目。

（3）搭建私域流量池。用户可能会因为企业文化而成为粉丝，也可能会因为产品而成为品牌的铁粉，但现在通过互动式直播，用户可以加深对企业的了解，加深对企业的印象。企业还可以将这些流量导入自己的私域流量池中，建立更广泛的用户连接，增强客户黏性，为实现更精准有效的营销提供基础。

（4）快速带货变现。直播营销目的是变现，而带货是最快的变现方式。在直播中，企业可以搭建起相关的交易体系或者和线上的电商平台结合带货。不过目前的直播平台大多都可以实现带货，从而让直播运营者快速变现。对于企业而言，直播营销的效率更高，持续效果更长久，成本更加低廉，同时还可以在直播平台上直接变现，减少变现流程，从而提高转化率。

知识点 2：了解直播营销的团队

有影响力的直播营销往往不是只有一个人在工作。分工明确的团队，是直播持续稳定变现的保障。

1. 新手主播的直播团队构建

新进入直播行业的主播，可能并没有足够的物力、财力去组建团队。最简单的方法是入驻抖音、快手、视频号等短视频平台，通过定期发布短视频和定期直播的方式正式进入直播行业，当拥有一些经验以后，再通过自我营销的方式来提升人气和资本。

（1）进入直播平台展现自我。每个人都可以在直播平台展示自己独特的优势。如果主播口才出众，可以尝试脱口秀；如果主播眼光犀利，可以尝试热点评论；如果主播喜欢吃喝玩乐，可以展示自己吃喝玩乐的过程；如果主播喜欢学习，可以推荐图书、讲授课程或分享阅读等。在互联网时代，人人都有展示自我的舞台。了解自己的优势，选择合适的舞台，上传短视频或开通直播，即可进入直播行业。

（2）适当制造话题。主播的商业价值在某种程度上可以理解为“粉丝经济”，主播需要像明星一样拥有话题热度，可以借助身边的一些热点事件和热门人物，将之与自身特色相结合，在短视频或直播中谈及热点话题，并通过营销手段进行扩散传播，从而引起更多的关注。主播在发表言论的时候一定要符合主流价值观，要有理有据，不然容易引人非议，得不偿失。

（3）多平台运营。不同的平台有不同的用户群体，借助不同的平台，吸引更多的用户，用更多的连接和互动增强用户的黏性。主播可以开通个人微信公众号，定期发布一些关于自身生活和直播内容方面的文章，增强现有粉丝的黏性；也可以通过微信公众号内的互动话题了解其他用户的需求，了解用户想看什么内容，从而做出更符合用户需求的直播内容。

直播营销并不是一个人的活动，但主播可以先入行积累，这个积累过程可能并不容易，因而更需要“借势”，即借平台之势和借他人之势，等拥有一定直播经验以后，主播就可以按照业务所需招募人员组建团队了。

【练一练】请在抖音或快手平台里找两个新手主播，对比他们的成长经历有什么不同？

2. 直播团队的配置方案

新成立的直播团队为了节约运营成本，很多岗位人员都可以身兼数职，而有一定财力基础的团队则可以配置专人专职的团队。按照直播间资源投入状况及营销目标，可以把直播团队配置分为低配版、基础版、进阶版、高级版和旗舰版 5 个级别，不同的团队配置有不同的运营策略，见表 3-5。

表 3-5 直播团队人员配置方案

配置方案	主播	运营	编导	助理	选品	客服	场控	其他
低配版（2 人）	1 人	1 人	—	—	—	—	—	—
基础版（4 人）	1 人	1 人	1 人	1 人	—	—	—	—
进阶版（6 人）	2 人	1 人	1 人	1 人	1 人	—	—	—
高级版（8 人）	2 人	1 人	1 人	1 人	1 人	1 人	1 人	—
旗舰版（11 人）	2 人	2 人	1 人	2 人	2 人	1 人	1 人	按需设置

（1）低配版 2 人团队。低配版直播团队最少需要 2 个人，即 1 名主播、1 名运营。

主播的职能是熟悉商品文案、策划及撰写直播话术、准备自身服装及直播间道具、引导直播间用户关注、介绍直播间促销活动、介绍及展示直播间商品、用户答疑、营造直播间氛围，以及对直播内容进行复盘总结等。

运营的职能是选品、定价、制定促销方案、竞品分析、直播平台活动运营、研究直播平台运营规则、策划直播间的促销活动、撰写商品文案、上架及下架商品、调试直播设备、检测直播效果、配合主播表演、对直播内容进行复盘总结等。

【练一练】请思考低配版 2 人团队应该采用什么样的运营策略？

（2）基础版 4 人团队。基础版直播团队需要配置 1 名主播、1 名编导、1 名助理和 1

名运营。

主播的职能是熟悉商品、熟悉直播话术、介绍直播间促销活动、介绍及展示直播间商品、用户答疑、营造直播间氛围、对直播内容进行复盘总结。

编导的职能是研究竞品、策划主播人设、策划商品介绍节奏、策划及撰写直播话术、直播前与团队沟通和预演、检测直播效果、对直播内容进行复盘总结等。

助理的职能是上架下架商品、调试直播设备、引导直播间用户关注、配合主播表演、提醒主播、传递直播间样品等。

运营的职能是选品、定价、制定促销方式、直播平台活动运营、研究直播平台运营规则、策划直播间的促销活动、撰写商品文案、对直播内容进行复盘总结等。

【练一练】请思考基础版 4 人团队应该采用什么样的运营策略？

____

____

____

（3）进阶版 6 人团队。进阶版直播团队需要配置 2 名主播、1 名编导、1 名助理、1 名运营和 1 名选品，主播、编导和助理的职能与基础版 4 人团队相同。

运营的职能是直播平台活动运营、研究直播平台运营规则、策划直播间的促销活动、撰写商品文案、对直播内容进行复盘总结等。

选品的职能是了解用户需求、招募品牌商和供应商、选择商品、开展价格谈判、维护供货商关系、协助处理售后事务等。

【练一练】请在抖音或淘宝上观看一场直播，观察直播间选品有哪些规律？

____

____

____

（4）高级版 8 人团队。高级版直播团队需要配置 2 名主播、1 名编导、1 名助理、1 名运营、1 名选品、1 名场控、1 名客服，其中主播、编导、选品的职能与进阶版 6 人团队相同。

助理的职能是引导直播间用户关注、配合主播表演、提醒主播、传递直播间样品等。

运营的职能是制定促销方式、直播平台活动运营、研究直播平台运营规则、策划直播间的促销活动、撰写商品文案、对直播内容进行复盘总结等。

场控的职能是调试直播设备、上架下架商品、检测直播数据、传递临时信息、提醒主播注意事项等。

客服的职能是在直播间回答商品相关咨询、商品的售后服务、商品物流沟通等。

【练一练】请在抖音上观看一场带货直播，观察客服人员在直播时做了哪些工作？

____

____

____

（5）旗舰版 11 人团队。旗舰版直播团队需要配置 2 名主播、1 名编导、2 名助理、2 名运营、2 名选品、1 名场控、1 名客服。他们的岗位职能与高级版 8 人团队的岗位职能相同。

直播+文旅

知识点 3：熟悉直播场地的选择与布置

1. 直播场地的选择

以营销为目的的直播场地一般分为室内场地和室外场地。室内直播场地可以在办公室、店铺、住所、会议室等地方搭建直播间；室外直播场地可以在公园、商场、广场、景区、农田等场所搭建直播间。

直播团队选择直播场地常用的方法有两个：

（1）根据商品场景选择直播场地。直播团队进行场地筛选时，要优先选择与商品相关的场景，以拉近与用户之间的距离，加深用户观看直播的印象。

【案例】对于农产品，主播在原产地进行直播的效果可能会比在室内场地进行直播的效果好；对于厨具、家居、百货、运动健身等商品品类，主播在直播时需要重点展示这些商品如何使用，在商品的使用场景下直播更有说服力；对于美妆、图书等商品品类，主播在直播时要展示商品的使用效果，将室内场地装饰为化妆间、书房，更容易树立主播的专业形象，更容易获得用户信任。

（2）根据现场人数和直播内容确定场地大小。可以根据直播团队人数确定场地大小。个人主播可以选择 8～15 平方米的房间作为室内直播场地，直播团队可以选择 20～40 平方米房间作为室内直播场地，若需要邀请很多嘉宾的大型直播活动，可以选择面积较大的室内会议室或室外封闭场地作为直播场地。除了需要考虑现场人数外，也需要考虑直播间的商品摆放空间。

【练一练】在选择直播场地时还要注意些什么，请举例说明。

2. 直播场地的布置

直播场地的布置一般是指直播间的布置，直播间是一场直播传达视觉形象的重要途径。风格定位与用户需求、商品特点高度契合的直播间，更有助于提升用户对主播及直播间的好感度。直播间的布置主要包括空间布局、背景装饰、灯光布置等 3 个方面。

（1）直播间的空间布局。在室内直播间，一般出现在直播画面中的有背景墙、主播及助理。其他工作人员和与所推荐的商品不相关的物品一般不会出现在直播画面中。一般可以将直播间分为背景区、主播活动区、硬件摆放区、其他工作人员活动区。其中，硬件摆放区包括提示区、摄像机摆放区及监视器摆放区。背景区和主播活动区域需要出现在直播画面中，而其他工作人员活动区不会出现在直播画面中。直播间空间布局如图 3-11 所示。

图 3-11 直播间空间布局

此外，在主播活动区中，主播要站在最合适的位置，既要出现在直播画面的主要位置，使主播的脸部在直播画面中能够被清晰地呈现，又不能距离摄像头太近，从而使直播画面更具有层次感和立体感。

（2）直播间的背景装饰。直播间的背景装饰需要符合直播的主题及主播的人设。

1）背景颜色。如果主播的人设风格是亲和的，可以使用暖色风格的背景墙或窗帘；如果主播的人设风格是成熟稳重的，尽量设置纯色的背景墙。如果直播背景是窗帘，尽量选择浅色系的纯色窗帘，以制造精简的效果，让画面的视觉效果更好。

2）装饰点缀。如果直播背景区比较大，为了避免直播间显得过于空旷，直播团队可以适当地添加一些小物品来丰富直播背景区；如果是在节假日期间直播，可以适当布置一些与节日相关的物品，或者为主播搭配符合节日主题的妆容和服装，以吸引用户的注意力，提升直播间人气。

3）置物架。如果直播背景墙或窗帘样式不能体现直播主题，可以用置物架来调节。如，在背景区域中摆放一个置物架，并在置物架上摆放一些能够体现主播人设的书籍、装饰品及主播喜欢的相框等。

（3）直播间的灯光布置。合适的光线能够提升主播的整体形象，从而提升商品展示效果的作用，为直播营销锦上添花。灯光的分类有很多，一方面光源、光照角度、亮度、色温这些类别的不同组合都会产生各不相同的效果和作用；另一方面灯光的摆设和照射方向也有多种，不同角度和不同组合搭配也都会创造出不同的光影效果。直播间常用的灯光有：主光、辅助光、轮廓光、顶光和背景光。直播间灯光布置的整体效果如图 3-12 所示。

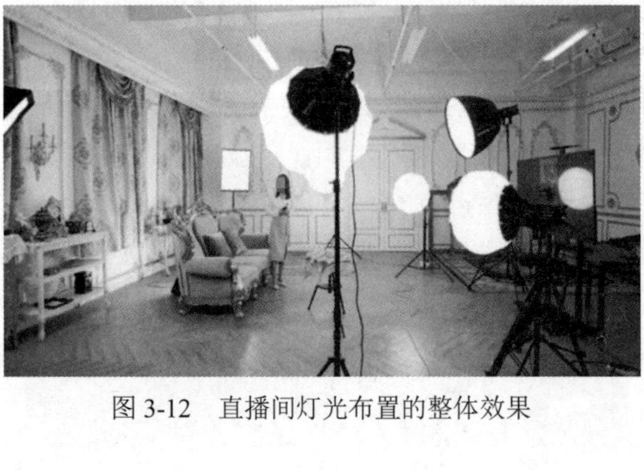

图 3-12 直播间灯光布置的整体效果

1）主光。直播间的主光源承担起主要照明的作用，可以使主播脸部受光匀称，同时起到磨皮美白的效果，让主播的脸部和产品看起来比较柔和，是灯光美颜的第一步。主光源建议使用球形灯，因为球形灯打出来的光足够柔和，以显色度96%以上为佳，放置在主播的正面，与摄像头镜头光轴成0～15度夹角。主光灯效果如图3-13所示。

图3-13　主光灯效果

2）辅助光。为了改善阴影面的层次与影调，在布光时均要添加辅光。在直播中，可以通过调节辅助光增加整体立体感，起到突出侧面轮廓的作用。辅助光从主播左右侧面呈90度照射；在左前方45度照射的辅助光可以使面部轮廓产生阴影，打造立体质感。从右后方45度照射的辅助光可以使后面一侧的轮廓被打亮，与前侧光产生强烈反差，更利于打造主播整体造型的立体感和质感。辅助光效果如图3-14所示。

图3-14　辅助光效果

3）轮廓光。轮廓光又称逆光，在主播身后的位置放置，勾勒出主播轮廓，可以起到突出主体的作用。从背后照射出的光线，不仅可以使主播的轮廓分明，更可以将主播从直播间背景中分离出来，突出主体，形成逆光效果。

4）顶光。顶光是次于主光的光源，从头顶位置照射，给背景和地面增加照明，同时加强瘦脸效果。顶光位置最好不要离主播位置超过两米；能让主播的颧骨、下巴、鼻子等部位的阴影拉长，从视觉上拉长脸部轮廓，达到瘦脸的效果。

5）背景光。背景光又称为环境光，主要作为背景照明，使直播间的各点照度都尽可能统一，起到让室内光线均匀的作用。但需要注意的是，背景光的设置要尽可能的简单，切忌喧宾夺主。背景灯光应采取低光亮、多光源的方法布置；它使主播肤色变好的同时保留直播间的完美背景。背景光效果如图 3-15 所示。

图 3-15 背景光效果

【练一练】直播间灯光布置还要注意些什么，请举例说明。请试着布置直播间灯光。

____

____

____

知识点 4：熟悉直播商品的规划

1. 直播间的选品方法

通常情况下，直播团队选品时需要从直播营销目标、市场需求、季节与时节三个维度进行考虑。

（1）直播营销目标。在不同阶段可能会有不同的营销目标。希望打造主播影响力的团队，在选品时，需要考虑在直播间销售什么商品更有利于提升主播的影响力，而不是销售什么商品能盈利多少。对于这样的营销目标，直播团队在选品时就需要多考虑商品的代表性特征，尽可能寻找在行业中具有品质代表性但销量相对不高的高端商品，或者选择能引发用户热烈讨论的商品。

（2）市场需求。大众刚性需求（简称刚需）型商品市场竞争比较激烈，甚至竞争格局已经趋于稳定。这样的市场虽然潜力大，但从零开始的新手直播团队想要闯进来并迅速占领一席之地并不容易。因此，即使直播团队挑选的是很多直播间都在销售的大众刚需型商品，也需要尽可能地让自己的直播营销策略拥有一些独特之处。例如，选择与主播人设匹配的商品，或者提高商品的更新频率，或者进一步优化商品的外观等。

（3）季节与时节。直播营销中很多大众刚需型商品都会受到季节和时节的影响呈现旺季和淡季之分。对于这些商品就要考虑更新频率、淘汰率、促销时间等问题。

【案例】对于服装类商品，夏季最适合销售连衣裙、短袖衬衫、文化衫（T-shirt）、防晒衣，而过季的风衣、外套、反季节的羽绒服显然就不合适，过季的服饰虽然可能有人买，但显然不会成为爆品。

2. 直播间商品的配置

按照商品在直播间功能的不同，直播间展示的商品可以分为印象款商品、引流款商品、利润款商品、宠粉款商品4种类型，在整个营销过程中，这4种商品发挥着不同的作用。

（1）印象款商品。这种商品一般是用户在直播间达成第一笔交易的商品，其价格、质量、特点都将会直接决定用户对主播、直播间及直播间商品的整体印象。如果用户对印象款商品产生的印象好，很可能会再次光顾直播间。因此在选品时，需要认真挑选印象款商品，一般需要选择性价比高、客单价低且实用的常规商品作为印象款商品。印象款商品的比例控制在20%左右，不宜过高。

（2）引流款商品。为了吸引用户进入直播间观看直播，引流款商品需要具有吸引力的低价。要想吸引用户购买，除了低价外，还需要让用户觉得用得到，这意味着直播团队需要选择覆盖人群广的大众化商品作为引流款商品，并为其设置一个几乎不需要决策成本的低价，如1元、9.9元。在直播间，引流款商品一般在直播开始阶段被推荐。

（3）利润款商品。利润款商品也叫跑量款商品，是直播团队通过薄利多销的跑量来增加直播间的收益和整体利润。因此，利润款商品是直播间重点推荐的商品，在一场直播中，利润款商品可以多一些，可以达到50%以上，但价格不宜过高。

（4）宠粉款商品。宠粉款商品也叫专属福利款商品，是直播团队为加入粉丝团的用户专门提供的商品。直播间的其他用户只有加入粉丝团以后，才有机会抢购宠粉款商品。它的特点是低价、高品质。例如，正常售价99元，粉丝团用户可以参与9.9元限时秒杀，但商品限量500件。宠粉款商品从收益上看很可能是亏的，但其能提升粉丝对直播间的黏性，瞬间提升直播间的购物气氛。因此即使是亏损销售，也应保证宠粉款商品的质量。

【练一练】请在抖音或快手平台观看2个直播，观察这2个直播间商品的上架顺序，对比他们的选品有什么不同？

知识点5：掌握直播引流内容的设计

抖音引流方式

从网络上获取信息，无论是翻阅微信朋友圈、查看微博热门话题，还是浏览新闻网站，用户最先看到的都是标题，而且只会对与自己相关的标题感兴趣。因此，设计好用引流标题十分重要。

1. 直播引流标题设计

（1）引流标题设计思路。

1）吸引力。用户只会关注自己感兴趣的内容，为了吸引用户观看引流内容，设计的引流标题需要贴合用户的阅览兴趣。为了抢夺用户的注意力，引流标题需要有吸引力。

2）引导力。有引导力的标题能引导用户点击标题，浏览正式内容。

3）表达力。很多用户出于各种各样的原因，只看标题不看内容，或者不看完整内容。

概括核心内容的引流标题，能让没时间看完内容的用户快速感知内容的要点。

优质的标题不是一蹴而就的，为了创作出爆款文章或爆款短视频，需要对引流标题反复设计与优化。

（2）引流标题设计方法。

1）数字化。将内容中重要的数据或思路架构整合到标题中。

【案例】“90%人都不知道的十大成交话术，让你业绩增加 5 倍”，以数字增加价值，激发好奇心；“进直播间！购买夏季××品牌女装，让你直省 40%的钱!”，直接说省下多少钱，观感更鲜明。

2）人物化。引流内容中涉及专业人士或名人的观点，可以将其姓名直接拟入标题中。如，“向×××学商业管理”。

3）历程化。在标题中加入“历程”“经验”“复盘”“我是怎样做到的”等字眼，可以引起用户对于真实案例的兴趣。

【案例】“我如何把网络课程卖出 100 万元”。

4）体验化。在标题中加入体验化语言，包括激动、难受、兴奋等情感类关键词及“我看过了”“读了 N 遍”“强烈推荐”等行为类关键词，引导用户情感，将用户迅速拉入观看内容的场景中。

【案例】“这一段视频，上百万人看了都哭了”。

5）稀缺化。在标题中提示时间有限或数量紧缺，以提高内容的浏览量。

【案例】“快领！这是中商百货最后一波优惠券”。

6）热点化。如果发布的内容可以与热点关联，在标题中加入热点关键词，可以增加内容的点击量。

【案例】“北京冬奥会，××直播间全程直播”。

7）神秘化。引流标题可以制造神秘感，吸引用户注意力。要设计神秘化标题，可以在标题中添加“机密”“奥秘”“秘密”“神秘”等词语。

【案例】“今晚 21：00 直播间抽超级大奖，不来绝对后悔!”，勾起用户的好奇心。

【练一练】请尝试拟一个有吸引力的直播引流标题。

____

____

____

2. 引流文案的撰写

（1）互动类文案。互动类文案一般采用疑问句或反问句，这种带有启发性的开放式问题不仅可以很好地制造悬念，还能为用户留下比较大的回答空间，提升用户的参与感。

【案例】还没拍到，还想要的用户请在公屏（公共聊天频道）上打 1，有多少个 1 就上多少件商品。

（2）叙述类文案。叙述类文案通常指直播团队对画面进行的叙述，给用户营造置身其中的感觉，使其产生共鸣。

【案例】这些年工作越来越忙，陪伴父母的时间却越来越少。今年过年，可能很多人无法回家陪伴父母，父母总是说什么也不缺，实际他们需要儿女的“贴心”和“懂你”，用心挑选“给爸妈的第一份礼物”（直播主题），为他们找到生活小助手，也是爱他们的一种方式。

（3）长篇文章。通过一篇发布在微信公众号的长篇文章告诉目标用户：为什么要开直播，要开一场什么样的直播，以及什么时间在哪个平台开直播。

【案例】微信公众号上发布的“优秀女人书架上，一定要有这 30 位作家”这篇原创文章，是为图书专场直播做预告的，文章结尾还嵌入微信海报，以实现二次传播中为直播间引流。

【练一练】请尝试撰写一个简短的直播引流文案。

____

____

____

知识点 6：掌握直播营销的话术

1. 直播话术的设计要点

（1）话术风格应符合主播的人设。主播人设不同，在直播间的说话风格也有所差别。专家或导师人设，需要传递干练、理性的感觉，说话风格应更强调观点，简洁明了，不过多重复，不拖泥带水；高情商人设，则需要多使用鼓励、赞美和自嘲式的话语；朴实人设，语言要平淡，尽量不使用华丽的词语，但需要把平淡的话语说出深意，以显示大智若愚的感觉；才女人设，词汇要丰富，措辞要准确，对大小事件都点评精准。

（2）介绍商品特点时多使用口语化的表达。商品的文案大多是严肃而正式的，在直播间，如果主播直接念品牌方撰写的商品文案，用户可能记不住商品的特点，如果主播能将这些文案用一种更符合日常交流情景的口语来表达，可能更容易让用户了解商品。

【案例】某品牌智能摄像头的文案是：“无惧黑夜，高清红外夜视。采用 8 颗 OSRAM 专业纳米环保 LED 红外补光灯，夜间在全黑环境下也能呈现高清画质。”直播的时候主播可以说：“这款摄像头，因为有红外夜视，晚上即使关了灯，拍的视频也是很清楚的。”

（3）话术搭配合适的情绪表达。直播就像一场电视节目，主播就像表演节目的演员，演绎到位才能吸引住用户。在直播间，主播介绍商品时配合适当的情绪更有感染力。主播要尽可能站在用户的角度去看待商品，去发现商品的独特价值。

（4）不同的场景需要不同的语速。主播在推荐商品时，语速太慢，适应不了用户获取更多信息量的需求，也容易让用户对主播产生无精打采、懈怠、拖沓的印象；语速过快会让用户听不清内容，来不及思考，影响内容的接收。正常情况下讲话的语速是每分钟 250～260 个字，主播可以根据直播内容灵活切换语速。催单的时候，语速可以适当放快，营造紧张气氛；讲专业性较强的知识，语速稍微放慢，尽可能让用户听清楚；讲到关键之处时，可以突然放慢语速或增加停顿，提醒用户注意倾听。

2. 开场阶段话术

开场直播是决定用户是否留下来的关键时间段，即使是简短的开场，也需要调动直播间的气氛，否则主播将无法在后续的直播中取得良好的效果。一个良好的开场是展示主播风格、吸引用户的关键。

（1）暖场欢迎话术。在设计直播开场欢迎话术时，首先从称呼上要拉近与用户的距离，可以多夸奖人，比如帅哥美女、小姐姐、小哥哥等称呼，也可以向用户输送他们感兴趣的利益，如送福利、抽奖等。

【案例】①欢迎××来到我的直播间，喜欢主播的点个关注哦！

②欢迎来到××直播间，喜欢主播的点赞、关注哦，爱你们！么么哒！（比心）

③欢迎各位帅哥美女们来到我的直播间，进来直播间的是美女，还是帅哥呢？发弹幕[1]让我看到你哦！

④到1000个粉丝的时候我们来一波抽奖好不好！

⑤来来来，什么也不说了，今天我们直播间会给大家一个力度超大的优惠活动，千万别划走！

⑥今晚上的60分钟直播课给大家分享汽车保养技巧，看完了你也会成为汽车保养达人。

（2）自我介绍话术。直播时通常会有很多新用户进入直播间，主播需要做一个能够展示个性的自我介绍，让用户快速记住。

【案例】①我是××，青春靓丽，吹拉弹唱样样强，还有一身正能量！感谢大家前来捧场！（配合动作）

②大家好，我是××，我做服装行业10年了，不管是什么产品，我都会自己试用过之后再推荐给家人们，大家可以放心买！

③欢迎来到××的直播间，我大学时歌舞比赛拿过全国一等奖，喜欢音乐和舞蹈的你，可以点点关注，虽然唱歌跳舞会比较累，但我每天都愿意把美好的事情带给大家。

④欢迎来到××的直播间，在××的直播间你可以听到很多好玩有趣的脱口秀，如果你也喜欢有趣的段子，欢迎点点关注，在××这里一定能够让你感受到不一样的快乐。

【练一练】请尝试撰写一个简短的直播开场话术。

____

____

____

3. 推荐商品阶段话术参考

直播营销的核心是推荐商品，在推荐商品阶段，主播需要事先设计好一定的话术，尽可能引导用户产生购买行为。

（1）留人话术。直播间没有观众，再好的产品也是白搭。留住直播间里的粉丝，提高直播间的留存率，也有助于增加直播间的推荐流量。根据抖音的推荐算法，直播间人越多，互动率越高，系统就会把你的直播，实时推荐给更多感兴趣的人。留人话术的技巧主

[1] 在网络上观看视频时弹出的评论性字幕。

要有 2 种：

1）福利诱惑。利用各种福利、抽奖活动来留住观众和意向客户，如直播开场话术“废话不多说，先来抽波奖”。不只在直播开始留人，留人话术需要贯穿直播全过程，可以在直播过程中不间断地送福利，如限量 1 元（9.9 元）包邮秒杀、满××送××、3 折促销、买一送二等诸多福利，大概 5~10 分钟重复提醒一次，用福利来留住直播间的粉丝。直播间不停地有新粉丝进入，前面讲过的福利，如果不重复表达，就没办法留住后进的新粉丝。

【案例】直播间的粉丝宝宝们，12 点整的时候我们就开始抽免单了啊！还没有点关注的宝宝上方点个关注，加入我们的粉丝团，12 点整就可以参与抽免单了，还可以去找我们的客服小姐姐那里领 10 元优惠券……

2）及时回答粉丝提问。一般在直播间提问的，基本就是精准客户了，这时候主播要充当好客服的角色，及时回复粉丝提问，同时再加上福利话术引导，促进成交。主播回答问题要细致耐心。一个问题可能会有很多人不停地问，每个人问的问题可能也有很大差异 ，主播需要反复回答相同的问题，所以一定要耐心、真诚，这样才能留住人。

【案例】粉丝问：主播能把这条裙子和刚刚的小西装搭配一下吗？小个子能穿吗？

主播答：@××（粉丝账号昵称或昵称简称）小姐姐，可以先关注主播，稍等马上为你试穿哦！

粉丝问：有什么优惠吗？有秒杀吗？那个××（产品名）多少钱？有优惠券吗？优惠券怎么领？

主播答：提问优惠券的那位小姐姐（最好直接说 ID 名），××产品有×元优惠券，小姐姐喜欢可以下单哦。（然后反复告诉具体的优惠力度及使用方法，确保观众能够在你的指引下，正确地使用优惠并下单。）

粉丝：“怎么不理我？一直不回答我的问题？”

这时主播一定要及时安抚，例如：“没有不理哦，弹幕太多刷得太快，小姐姐可以多刷几遍，只要我看到了一定会回的，请不要生气哦。”

【练一练】请为推荐商品阶段撰写一个简短的直播留人话术。

___

___

___

（2）互动话术。想要留人促转化，必须让直播间粉丝参与进来，与主播互动聊天，而且互动也是评价直播间是否优质的关键指标。在抖音直播间，互动除了音浪（抖音的一种虚拟货币）外有很多种，包括直播间内关注、点赞、评论、点击购物车、点击商品、送礼物、加入粉丝团等。在开播时，要尽量引导用户进行有效互动，其中点赞、评论、关注、加粉丝团相对来说是最简单，也是性价比最高的，大概 5～10 分钟（甚至更短）左右提醒一次。

1）提问式互动。比如：这款口红你们用过吗？

2）选择题互动。比如：想要 A 款的打 1；想要 B 款的打 2。

3）刷屏式互动。号召用户刷屏互动，比如：想要的宝宝在评论里打“想要”。营造氛围，人都有从众的心理，看到大家都在参与、都在买，自己也会被带动起来。

【案例】今晚每个整点我们都有限量秒杀活动（重复福利活动），但是仅限关注主播和加粉丝团的宝宝参与，还没有点关注的宝宝上方点个关注，加入我们的粉丝团。

【练一练】请为推荐商品阶段撰写一个简短的直播互动话术。

____

____

____

（3）产品介绍话术。产品介绍是直播带货话术里面最基础，同时也是最重要、最影响转化率的。好的产品介绍直播带货话术，能有效提升直播间转化率。

1）产品举证。出示产品可信证明，证明产品靠谱，包括但不限于：销量截图、网友好评、网红推荐、官方资质、专家推荐等。如：一周销售 1.3 万份（销量数据）、上市当天销售突破 8000 份（销量数据）、32%的顾客都会回购（回购率）、好评率 99%（好评率）、顾客评价 4.9 分（顾客评分）。

【案例】我们直播间购商品满 59 元包邮，累计卖了 14 万（具体销量）把，平均评分 4.9 分（具体评分）……

2）专业化、场景化介绍。从产品的功效、成分、材质、价位、包装设计、使用方法、使用效果、使用人群等多维度介绍产品，越专业越有说服力。但是需要提前对产品足够了解，同时准备好产品单品脚本。除了专业，场景感也是影响直播间粉丝是否愿意为直播买单的重要因素之一。让产品介绍场景化最简单的方法就是多用比喻句，把虚的比喻成实的，实的比喻虚的。

【案例】某主播在推荐香水的时候，就会把看不见摸不着“虚”的香味比喻成恋爱中的少女，开心地去找男朋友，那种很甜的感觉；屋顶花园，非常适合夏天；穿着白纱裙，在海边漫步的女生，非常干净的那种感觉；下过小雨的森林里的味道。

这样富有场景感的实体描述。即使观众闻不到味道，但基本上也可以想象到香水带给人的感觉是什么样的，从而打动观众促使购买。

【案例】某主播在推荐口红的时候，会把口红涂在嘴巴上的“实”况比喻爱马仕在你的嘴巴上；这个唇色是 18 岁少女才会有的吧；太心动了，人间水蜜桃就是你；有一种莫名其妙的可口感；涂上后显得知性美等。

这样虚实结合、让人浮想联翩的直播带货话术，让人忍不住想，我用了这款口红就变成了 18 岁；我用了这款口红是不是就变得很甜美等，从而激发观众的购买欲。

【练一练】请为推荐商品阶段撰写一个简短的直播产品介绍话术。

____

____

____

（4）成交话术。

1）打消顾虑（提升信任感）。主播在推荐产品时，可以讲讲自己家人或身边同事、朋友使用过的经历；还可以在直播间展示自己的淘宝购买订单，证明某款产品是“自用款”，且为重复购买的产品。这些看似不经意的动作，其实都暗藏心机，以此打消观众对产品的顾虑。主播一定要在直播间现场试用产品，分享使用体验与效果，验证产品的功效，这样才有足够的说服力。证明自己在用，自己觉得很好，才能让直播间的粉丝信任主播，从而购买该直播间的产品，同时还要描述出产品的使用需求和购买需求，双管齐下，激发用户的购买欲望。

2）价格锚点。人们在购物时经常会发现这些现象：某商品建议零售价为 29 元，实际却仅售 19 元；商家经常划掉原标价，然后再写一个优惠价。这里的“29 块”“原价”就是商家设置的“价格锚点”。我们都知道这件产品只值 19 元，但是感觉上是占了便宜，这就是著名的锚点效应。消费者其实并不真的是为商品的成本付费，而是为商品的价值感而付费。

【案例】天猫旗舰店价格是 79.9 元/瓶（价格锚点），今天晚上买 2 瓶直接减 80 元，相当于第 1 瓶 79 元，第 2 瓶不要钱（直播低价），在这个基础上再给你多减 2 元，我再送你们雪花喷雾，这 1 瓶雪花喷雾也要卖 79 块 9 元（超值福利，买到就是赚到）。

【练一练】请为推荐商品阶段撰写一个简短的直播成交话术。

____

____

____

（5）催单话术。很多用户在下单时可能会犹豫不决，那么这个时候主播就需要用催单话术，来刺激用户下单的欲望了。催单直播带货话术的关键是营造抢购的氛围，给消费者发出行动指令，让观众认为，现在不买就再也买不到这么便宜的了，现在不买就没有机会了，让他们产生紧迫感，然后快速下单。

1）重复强调产品效果和价格优势。不断重复强调直播间的价格优势，如某主播卖一款羽绒被时，她一直强调，“不用想，直接拍，只有我们这里有这样的价格，往后只会越来越贵”。

2）不断提醒用户限时限量。反复用倒计时的方式促使用户马上下单，营造时间紧迫、再不买就没了的抢购氛围。

【案例】数量有限，如果你看中了一定更要及时下单哦，马上就要卖完了！先付先得，最后 2 分钟！2 分钟后活动就结束了，要下单的朋友们抓紧咯！

（6）结束话术。主播都会在说完一款产品限时限量的优惠价格之后，在直播间直呼“没了，秒完了，抢完了，还可以加库存吗”。其实这也是一种直播带货话术套路。故意限制上架产品的数量，紧接着再进行补货，通过这样的方式不仅可以控制直播间的销售节奏，也可以给观众营造出紧张、刺激的抢购氛围。利用稀缺性，让观众认为抢到了是惊喜，没抢到下次会更快出手。

【练一练】请为推荐商品阶段撰写一个简短的直播催单话术。

____

____

____

直播带货话术本身的作用，不是机械式地复述，而是有技巧地引导、互动和促进成交。用一轮轮惊喜轰炸的方式，让用户产生一种“不买可能真的要吃亏了”的心理，很难“抵御诱惑”。同时，不管是哪一种话术，都不是独立存在的，需要主播融会贯通、烂熟于心，在直播间重复、灵活地表达。

4. 结束阶段话术参考

直播结尾也非常重要。在结束阶段，主播及助理需要感谢用户的点赞、转发和关注，感谢给主播送礼物的用户，要预告下一场直播的时间、产品、福利，告知观众某款产品具体的上架时间段，方便一些不能一直坚守在直播间的粉丝购买。

【案例】感谢你们今天的陪伴，感谢所有进入直播间的朋友们，谢谢你们的关注和点赞。下一次直播是明晚19:30，有很多大牌化妆品还有包包，如××品牌，价格特别优惠，22点整有抽奖，还没关注的朋友，头顶上方小红心点点关注哦，好了，明晚19:30见，拜拜！

任务拓展

案例：央视主持天团直播带货，3小时卖5亿

2020年五一劳动节第一天，康×、朱×权、撒×宁、尼格××四人同时登场！这罕见的画面没出现在春晚，而是出现在了一场直播当中。

一场晚会级超强“脱口秀”，再加上顶级平台、顶级货源，效果直接引爆全网。整场直播观看人数2000多万，卖货5个多亿，大家在主持人笑点丰富的对话中，将直播看成了一场综艺。

四人一开场就拼尽全力，边唱歌边切苹果还要榨果汁，十分手忙脚乱，但是亲和力十足。不知道从什么时候开始，中央电视台（简称央视）的主持人不再遥不可及，反而越来越接地气，这四人更是被大家称为“央视男孩”。

当说到四个人终于组合在一起的时候，撒×宁开玩笑说：“这是单飞前的最后一次。”而最会押韵的段子手朱×权紧接着跟了一句：“我们这个组合特别神奇，主要是貌合神离，老也凑不齐，好不容易凑在一起，还互相揭底，马上出道就解体，但为了美好生活，一定帮你们砍价到底。”

四人你一句我一句，集体先把场子热起来了。

正式直播带货前，四人说到自己带货的优势，都各有各的说法：撒×宁是四人身高里最矮的，其他三人调侃他要不要把增高鞋垫拿出来。康×说自己的优势是靠脸，“大家看一看这一张童叟无欺的好人脸，推销的产品能不好吗？”朱×权立即调侃说：“国字脸也

有春天。”尼格××也说自己的名字里的“买”和“提”，暗示网友买了产品后又提着产品回家。

从撒×宁的身高，到康×的国字脸，四人都脱下了新闻主播的“外衣”，平时严肃正经、一丝不苟的央视主播跌落“神坛”，接地气、幽默感十足，更是让整场直播产生不少化学反应，直播总时长 3 个多小时，在前 122 分钟时，“央视男孩”总共带货 3 亿元，在最后的 28 分钟里销售额直接冲到了 5 亿元。

直播过程中，央视四大主持人将自己最幽默诙谐的一面展现得淋漓尽致，颠覆了在央视主持人上的“刻板”印象，甚至有网友说，好像看了一场相声表演。

当央视提倡直播带货的时候，证明直播带货已然是大势所趋！

问题：

如何看待央视四大主持人的直播带货？请说出他们直播成功的关键要素。

任务巩固

实训　网络直播营销实战

【实训目的】

通过该实训了解网络直播营销的特点和表现形式，掌握网络直播营销的话术与活动安排技巧，能够为企业策划并实施网络直播营销。

【实训内容】

（1）本次实训有 3 项任务，请依次完成实训任务，将实训成果整理到相关表格中（表格可以另外附页）。

（2）实训过程中采用线上或线下混合式学习方式，学生以小组为单位协同合作，通过头脑风暴集思广益，共同完成实训任务。

【实训资料】

新手怎么做抖音直播？

1. 打造 IP，积累粉丝

在做直播营销前，主播及其运营团队需要打造一个独特、垂直度高的 IP，且具备一定精准粉丝量的直播账号。这样才能给直播间带来更多精准粉丝，成功打造一个留存率、互动率、转化率都较高的直播间。

2. 直播时间

选择粉丝活跃时间直播。主播可以设置固定的直播时间和直播时长，固定的直播时间有利于粉丝形成观看习惯，不易错过直播时间；时间不宜过长，过长的直播时间很难让观众保持持续的热情。每次下播前也可以提醒观众下次直播的时间，增强粉丝黏性。在合适的时间点直播，一般来说在可以选择粉丝活跃的时间段内开启直播，容易吸引流量，奠定直播间人气基础。

3. 直播间上热门因素

（1）提高账号权重。影响账号权重的因素：账号粉丝数、是否固定时间开播、直播间封面设置、是否满足有效主播（比如每天直播 1 小时以上，每个月直播时长达 40 个小时）。

（2）直播间打赏。在直播开始前的 20 分钟，打赏数量会带动直播间上热门。

（3）直播间互动。用户在直播间发言、点亮、分享直播间、长时间观看，都会增加直播间上热门的权重

（4）短视频热门。直播前 20 分钟或者半个小时发布短视频，可以给直播间带来曝光，同时直播间也会给视频增加上热门的概率。

（5）付费上热门。除了自然导流上热门，还有一种付费的方式，包含以下两种情况。①短视频 DOU+投放。如果你的账号上有曝光比较高的短视频，可以付费投放 DOU+进一步获取更多曝光，然后在投放 DOU+的时间段开始直播。这样用户在看到你的短视频时，可以直接通过点击你的头像进入直播间。②直播 DOU+投放。做直播时可以直接为直播间投放 DOU+，为直播间加热。想要最大限度地发挥付费流量的作用，需要一定的技巧。盲目投放，要么视频审核不通过，要么怎么没有效果，白白浪费钱。

4. 直播话术和直播脚本

（1）直播带货话术。主播说服粉丝购买的过程和直播话术息息相关，在直播中，在很多时候都需要主播用话术去完成粉丝添加和商品转化，关注话术、问答话术、追单话术、结束话术等话术都可以帮助主播很好地掌控直播节奏。

（2）直播带货脚本。每次直播需要打造直播主题，并且提前规划好这场直播的产品、内容和流程，如本周是服饰新品介绍，下周可以是新旧混搭。

5. 直播默契配合

直播带货最忌商品全部上架，拖慢直播节奏，影响粉丝情绪，跳出直播间。直播最重要的就是热闹、节奏快，这些就需要团队的默契配合。什么时间上架商品，倒计时多长时间，倒计时结束后就得马上上架，营造一种稀缺感，让大家都抢购，以此大大增加直播间的人气。

【实训任务】

（1）学生分组，每组 5 人。根据实训资料提供的信息，在抖音直播平台开启一场直播，确定直播受众和目标客户。要求：选择合适的直播时间开一场直播，直播推荐的商品不低于 5 款，请将直播方案相关要点填进表 3-6 中。

表 3-6 直播方案

分析维度	结论
直播 IP	
IP 人设	

续表

分析维度	结论
直播时间	
直播受众和目标客户	
直播商品	
商品核心卖点（任选一款商品）	
优惠活动	
直播上热门的方法	

（2）你直播的开场话术、介绍商品话术、追单话术、结束阶段话术分别是什么？请将相关内容填写在表 3-7 中。

表 3-7　直播话术

分析维度	结论
开场话术	
介绍商品话术（针对一款商品）	
追单话术（针对一款商品）	
结束阶段话术	

（3）完成实训报告，并在全班同学面前进行分享。

任务二学习效果评价

评价方式	评价内容				
	评价项目	评价等级			
		A	B	C	D
自评	对本任务知识感兴趣的程度	浓厚	较浓厚	一般	弱
	独立思考的能力	强	较强	一般	弱
	体验到学习成功的愉悦感	强	较强	一般	弱
	理解别人的思路，与同伴交流的意识	强	较强	一般	终
	在知识、方法等方面获得收获的程度	高	较高	一般	低
小组互评	本节课堂发言的次数	多	较多	一般	少
	课堂练习完成的质量	高	较高	一般	低
	自主探究意识和团队协作能力	高	较高	一般	低

学习成果实施与测评

一、单选题

1．视频营销是一种以（　　）为主体，以内容为核心，以创意为导向，通过精细策划进行产品营销与品牌传播的营销方式。

A．视频　　B．内容　　C．广告　　D．平台

2．直播营销以（　　）为载体，通过现场展示的方式来传递企业品牌或产品信息。

A．短视频　　B．直播平台　　C．内容　　D．活动

3．下列不属于目前比较主流的网红营销变现模式的是（　　）。

A．广告　　B．打赏　　C．年费　　D．电商

4．粉丝送礼物是（　　）中比较常见的变现方式之一。

A．直播营销　　B．一对一营销

C．视频营销　　D．以上都是

5．互联网营销中的免费营销模式，其本质是（　　）。

A．通过免费模式达成收费的目的　　B．通过免费模式赢取品牌口碑

C．满足消费者的需求　　D．企业营销所需

6．在“内容为王”的营销时代，（　　）才是视频的生存之本。

A．视频内容的质量　　B．视频的拍摄技术

C．视频的价值和意义　　D．视频拍摄者的名气

7．目前的直播营销默认为基于互联网的直播，从广义上来理解，可以将直播营销看作是以（　　）为载体进行的营销活动。

A．直播内容　　B．粉丝　　C．直播平台　　D．主播

8．对于进行短视频营销的创业者而言，其主要的变现方式包括平台补助、广告、电商和（　　）。

A．知识付费　　B．众筹　　C．会员　　D．粉丝礼物

二、多选题

1．与传统的视频营销相比，基于网络的视频营销活动具有（　　）优势。

A．目标精准　　B．成本低廉　　C．传播更广更快　　D．互动性高

2．直播过程中开展各种互动，可以在增加观众兴趣的同时引爆活动高潮，常见的直播活动互动设计主要包括（　　）等。

A．弹幕互动　　B．直播红包　　C．聊天互动　　D．发起任务

三、判断题

1．直播营销也可以对直播内容进行剪辑和加工。（　　）

2．直播活动的过程主要是对直播内容的详细展示，除了全方位、详细地展示信息外，还可设计一些互动活动，如抽奖、赠送礼物等来吸引观众，提升观众对活动的兴趣。（　　）

3．直播活动的粉丝可以在直播结束后通过线上活动、信息分享、邀请参与策划、线下活动等方式进行维护。（　　）

4．用户数量是选择自媒体协作平台首先要考虑的因素。（　　）

5．内容变现的落脚点是内容，所以有名气、有阅读量、有粉丝的内容使创业者更容易实现有效的变现。（　　）

四、简答题

1．在网络营销视频的制作过程中，需要遵循怎样的网络视频制作流程？

2．在直播营销的过程中，可以采用哪些方式与粉丝进行互动？

3．简单描述视频和直播营销有哪些主流的变现模式。

4．通过现在主流的视频网站，了解视频营销的主要形式和内容。

五、实训题

查看现在比较热门和流行的短视频，分析这些视频的内容，传播形式和渠道，适合的企业。请结合一个你熟悉的短视频平台来分析，并形成分析报告。

项目四　“微”营销

思维导图

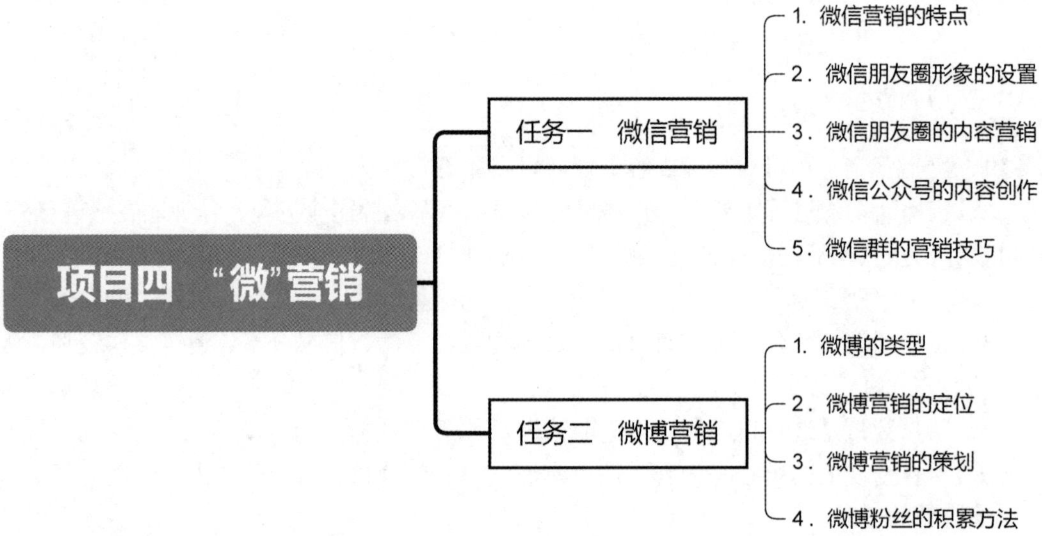

项目导读

微信已成为全民移动通信工具，它已实现对国内移动互联网用户的大面积覆盖。艾媒咨询数据显示，截至2019年第三季度，微信及WeChat合并月活跃账户数已达11.51亿，比2018年同期上涨6%，小程序日活跃账户数超3亿。97.5%的受访网民表示拥有微信号，其中拥有单个微信号的受访网民占 48.6%，拥有两个及两个以上微信号的受访网民约占48.9%。微信创始人张小龙披露微信的最新数据：到2021年1月9日，每天有10.9亿用户打开微信，3.3亿用户进行了视频通话；有7.8亿用户进入朋友圈，1.2亿用户发表朋友圈，其中照片6.7亿张，短视频1亿条；有3.6亿用户读公众号文章，4亿用户使用小程序。使用便利、功能全面、已养成习惯是受访网民使用微信最主要的三个原因。微信作为头部社交平台，无论在用户规模或是商业化能力方面都有着其他社交产品无法匹敌的优势。

随着移动互联网的快速发展，自媒体营销也越来越成熟。微信营销，这个以分众和精众市场为目标诉求的营销模式，正是这个移动互联网营销新时代的先锋和代表。李敏的人际圈子很广，微信好友众多，负责的线下商城做得挺好，公司让她好好拓展一下线上自媒体营销。李敏对微信和微博非常感兴趣，但是平时她只是发发个人动态，并没有用于商业经营，既然公司有这个目标任务，她很愿意尝试。

学习目标

知识目标

- 了解微信营销的特点；
- 掌握朋友圈形象设置的技巧；
- 掌握微信朋友圈内容营销；
- 掌握微信公众号内容创作技巧；
- 掌握微信群营销技巧；
- 了解微博的类型；
- 掌握微博营销定位与策划；
- 了解微博粉丝积累的方法。

技能目标

- 能够运用朋友圈形象设置的技巧；
- 能够运用微信朋友圈内容营销的技巧；
- 能够准确定位与策划微博营销；
- 能运用微博粉丝积累的技巧。

思政目标

- 能主动践行社会主义核心价值观，有职业道德，不虚假宣传；
- 具有创新意识、诚信经营精神；
- 具有团队协作精神和文化自信意识。

任务一 微 信 营 销

工作任务

公司近期派给李敏一个任务，让她带领团队利用微信来开展一些营销活动，李敏接到任务后，在网上查找资料，突然，朋友圈的一个活动——《人民日报“军装照”》吸引住了她。2019 年八一建军节后，一个新奇的 H5 产品在朋友圈疯狂刷屏，成为网络用户们热议的互动游戏，这个由人民日报客户端推出的互动型 H5 产品《快看呐！这是我的军装照》成功制造了超过 10 亿的浏览量，成为一个现象级、爆款级的产品。“军装照”采取了人民解放军建军以来不同时代的军装，简洁大方、英姿飒爽，不仅让人们大开眼界，同时还能够亲自“穿上”不同的军装进行朋友圈分享，感受另一个自己，同时表达出对人民解放军的敬意。

一个成功的微信朋友圈活动能有效激发账号的活跃度，促进品牌的关注度，提高产品的销量。李敏觉得微信营销很有魅力，只是她对开展微信营销还不是很熟练。为了帮助李敏完成任务，请你了解一下微信营销的特点，学习朋友圈形象设置技巧，掌握微信朋友圈内容营销、微信公众号内容创作以及微信群营销技巧。

任务实施

为完成本小节的工作任务，需要从以下几个知识要点开展学习。

知识点 1：了解微信营销的特点

1. 微信发展历程

【练一练】微信逐渐改变了你的哪些生活方式？尝试补充表 4-1。

表 4-1　使用微信的前后对比

微信出现之前	微信出现之后
社交场合互换名片	
过年发拜年祝福短信	
去附近营业厅充话费	
用网银进行网上购物	
打电话	
看到有趣的事情拍视频	
出行在路边等车	

微信（WeChat）是腾讯公司推出的软件，用户可以通过手机、平板和网页快速发送语音、视频、图片和文字。微信提供公众平台、朋友圈、消息推送、微信支付、游戏平台等功能，用户可以通过摇一摇、搜索号码、附近的人、扫二维码方式添加好友和关注微信公众平台，同时通过微信可以将内容分享给好友以及分享到朋友圈。

2011 年 1 月 21 日，微信发布针对 iPhone 用户的 1.0 测试版。

2012 年 3 月，微信用户数突破 1 亿大关。

2013 年 1 月 15 日，微信用户数量突破 3 亿。

2013 年 8 月 15 日，微信国际版的注册用户突破 1 亿。

2013 年 10 月 24 日，微信的注册用户数量突破 6 亿，每日活跃用户 1 亿以上。

截至 2016 年第二季度，微信已经覆盖中国 94%以上的智能手机，月活跃用户达到 8.06 亿，户覆盖 200 多个国家、超过 20 种语言。此外，各品牌的微信公众号总数已经超过 800 万个，用移动应用对接数量超过 85000 个，广告收入增至 36.79 亿人民币，微信支付用户则达到了 4 亿左右。

截至 2022 年 11 月，腾讯公布的财报显示，第三季度微信及 WeChat（微信国际版）的月活账户数量为 13.09 亿，同比增长 3.7%；QQ 移动终端月活跃账户数达到 5.74 亿，同比增长 0.1%；小程序用户数量持续增长，三季度日活跃账户数突破 6 亿，同比增长 30%，其中日均使用次数同比增长超 50%。微信是中国用户量最大的 App，已实现对国内移动互联网用户的大面积覆盖，已成为国内最大的移动流量平台之一。

【练一练】你身边的朋友、同学是用 QQ 的多还是用微信的多？你身边的职场人或家人现在用 QQ 的多还是微信的多？为什么会这样？

____

____

____

2. 微信营销的特点

微信营销是网络经济时代企业或个人营销模式的一种，是伴随着微信的火热而兴起的一种网络营销方式。微信不存在距离的限制，用户注册微信后，可与周围同样注册的“朋友”形成一种联系，订阅自己所需的信息，商家通过提供用户需要的信息，推广自己的产品，从而实现点对点的营销。

（1）实时推送。在微信营销出现之前，比较热门的网络营销方式还有微博营销、人人营销，但相比前两种形式的营销活动，微信营销具有更强的实时性。在微博和人人网（简称人人）上的用户不是实时在线的，用户很可能因为不能及时地浏览微博、人人而失去了第一时间获取信息的机会，而那些过时的信息也将淹没在茫茫的信息海洋中。而通过微信推送的消息到达手机后，用户会第一时间得到手机的提醒，这就保证了信息的时效性。凯迪拉克微信号推送消息，如图 4-1 所示。

图 4-1 凯迪拉克微信号推送

（2）点对点精准营销。微信营销与传统营销模式不同的是，微信是基于个人交流的即时通信工具。用户在微信上的互动是“一对一”的。企业推送信息后，可以根据客户反馈与客户一对一联系，根据客户需求量身定做解决方案。这种营销形式的定位更加精准，受众范围更为准确。微信营销在精准定位的基础上，依托现代信息技术手段建立个性化的顾客沟通服务体系，实现了企业可度量的低成本扩张之路，是有态度的网络营销理念。微信精准定位如图 4-2 所示。

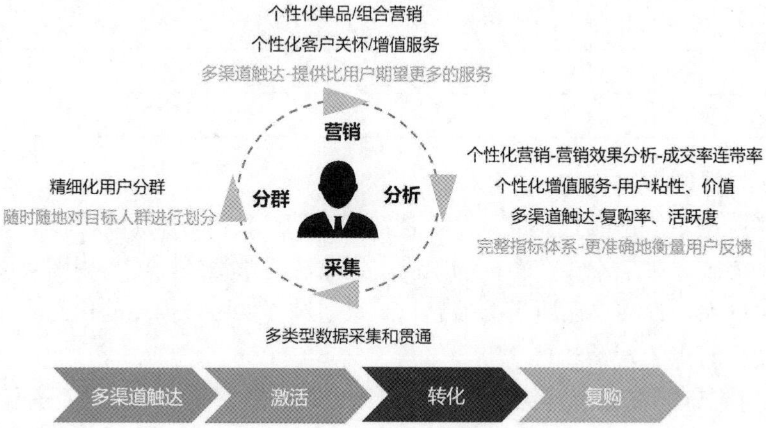

图 4-2　微信精准定位

（3）信息接收率高。通过微博营销和人人营销虽然受众广泛，但是到达率不高，而微信这种一对一的营销方式便可以保证每个用户都能看到他的信息，从而实现百分百的到达率。中国建设银行、滴滴信息推送如图 4-3 所示。

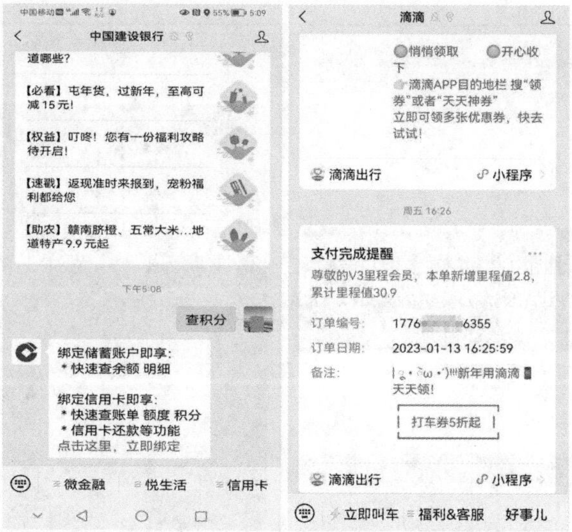

图 4-3　中国建设银行、滴滴信息推送

（4）营销形式的多样性。微信丰富的社交功能为企业的营销提供了灵活多变的营销渠道，商家企业可以根据自己的企业特点和财力情况选择适合自己的营销方式。主要有以下几种营销方式：

1）微信朋友圈。用户可以在朋友圈发布文字、语音或者图片等，有用户需要时也可以实现一对一的交流和互动，如图 4-4（a）所示。

2）微信群。通过微信群既可以一对一互动，也可以一对多互动，尤其是那些需要大范围传播、广而告之的内容极适合发布在微信群中，如图 4-4（b）所示。

3）微信视频号。视频号以图片和视频为主，可以发布不超过 1 分钟的视频，或者不超过 9 张的图片，发布时还能添加文字和公众号文章链接，而且不需要计算机，可以直接在手机上发布，支持点赞、评论进行互动，也可以转发到朋友圈、聊天场景，与好友分享。微信视频号营销方式如图 4-4（c）所示。

4）微信直播。登录视频号可选择发起视频或开启直播。在直播前，可以进行直播预告，正式直播则需要先进行相关认证和阅读使用条款，确认后便可开始。在微信直播平台里，人们能够进行打赏、红包等多项互动。微信直播营销方式如图 4-4（d）所示。

（a）　　（b）　　（c）　　（d）

图 4-4　朋友圈、微信群、微信视频号、微信直播等微信营销方式

5）微信二维码。用户可以通过扫描识别二维码信息来添加朋友、关注企业账号；企业则可以设定自己品牌的二维码，用折扣和优惠来吸引用户关注，开拓 O2O（Online to Offline，线上线下一体化）的营销模式，如图 4-5（a）所示。

6）微信开放平台。通过微信开放平台，应用开发者可以接入第三方应用，还可以将应用的 Logo 放入微信附件栏，使用户可以方便地在会话中调用第三方应用进行内容选择与分享，如图 4-5（b）所示。

7）微信公众平台。在微信公众平台上，每个人都可以打造自己的微信公众号，并在微信平台上通过文字、图片、语音和特定群体全方位沟通、互动，如图 4-5（c）所示。

8）微信小程序。小程序是一种不需要下载安装即可使用的应用，用户扫一扫或搜一下即可打开应用，如图 4-5（d）所示。在许多城市小程序实现了支持地铁、公交服务，为用户提供了数据权限开关。在微信小程序的资料页有隐私数据保护的提示以及投诉入口。

（a）　　（b）　　（c）　　（d）

图 4-5　二维码、开放平台、公众平台、小程序等微信营销方式

【练一练】微信快速发展的原因是什么？

____

____

____

知识点 2：掌握微信朋友圈形象的设置

塑造微信形象 1

塑造微信形象 2

打造朋友圈的好处是让更多的人认识微信号主人，吸引同频的人互相学习，增加与他人合作的机会。微信朋友圈是网络市场上的虚拟商店，它不需要店面、装潢、摆放货品和服务人员等，它使用的媒体为互联网络。朋友圈形象设置需要遵从四要素定位法，四要素主要包括微信名、微信头像、个性签名、相册封面等。

1. 微信名

微信名可以采用“真名+个人的价值形象（或者行业）”形式，如陈×—C.S 造型、杨×—别墅鸡土鸡蛋，这样可以让微信好友很快记住该微信号，以后有了购买需求通过搜索名字很快就搜索到；还可以用自己所从事的行业类别，采用“行业+注解后缀”形式，如小胡蜂业—00 后大学生创业者、大别山新农人，这样可以让人一眼就能辨识出微信号主人所从事的行业，对他人具有什么价值。在微信群里的微信昵称最好的方式是“名字+地域+行业”，这样能让陌生人对该微信号有清晰的基础认知。

2. 微信头像

头像代表品位、印象、信任度，也是用户对微信号的第一印象，是个人形象的第一次视觉展示，人与人接触的第一个三秒钟的时间是非常重要的，形象是走在能力前面的。

很多人会用风景、花草、漫画、自己家的小孩或宠物等作头像，但是从营销的角度来看这样的头像都是无效的，因为顾客很难把微信头像主人与其他人区分开来，很难加深受众对微信主人的印象，更别说信任度了。无效营销的朋友圈头像如图 4-6 所示。

图 4-6 朋友圈头像

微信头像设置要注意这几点：

（1）头像要阳光大气正能量。

（2）头像最好是帅气或漂亮的形象。

（3）在头像选择上，一定要使用识别度高的头像。

（4）不要频繁更改头像。

朋友圈头像优化设置以后如图 4-7 所示。

图 4-7 优化后的朋友圈头像

【练一练】你见过哪些印象深刻的微信头像？你认为好的微信头像有哪些特征？从营销角度来说，好的微信头像能够起到什么样的作用？

3. 个性签名

个性签名的质量决定了微信主人给顾客留下的第一印象。个性签名在添加好友的时候能被看到，直接影响着新增好友的通过率。个人签名最多可以设置 30 个字，风格可以严肃也可以幽默，关键是展示自己的个性与特点。

个性签名的设置应注意以下两点：

（1）忌空。个性签名不要空着，空着会很像一个没有诚意的、无人经营的号。

（2）忌硬。避免纯广告描述，全是广告的个性签名会让人有警惕心，好友通过率特别低。

【练一练】假设通讯录突然提醒有 2 个新增好友，点开之后是的微信通讯录个性签名如图 4-8 所示。

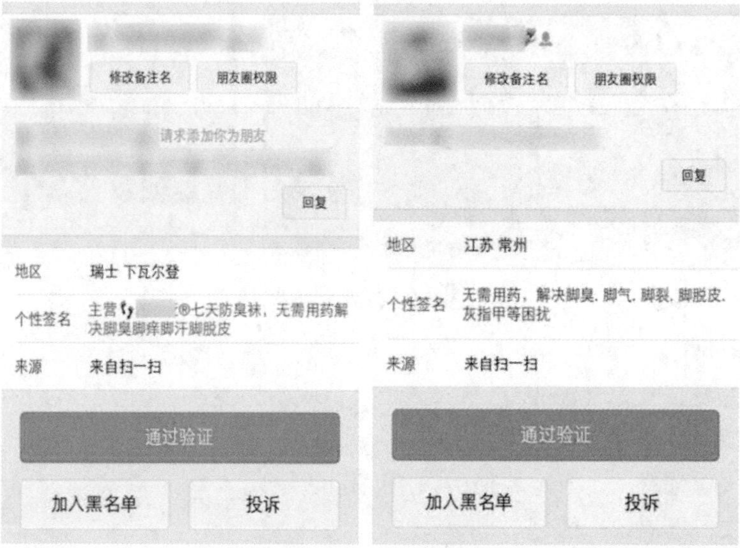

图 4-8 微信通讯录个性签名

你愿意点击“通过验证”按钮吗？为什么？

【案例】爱奇艺创立之初就为自己贴好了“高清”标签。在其他视频网站被各种杂乱的内容、各种模糊不清的影像充斥时，爱奇艺明白如果想要让自己用户能从众多视频社群中看到自己，加入其中，就要针对其他视频网站的缺点，做出自己的符号。至此，爱奇艺专心致志地走上了高清的发展道路，即使有过诸多运营宗旨的变化，但唯一不变的宗旨就是高清。

爱奇艺“高清”的特点在搜索引擎上展现得淋漓尽致。只要在搜索引擎上输入爱奇艺三个字，下拉框上就会出现一系列与爱奇艺相关的搜索关键词，其中“爱奇艺高清就”排在了第一位，还有“爱奇艺高清下载”“爱奇艺高清盒子”“爱奇艺高清影视”等。可以说，“高清”已经成为爱奇艺最独特的标签之一。很多用户就是冲着这一特点成为爱奇艺的忠实用户。

4．相册封面

朋友圈的相册背景图是一个黄金广告位，它是只要别人进入你的朋友圈第一眼就能看到的图片。这就相当于线下店的招牌，是一个很好的营销区域，图片要精心设计。微信相册封面图是不管传多小的图片，都会被自动扩大为长宽为 480×300 像素左右，所以，找到合适的图片内容的话，最好是保持 480×300 像素左右的尺寸，并且设计的内容要有定位。微信相册封面如图 4-9 所示。

背景墙可以放 3 种图片：

（1）信息查询图。信息查询图包含一些帮助信息，比如网址、电话、地址等。

（2）产品说明图。产品说明图包含与产品有关的信息，比如产品的展示、包装等。

（3）活动通知图。活动通知图包含一些活动的通知，比如清明节、劳动节等。

图 4-9 微信相册封面

【练一练】这下面四张头像（图 4-10），你觉得有什么问题？

图 4-10 微信头像

【练一练】看图 4-11 所示的几个微信号昵称，思考以下几个问题。如果有一天公司有个重要的商务演示，需要制作 PPT，你会找谁？想要学习 DISC（人类行为语言），该找谁？想与社群“行动派”合作，应该找谁？看图 4-11 左图所示的微信名时毫无头绪，但当微信名称改成右图所示的，你是不是感觉有头绪了？请说出其中的原因。

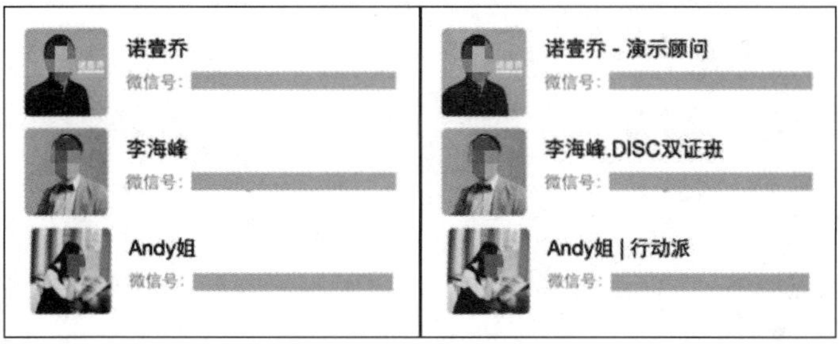

图 4-11 微信名

知识点 3：掌握微信朋友圈的内容营销

内容营销 1

内容营销 2

朋友圈营销也是微信的营销方式之一，在朋友圈发布推广的内容类型有很多，可以是小视频、图文、链接等。在朋友圈进行营销的时候，最好是打造一个专业的形象，来加强用户的认同感和信任感。

微信朋友圈营销重在内容营销，创作好的内容可以增强粉丝黏性，促进朋友圈营销效果。下面分享几个主要的内容营销技巧。

1. 发与“核心产品”有关的话题，着力于解决用户痛点

通过微信平台来讲微场景、做更彻底的推广宣传，让更多的用户通过微场景被戳中痛点，当用户对产品加深了印象，意识到该产品能够解决自己的痛点需求时，微信营销即可达到转化。

2. 客户分类管理，制定不同客户服务策略

了解客户需求，针对不同客户分享不同内容，做好客户追踪和维护；通过设置标签，对客户精准分类，有助于在朋友圈定向精准发布、追踪和维护；有效实现企业内部统一识别；指导企业客户管理的战略性资源配置与战术性服务营销对策；支撑企业以客户为中心的个性化服务与专业性营销。

对微信粉丝分类管理的方法主要有以下 3 种：

（1）用好标签。不同渠道来的粉丝，成交话术不一样，打好标签有助于沟通与转化。如果是意向客户，就打个“意向”标签；如果客户来自社群，就打“某某社群”标签；如果客户来自小红书，就打“小红书”标签；如果客户来自喜马拉雅 App，就打“喜马拉雅”标签；如果客户来自裂变流量或者赠品引流，就打上相应渠道标签；如果客户是 2020 年 10 月 1 号加进来的，就标签“2020.10.1”，用圆点不要用顿号，因为这样标签内容占的空间少一些。

一个人可以添加多个标签，有助于在某些需求下快速筛选出需要的人。比如说要给来自某个社群来的客户发一些东西，点击这个社群的标签，就能把这批客户全部调出来了。

（2）用好备注。如微信好友王某某已经购买了试用装，那么在他名字前面加“试用”二字。“试用—王某某”，这样下次跟他聊天的时候，看到他名字就知道这个人已经买了试用装。

如果这个客户在了解阶段，或者在意向阶段，在他名字前面加“意向”二字：“意向—王某某”，这代表这个客户还在意向了解阶段。

如果这个客户已经购买了产品，例如他购买了某个套盒，可以在他名字前面加“套盒”二字：“套盒—王某某”，再跟他聊天的时候，就知道这个客户已经购买过，接下来可以追销或者复购。

（3）用好工具。用好微信的五大工具：个人号、微信群、公众号、视频号、企业微信。通过这 5 个工具给分类标签的客户进行一对多的培育、一对多的服务、一对多的输出价值或者一对多的成交。

【练一练】请先对你的微信朋友好友进行分类，然后记录你的分类标签有哪些？

______

______

______

3. 设置朋友圈互动活动，有效激发朋友圈活跃度

适合朋友圈互动的活动类型有：常规性互动、小游戏互动、评价类互动、各类话题等。在策划朋友圈互动活动的时候要注意以下几个方面：

（1）重视内容质量。纵使互动有多种形式，但有一样不会变，即内容活动的价值最终取决于内容质量，也就是说无论采用什么样的形式，内容始终应该放在第一位。学会在有限的篇幅里呈现最有价值的内容，可以用故事引发用户的情感共鸣，对内容传播会形成极大的推动。

【案例】在2020中国农民丰收节来临之际，快手计划与人民日报新媒体联手推出丰收节特别策划，采用互动创意H5的形式展示中国的地大物博、物产丰富，同时突出展现各地亿万农民晒丰收的盛大场景，全民助力共享丰收的喜悦。

与此同时，为积极响应总书记“厉行节约，反对浪费”的号召，快手将在H5中，通过一段段视频，展现农民播种、劳作、丰收的辛劳和不易，在分享页中融入“敬畏劳作 珍惜粮食”的标语。

H5以“丰收心愿盒”作为引子，借助“盲盒”的概念，吸引年轻网友踊跃参与。H5开头将设计一个手绘版互动机器，网友点击即可参与，随机生成属于网友个人的“丰收心愿盒”。每个“心愿盒”对应不同的农作物品类（如大米、芒果、莲藕、银耳等）。打开网友特定的“盲盒”之后，会加载一段演绎动画，自动播放对应的农民忙碌和丰收的场景视频。如抽中“莲藕”的心愿盒，将自动播放挖藕人在淤泥中辛苦劳作挖藕的视频。画面中将放置助力丰收的浮标按钮，引导用户点击为丰收助力，即可在屏幕上显示不同的动效。视频结束后显示助力成功，达成丰收心愿。网友达成丰收心愿后，直接跳转分享海报。分享海报为手绘风格，以“丰收心愿盒”和抽中的农作物为主要元素，带动更多网友共同向劳动致敬，向丰收致敬，珍惜粮食，与农民兄弟共度丰收节！

（2）注意细节与整体的协调性。细节与整体往往是统一的，用心的细节设计可以提升整体的品质，给用户带来美好并提高用户好感度。因此，在设计促销活动时必须注重细节，字体就不能过于现代；幽默调侃的写作风格，文案措辞就不能过于严肃；打“情感”牌就不能过于花哨等。

【案例】姜某电影《九步之遥》的H5专题页活动在设计上牢牢抓住了很多细节，精雕细琢，以细节取胜。文案的措辞、背景音效、便捷的翻页提示设计等，无不与整体的戏剧风格保持一致，给用户一个完整统一的互动体验。

便捷的翻页提示这个细节设计，比起一个简单的箭头，或一句冷冰冰的“点这里”效果要好得多。

（3）注重用户体验。在做营销活动策划时必须注重用户体验。很多人在策划时往往过于注重方案本身是否合理，是否能最大限度地体现企业、产品的信息，而忽略给用户带来的体验，如在营销方案中植入很多营销广告，且每个广告都会增加用户的浏览成本，就会使用户觉得就像是在大街上发广告，体验不好而放弃参与。

【案例】某网店的抽奖活动，在抽奖活动中设置了如下几步：

（1）先让用户关注微信公众号（植入微信信息）方可获得活动链接。

（2）获得活动链接后，需要输入用户手机号码进行注册、验证（搜集用户信息）。

（3）注册成功后，又跳出网站，需登录才能进入指定的网站（植入网站信息）；

（4）获取抽奖资格，开始抽奖。

参加这个抽奖活动要经过4步，这就是一个体验非常差的活动。频繁地植入营销信息会冲淡用户参与抽奖的欲望，如此设计虽然可以增加微信粉丝，又能给网站带来流量，但给用户的体验不好。体验不好就基本宣告失败，没有多少人为了单纯抽奖而去关注一个公众号。谁都不愿意参加流程复杂的活动，其实这涉及的就是用户体验的问题，在营销活动策划阶段也需要特别注意。

（4）操作尽量简单，具有可执行性。一个方案的提出，首先应该进行可执行性分析。可执行性指策划方案可以实施并能取得科学有效的效果。只有可执行性的策划方案才是有意义的，才会被客户或顾主采纳，否则只不过是纸上谈兵、水中捞月。

微博上有奖转发为什么深得用户的心？核心就是简单，无非就是随手一转的事，谁都愿意一试。微信朋友圈上的一些活动却很复杂，先转发再截图才能兑奖等，这会大大打击用户参与的积极性。当然，在一定范围内，奖品的吸引力可以弱化复杂规则带来的用户抵触心理，但原则上规则要尽可能的简单，或者能够让用户在每完成一次要求都有阶段性的奖励来刺激。就像游戏一样，打怪兽、通关升级有些很复杂，但是每完成一个任务都能得到相应奖励，这样人们也愿意参加。

（5）创新。策划创新应该掌握一个标准：凡是有利于企业、商户利益的；凡是有利于、提升产品销量、扩大商品影响力的；凡是有利于用户需求和用户利益的，就是成功的策划，策划创新要站在商户和消费者的角度进行。不能违背买卖双方任何一方的利益，所以，在创新策划上，提倡为商户发展服务、为用户服务这一根本原则。

【案例】出一些很简单的智力题让别人来猜答案，增加互动性。比如发关于雪莲花里面的一种成分的朋友圈，然后好友都开始在底下评论，如图4-12所示。发布工作所涉及专业知识的话题，如直播课程实训成效良好，引来一片热议，如图4-13所示。当别人觉得在该条朋友圈下互动能得到好处，他会积极参与互动。最常见的做法就是朋友圈点赞送红包，如此条朋友圈第6个、16个、26个等点赞的送6.66的红包。点个赞就有可能拿红包，一般看到的人都会去试试，这个红包不需要设置太大，1.88元、2.88元都可以，如图4-14所示。

图 4-12 互动问答朋友圈

图 4-13 话题聚人气朋友圈

图 4-14 点赞送红包朋友圈

【练一练】假如咸宁职业技术学院的张老师送给你 10 本他的著作《不要等到毕业后》作为奖品，想让更多的大学生知道这本书，请你设计一个朋友圈小活动，吸引更多人参与，而不是只有你的朋友圈好友参与。

____

____

____

4. 借势热点话题，提升知名度

借势营销是推广产品、提升知名度的最佳方法。一次成功的借势营销还需更深层次地了解清楚以下几点重要内容：

（1）事件的属性。在借势之前，要知道该事件是何种属性，是正面事件还是负面事件、是否具有争议性和话题性、是否是重要节日事件、事件本身是否具有一定的关注度。一般来说，具备一定话题性或争议性的正面事件都值得追随，负面事件慎追随，最好不追随。

微信营销要借势，理清事件属性是成功的第一步，切忌盲目追随热点，理性分析属性之后再决定是否借势。

【案例】2022 年冬奥会期间安踏与知名时尚杂志公众号“GQ 实验室”合作，以轻松有趣的软文形式进行品牌广告植入，用优质内容赢取大众好感。自 2 月 7 日文章发布以来，目前已经达到 10 万多阅读和 879 点赞，产生了不俗的传播效果。安踏×GQ 实验室推文如图 4-15 所示。

（2）自身产品特征。在确定事件属性后，就要根据产品的特征来选取借势的角度。因此，对自身产品的特征要把握到位，把产品的功能理解透彻后才能进行内容创作，创作的内容既要新颖又要突出产品的功能。这时，考验的就是内容创作者的思维能力了。

微信营销如果借势失败，不应归咎于自身产品的属性限制，而应该从产品本身的特征出发。

图 4-15 安踏×GQ 实验室推文

【案例】众所周知，蒙牛在借势营销方面特别是体育领域一直有高质量输出——从2018年世界杯围绕主题“自然力量，天生要强”布局，到2020年东京奥运会围绕主题“让世界看见我们的要强”布局，包括2020年和2021年邀请梅某和谷某某围绕“营养你的要强”拍摄品牌主题视频，再到2022年围绕“燃动冰雪要强中国”布局。可以明显看出，蒙牛每一次的发力点都瞄准“要强”。

借势营销是蒙牛筹谋已久的一盘大棋。因为，一切借势内容都蕴藏着品牌长久积淀下的品牌实力、营销嗅觉和判断能力。正如这次从邀请谷某某担任代言人开始，蒙牛的目光就牢牢锁定在谷某某自带的“要强”气质，并做好了全方位布局——谷某某夺冠后，不少朋友应该都在微信朋友圈刷到这支《谷某某的多面人生》TVC（Television Commercial，电视广告影片）。此外，蒙牛还顺应春节氛围送上红包封面，并以“鼓掌”形式发起互动，满足用户为谷某某喝彩的心情，创意深化朋友圈广告的玩法价值。

（3）与用户的利益是否相关。要是不知道如何择势、造势的话，关注点就应该落在用户身上。用户的类型和喜好在很大程度上决定借势是否能成功。不同的产品面向不同的用户，不同的用户当然也具有不同的利益。热点事件发生后，要熟知这个热点将会对哪些群体影响最大，对哪些群体影响较小，分析利益链，才能明白借力的方向。

【案例】可口可乐抓住年轻人对传统春节年味和团聚的渴望，借助中国传统的“阿福、阿娇”形象来还原中国传统年味，同时利用线上线下多渠道推广入口，朋友圈广告强势引流触达消费者，增加品牌认知度和记忆度，激发二次传播，可口可乐借势营销如图4-16所示。

图 4-16 可口可乐借势营销

5. 策划线下活动，建立强势关系

写好活动策划方案，线上结合线下。在做活动之前要写好活动策划的方案，方案包括主题、时间、推广方式和推广效果的估计，从中挑选实施性强的作为最后的活动进行实行。

【案例】绿色生活馆店主现场教宝妈和宝贝们一起做三明治，在寓教于乐中将安全、原生态、无添加的绿色健康生活方式传递给消费者，绿色生活馆线下活动如图 4-17 所示。时尚生活馆为来到现场的朋友制作新鲜健康的精品咖啡，店主发现很多顾客在第一次接触之后就喜欢上这样的生活方式，一天下来店主的朋友圈积累了非常多志同道合的朋友，时尚生活馆线下活动如图 4-18 所示。

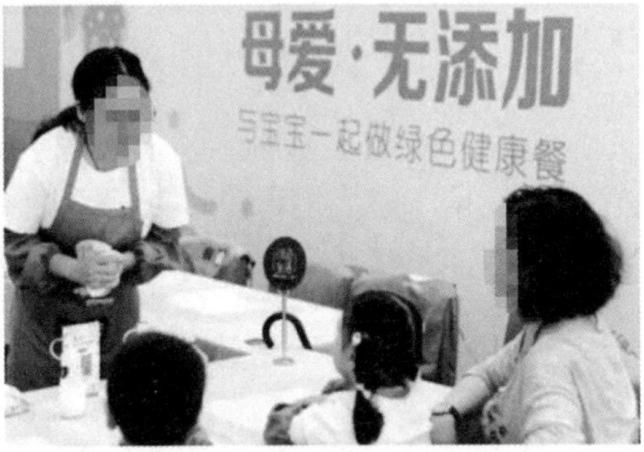

图 4-17 绿色生活馆线下活动

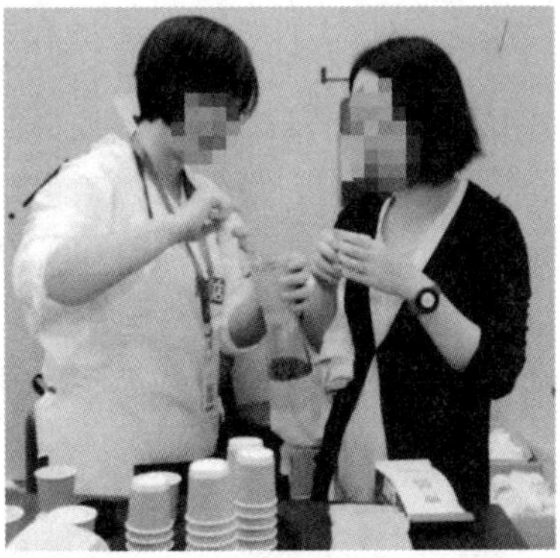

图 4-18 时尚生活馆线下活动

6. 一对一有效沟通，提高成交转化率

每天花 80%的时间与其中 30 人进行一对一的聊天（20%的时间发朋友圈），一对一聊天比发朋友圈重要十倍。努力去跟每个人深聊，虽然耗费精力，但是一定要展现自身的人格魅力，让沟通不那么突兀、不那么别有用心。多聊天，少发朋友圈才是微商正道。每天一对一地聊 30 人，聊天购买转化率做到 10%。

【练一练】你的微信中是不是有一些人与你们生活并无交集，但是翻看他的朋友圈时，你觉得他是一个很厉害的人，你为什么会觉得他很厉害？

你有没有向微信好友购买过一些东西？你是从哪里知道他的产品的？又是基于什么原因而购买？

你有收到过节日祝福吗？什么样的问候让你印象深刻？什么样的祝福你从来不回复？

知识点 4：掌握微信公众号的内容创作

订阅号与服务号

微信公众号是一个自媒体平台，商家可以通过在微信上建立公众号与消费者进行互动，从而实现对产品或服务的营销。公众账号建立后，商家可以在公众平台上发布品牌的相关信息，例如优惠信息、新品信息、活动信息等。消费者使用微信对商家的公众账号进行关注，便可以收到商家所发布的这些信息，从中选择自己所需要的信息进行使用。

1. 微信公众号的类型

公众号分为订阅号、服务号、小程序、企业微信四种。

（1）公众平台订阅号。订阅号构建了与读者之间更好的沟通与管理模式，任何组织和个人都可以申请，订阅号每天 24 小时仅可发送 1 条群发消息，它的消息只能集合在“订阅号消息”文件夹里展示，用户需要点击文件夹才能看到具体的消息。

（2）公众平台服务号。服务号给企业和组织提供更大的业务服务与用户管理能力，帮助企业快速实现全新的公众号服务平台。企业或组织机构可以申请服务号，服务号 1 个月内仅可以发送 4 条群发消息，还可申请自定义菜单，服务号的消息直接展示在用户列表里，认证服务号还能进行模板消息的发送。

（3）微信小程序。小程序在微信内可被便捷地获取和传播，同时拥有出色的使用体验，用户扫一扫或搜一下即可打开应用，具有随时使用的特点。将小程序和公众号相结合可获取更多的流量，能够应用到线下销售中。使用微信小程序要建立完整的小程序营销方案，按部就班地实施操作。

（4）企业微信。企业微信是企业的专业办公管理工具，有与微信一致的沟通体验，提供丰富免费办公应用，并与微信消息、小程序、微信支付等互通，旨在帮助企业、政府机关、学校、医院等企事业单位和非政府组织建立与员工、上下游合作伙伴及内部 IT 系统间的链接，并能有效地简化管理流程，提高信息的沟通和协同效率，提升对一线员工的服务及管理能力。

【练一练】请问以下关于微信公众号的使用场景，分别体现了哪些价值？

（1）在公交车上听别人聊天时谈到的一个品牌，觉得很有意思，于是顺手在微信中搜索到其公众号进一步了解。

（2）买了一件电器，有些地方不太明白，于是搜索该品牌的公众号进行咨询，通过关键词回复查询到了答案，个性化的问题在留言后很快得到了客服的解答。

（3）看一个自己喜欢的公众号在推送中推荐了一款香水，直接点击图文中的链接跳转到博主的微店或微信小店购买。

（4）参与公众号中发起的投票或公众号中链接第三方的调查问卷。

（5）在学校图书馆中看到一本书很喜欢，想给朋友送一本，拿出手机扫描条形码后直接在网店下单。

____

____

____

【练一练】分别从适用人群、消息发送量、群发消息显示区域、菜单是否允许外链、是否支持微信支付、是否支持高级开发、申请费用等方面，对比订阅号、服务号、企业微信，将对比情况填入表 4-2 中。

表 4-2 订阅号、服务号、企业微信的对比情况

类型	订阅号	服务号	企业微信
适用人群			
消息发送量			
群发消息显示区域			
菜单是否允许外链			
是否支持微信支付			
是否支持高级开发			
申请费用			

2. 微信公众号内容

从用户的角度思考“用户为什么会分享这篇文章？”，这就跟卖产品一样，除了产品本身好，还需要给用户一个购买的理由，微信公众号的内容也同样需要给用户一个分享的理由。从本质上讲，一切自发的分享和传播都来自“社交货币”。

社交货币简单来说，就是人们愿意分享给别人，并且在分享中可以满足自己心理需求的一些事情。人们在分享跟传播一个与众不同的信息的时候，其实是希望让别人感觉自己也很与众不同。如果企业想让自己的产品或者自己的信息能够被广泛传播，能够让别人主动地、自发地传播，那要清楚地了解并且学会使用社交货币。

【案例】有一个很有趣的实验，有两家公司面向应届的大学生进行招聘。A 公司开出的年薪是 5 万，B 公司开出的年薪是 10 万。如果让你选择，你会选择哪一个呢？这好像是一个毫无疑问的问题。但是如果加上一些限定条件的话，实验结果就变得出乎意料了。

这个限定条件是什么呢？如果你选择 A 公司的话，你的年薪是 5 万，但是你其他所有同事的年薪都是 2.5 万；如果你选择 B 公司，你的年薪是 10 万，但是你所有其他同事的年薪都是 20 万。在这个限定条件下，大多数人选择了只有 5 万年薪的 A 公司。因为这 5 万的年薪它是一个绝对值，但是自己的薪水比周围人多了一倍，这个是相对值。

有的时候相对值对人们的吸引力要大于绝对值，是因为人具有社交需求，薪水比别人高就是有效的社交货币，用中国的老话说就是“宁当鸡头，不当凤尾”。

那么如何给自己的产品制造这种社交货币呢？

（1）找到或者创造自己的非凡之处，也就是与众不同的地方。因为别人愿意去主动地传播与众不同的事物。

【案例】比如说在国内的白酒行业当中，所有人都认为，很难再找出一款有非凡之处的白酒。但是江小白利用这种社交货币打造出了一个叫作互联网白酒的第一品牌。江小白的营销策略就是在每一瓶酒瓶外面，套上一个纸质的封套，然后在每一个封套上印着不同的文案。如："毕业时约好一年一见，再聚首却已经而立之年。""友情像杯子一样，要经常的碰一碰，才不会孤单。"很多人喝过江小白之后，都会去拍照发朋友圈，因为这显得与众不同。

有创新就会有自发的传播。因为这是一个谈资，这是一个社交货币。

（2）引入游戏机制。游戏中有各种虚拟的奖励，如徽章、等级，不管是QQ、微博还是其他的应用，大多数都会设计出各种各样的徽章，当游戏玩到一定等级之后就会收获一枚徽章，并且提示玩游戏的人可以分享到社交媒体上。如果系统让人们去分享一则广告，估计不会有人愿意照做。而大多数时候，人们收获了一枚徽章以后，会很乐意去分享这个喜悦，因为这代表着参与者已经超越了一群没有徽章的人。这是相对值的体现。

【案例】有一段时间小A频繁地在全国各地飞来飞去，于是小A下载了一个国航App，因为小A感觉国航的准点率、服务都相对好一些，但这并不是最重要的原因。最重要的原因是小A在国航的里程积累得最多，如果继续选择国航的航班，很快小A就能达到一定的里程要求。达到这个要求之后就可以升级为金卡会员，并且可以享受更多的服务。所以金卡会员这个身份就是小A想要的社交货币。

但是小A升级成为金卡会员之后，他发现自己并不是很在意那些所谓的额外服务。

现在几乎所有的航空公司都推出了累积里程兑换免费机票这样的游戏，但是有一项权威的调查结果显示，只有10%的人去兑换那些免费的机票，而其余的90%的人并没有兑换。那些所谓的累积里程就在那里静静地躺着，无人问津。如果把所有闲置的里程都兑换成机票的话，足够往返月球1940次。

所以很多的时候，人们在意的是自己在游戏当中的级别，而并不是这个级别给自己带来的附加值，因为级别才是社交货币。

（3）让对方觉得自己是内部人士。现在有很多会员制的服务场所，非会员禁止入内，甚至有些奢侈品店也采用这种方式，如果会员把在奢侈品店里享受的超值服务拍照晒到朋友圈，自然就会有一种优越感，表明自己是内部人士有社交货币，这是人类的共性。

【案例】航空公司销售头等舱，最好的方法就是在所有人都排队登机的时候，突然有一个头等舱旅客从旁边的绿色通道直接登机。当有人说头等舱不值得坐，头等舱不会先落地，其实代表着他没有坐过头等舱，这是减少自己社交货币的一种负面行为。

《影响力》一书中也说过，身份象征会影响着社会的认同，其实这个身份象征就是这里所说的社交货币。

给自己的产品创造社交货币，是让别人广泛传播的第一要素。公众号的内容达到一定高度后，还能够提供足够多的社交货币（提供谈资、帮助别人、展示形象、帮助表达、促进比较），这样能大大提高转发分享的概率。

在创作完公众号文章以后，多思考“这篇文章可以作为社交货币吗？”“读者分享转发的可能理由是什么？”多思考多强化，公众号文章就越容易创造社交货币。

【练一练】请创作一篇具有社交货币的公众号文章，将文章的核心内容写在下面。

知识点 5：掌握微信群的营销技巧

获客渠道与流量变现

微信社群营销是通过建立社群来将目标用户群体聚集到一起，依托于微信社交平台发展起来的一种使用户连接及交流更为紧密的一种网络营销方式。社群营销通过合理的手段以及日常的维护和发展，设计社群活动来提升用户的活跃度和用户黏性，提升用户对品牌的认知和对产品的认同感，从而达到营销的目的。

有效提升微信群营销效果方法主要有以下 3 种：

1. 设置优质任务推广群

一个优质的社群，可以通过社群来集思广益，可以通过完成任务来获得回报。例如运营者获得了一份作业，给出了相应的要求，这时运营者可以在微信群中告诉大家：“这里有一份作业，需要几个人来完成，有什么要求，完成以后会获得多高的报酬。”这个时候就会有人踊跃报名了，运营者可从中挑选出合适人选，让他们完成作业，如果完成的质量与效率都很高，那就按照之前的承诺兑现报酬，这样能让群友们对该群产生浓厚兴趣，记住这个群，从而为微信群的推广起到很大帮助。

2. 利用奖品来激发活动

“重赏之下必有参与”，运营者可以利用这一点带动微信群的小伙伴们筹划活动，通过丰富的奖品吸引外面的人来参加群友们设计的活动。当然一场优秀的活动，单单有奖品还是不够的，还需要有一些有趣的活动环节，有能够给用户带来一些价值的内容，这样才能吸引大批的用户来参加活动。活动结束后，要进行活动总结，然后在微博、微信朋友圈和微信公众号等平台进行推广，形成二次传播。

3. 用重要内容诱导购买

在微信群运营中，运营者可以事先给群友们发放一点福利，然后通过诱导对方购买的方式来进行推广。例如，一个运营者想要将普通群升级为 VIP（Very Important Person，贵宾）群，可以尝试让普通学员免费听一堂课，免费获得一些学习资料，免费得到一些重要的、有价值的内容等，然后诱导这些群员交费加入 VIP 群。只要运营者有重要内容，就可以拿来运用到日常的推广运营中，给那些有特权的人分享更多、更好、更有价值的内容，同时还要让他们知道，付费后，我们获得的不仅仅是一些有价值的重要内容，同时也是一批人脉的积累。

【案例】钱大妈微信社群营销。

钱大妈成立于2012年，经过9年稳健运营，2021年已经在全国30多座城市开设门店，门店总数突破3400家，发展成为了社区生鲜行业的领军品牌。

作为“不卖隔夜肉”理念的创造者，钱大妈从“新鲜”角度重新提出传统生鲜行业的标准；通过“日清”模式和“定时打折”清货机制，做到了所有菜品不隔夜销售；全面践行了“让顾客每一餐都新鲜”的企业使命。

细心的朋友可能早已发现，钱大妈每开一个店，生意都会相当火爆。因为钱大妈都是开在人群密集的小区旁边，有效解决了流量问题。每开一个新店，他们会提前1个月开始营销，在店铺周围的小区门口，举行“加微信送蔬菜”的宣传活动，如添加他们店长的微信，并进入他们的促销活动微信群，然后在现场转发一个他们设计好文案与图片的微信朋友圈、现场免费领取一份价值5元的蔬菜和鸡蛋。

微信群里，他们会不定期举行促销活动，保持群活跃度。如每天晚上8点，会准时发红包，大家都来抢红包，烘托气氛；发布特价消息，举行优惠活动，吸引大家关注；分享菜谱，教大家怎么做出美味佳肴；分享蔬菜、家畜等养殖照片或视频，让顾客放心购买；在群里分享订单和销售场景，传递客户见证，产生持续影响力。

【练一练】钱大妈微信社群营销案例中品牌IP、营销地点、鱼饵产品、营销工具、成交流程分别是什么？请将答案填入表4-3中。

表4-3 钱大妈微信社群营销案例分析

分析维度	答案
品牌IP	
营销地点	
鱼饵产品	
营销工具	
成交流程	

任务拓展

案例：MINI公众号卖车5分钟100台

2017年7月13日，著名汽车品牌MINI与拥有450万粉丝的时尚博主公众号“黎××的异想世界”（以下简称“黎××”）合作，通过“黎××的异想世界”公众号卖车，100

台 MINI 加勒比蓝色限量版 5 分钟售空，50 分钟内全部付款完成。

7 月 9 日，黎××发出一张预热海报，透露 7 月 13 日 MINI 将联合黎贝卡将为 100 位车主带来蓝色 MINI 的信息。

7 月 13 日，黎××发出 MINI 加勒比蓝色限量版的预约通道，规定每个手机号只能预约一次。同日，MINI 官方微信订阅号首次发布与黎贝卡的合作。

7 月 21 日，黎××正式开通抢购渠道，从 7 月 13 日到 7 月 21 日，加勒比蓝色限量版 MINI 预约信息已过千。

黎××通过朋友圈表示，MINI YOURS 加勒比蓝限量版汽车开售仅 5 分钟后，100 台车就被全部抢空，后来者无法再排队付款，并且五十分钟内全部完成付款交易，如图 4-19 所示。

图 4-19 黎××朋友圈

问题：

（1）MINI 微信营销的成功点在哪里？

（2）MINI 是如何增加粉丝互动的？

任务巩固

实训 微信社群营销

【实训目的】

通过该实训了解微信社群营销的运营形式，掌握微信社群营销技巧，能够为企业策划并实施微信社群营销。

【实训内容】

（1）本次实训有 2 项任务，请依次完成实训任务，将实训成果以表格（表格可以另外附页）或以思维导图形式呈现。

（2）实训过程中采用线上或线下的混合式学习方式，学生以小组为单位协同合作，运用一些网络平台开展调研，通过头脑风暴集思广益，共同完成实训任务。

【实训资料】

拼多多的社群运营技巧

社群运营难吗？在盛兴私域流量运营的今天，做电商似乎已经离不开社群了。在拼多多开店的资深商家知道，社交自媒体还没有兴起、发达的时候，做社群运营有多难。时至今日，商家们都还在为社群运营探索一条体系化的出路。下面为大家介绍拼多多社群运营技巧。

（1）定位清晰。对拼多多商家来说，做社群之前一定要有一个清晰的定位，究竟为了什么做社群？社群要达到什么样的效果？建立社群的基础在于商家要把什么样的目标用户聚拢在一起，只有匹配性高的同类目标用户才能在同一个社群中聚拢，不会成为一盘散沙。

（2）选择主体。现在做社群的要么是个人要么是团队。专业的团队运营当然会取得更高效的收益，短时间内带来一定的红利。但团队做主体的运营成本相对较高，对个人卖家尤其是电商创业新手并不友好，并不适合新商家们进行尝试。

（3）引流方式。拼多多社群运营方法与一般的社群运营方法略有出入。拼多多的“拼小圈”功能以及商品、店铺自带的评价系统、商家用户直接对话等都是常规的引流渠道。如何留住这些用户，增加用户黏性就得出奇招。维持社群活跃度、优惠反馈等都是比较好的促活方式，可供新商家选择。

（4）做好风控。社群内的每个部分都源自于用户的关系圈，这也是私域流量最大的魅力之处，将潜力用户通过私域连接起来。在整体的社群风控上商家需要做好把控，将社群风险降到最低的根源还是做好店铺内品质和态度的问题，商家有必要在社群运营下一番功夫，才能真正发掘社群效益。

【实训任务】

（1）注册微信账号，设置微信头像、名称、个性签名、二维码名片、微信号。完善自己的朋友圈，设置朋友圈的封面。将相关内容填入表 4-4 中。

表 4-4　微信个人形象设置

问题	答案
微信号	
微信名称	
个性签名	
微信头像	
微信背景墙	

（2）根据实训资料思考拼多多是如何锁定用户需求的？拼多多利用了哪几个关键因素让社群达到良好的裂变效果？请将答案写在表 4-5 中。

表 4-5 拼多多社群营销技巧分析

分析维度	答案
锁定用户需求的技巧	
社群裂变良好的关键因素	

任务一学习效果评价

评价方式	评价内容				
	评价项目	评价等级			
		A	B	C	D
自评	对本任务知识感兴趣的程度	浓厚	较浓厚	一般	弱
	独立思考的能力	强	较强	一般	弱
	体验到学习成功的愉悦感	强	较强	一般	弱
	理解别人的思路，与同伴交流的意识	强	较强	一般	弱
	在知识、方法等方面获得收获的程度	高	较高	一般	低
小组互评	本节课堂发言的次数	多	较多	一般	少
	课堂练习完成的质量	高	较高	一般	低
	自主探究意识和团队协作能力	高	较高	一般	低

任务二 微博营销

微博传播正能量

工作任务

詹经理交给李敏一个任务，让她在元旦期间为公司护肤产品开展微博营销。李敏接到任务后，在网络上查到微博与央视春晚延续了在视频及新媒体传播层面的深度合作，联手在春节期间推出央视春晚视频直播、相关节目集锦、幕后花絮以及亮点剪辑，微博还推出了花式拜年、趣味点评和打卡晒照等多种互动活动，丰富春节期间传统媒体和新媒体中信息内容传播的方式。

从央视春晚与微博合作中，李敏会从中得到启发顺利完成任务吗？为了帮助李敏完成任务，请先了解微博的类型，然后学习微博营销定位与策划，了解微博微粉丝积累的技巧，最后总结微博营销的创作技巧并尝试为公司护肤产品开展微博营销策划活动。

任务实施

为更好地学习微博营销相关内容，并完成本小节的工作任务，需要从以下几个知识要点开展学习。

知识点 1：了解微博的类型

1. 微博与微博营销定义

（1）微博概念。微博，是指一种通过关注机制实现用户之间分享和传播简短实时信息的广播式社交媒体、网络平台。它是一个基于用户关系的信息分享和传播的社交平台，允许用户通过计算机、手机等多种移动终端接入，以文字、图片、视频等多媒体形式，实现信息的即时分享、传播互动。

目前新浪微博是中国最有影响力的微博平台。截至 2021 年 11 月，微博月活跃用户达到 5.73 亿，日活跃用户达到 2.48 亿。

【练一练】以下几个主流的门户网站先后推出了微博服务，截至 2022 年，有的门户网站已关闭微博服务，请搜索相关信息，填写表 4-6。

表 4-6 门户网站微博平台简况

门户网站	是否开发网站微博	软件名称	上线时间	是否关闭微博服务
新浪				
搜狐				
网易				
腾讯				

（2）微博营销定义。微博营销是指通过微博平台为商家、个人等创造价值而执行的一种营销方式。该营销方式注重价值的传递、内容的互动、系统的布局、准确的定位，微博的火热发展也使得其营销效果尤为显著。微博营销涉及的范围包括认证、有效粉丝、话题、名博、开放平台、整体运营等。微博营销的缺点是有效粉丝数不足、微博内容更新过快等。

微博发挥了“碎片时间资源集合”的价值，用户可以利用计算机、手机等多种终端便捷地获取微博信息。正是因为碎片化信息及碎片化时间，使得用户通常不会立即做出某种购买决策或者其他转化行为，因此硬性推广手段只能适得其反。

2. 微博的类型

【练一练】微博上有一种特殊的现象，叫“神评论”。一条看似普通的微博，却因为“神评论”带来巨大转发量，请问你看到过这样的微博吗？

分享一个这样的案例，并结合这条微博解释一下在传播过程中内容发布者和内容传播者的转化过程，说说这种传播模式对微博营销有怎样的影响。

(1) 个人微博。个人微博不仅是个人用户日常表达自己的场所，也是个人或团队营销的主要阵地。一般来说，个人的微博营销基于个人本身的知名度，通过发布有价值的信息来吸引关注和粉丝，扩大个人的影响，从而达成营销效果。其中，部分企业高管、名人的个人微博通常还会配合企业或团队微博形成影响链条，扩大企业和品牌的影响力。

【练一练】请为以下四种个人微博各列举出 2 个微博账号，要求粉丝数在 100 万以上，填写表 4-7。

表 4-7 个人微博账号

细分类别	微博账号	已发微博数	粉丝数
名人			
专家			
企业创始人			
普通人			

(2) 企业微博。企业微博一般是以盈利为目的，企业的微博运营人员或团队会通过微博来增加企业的知名度，为最终的产品销售服务。受微博信息发布机制所限，企业不能仅仅依靠微博向消费者进行详细的推广宣传，而是应该策划适合微博营销的宣传手段，结合微博的特点，建立和维护起自己固定的消费群体，多与粉丝进行交流互动，达到宣传企业、提升品牌影响力的目的。

【练一练】传统企业微博营销思考。

假设小 A 是一个大型矿山机械制造企业的网络营销人员，企业看到微博营销的作用后，想建立一个企业微博，并把建立和维护微博的任务交给了小 A。

小 A 发现微博上大多数人都不是企业的目标受众群体，在这样的情况下，小 A 该怎样传播消息给潜在目标受众呢？如何通过企业微博，让不是目标受众群的人记住企业品牌呢？

（3）政务微博。政务微博是指政府部门为工作之便开设的微博，政府通过微博可以调和公民言论自由、令政府信息透明、解决国家安全和个人隐私之间的矛盾，还可以作为群众对政党机关和公职人员的工作进行监督的途径。政务微博是汇聚民声、表达民意的平台，不具有盈利目的，只是政务机关利用微博随时随地发布信息而不受媒体出版时间约束的一种有效发布信息的渠道。

（4）组织机构微博。微博快速传递信息的特点使其不仅深受个人和企业的青睐，也逐渐受到很多组织机构的欢迎，很多学校、机构、组织纷纷开设了自己的官方微博，用于传播信息、促进沟通，在教育教学、危机公关等方面发挥着重要作用。

（5）其他微博。除了类型比较明显的微博外，还有一些具有特定用途和时效性的微博，比如为某个重要活动、重要事件、电影宣传等特意开设的微博，这类微博通常不会持续运营，只发挥阶段性作用，但带来的宣传效果也不容小觑。

【练一练】把你所关注的微博进行一下分类，并把典型代表分别填入表 4-8 中。

表 4-8 微博分类

微博分类	典型代表
个人微博	
企业微博	
政务微博	
组织机构微博	
其他微博	

知识点 2：了解微博营销的定位

1. 微博设置

（1）昵称。取一个好的微博昵称很重要，有五大理由：昵称是微博账号最为重要的符号；昵称是企业品牌的第一标签；昵称是传递给用户的第一印象；好的昵称易于传播；好的昵称可以让目标用户群快速找到。

微博昵称最多使用2～15个汉字或者4～30个字符，一般来说设计昵称要遵循以下原则：

1）品牌统一。微博昵称应尽量与企业在自媒体网站的名称和微信名称保持一致，因此在注册的时候尽量做到全平台保持一致，方便品牌运营。

2）紧扣内容。昵称最好体现主题，不要和内容不相关。自媒体人可以直接用名字。

3）简短明了。一是要短，最好不超过 7 个字，建议控制在 4 个字以内，如“百草味”“三只松鼠”；二是要好听，易于口口相传。

4）避免重复。为了证明身份、避免重复，建议进行账号认证。

（2）个性域名。新浪微博个性域名是用户自己的网站，在进入个人主页的微博里都会有域名。个性域名是用户在开通微博的时候填写的，每个微博账号只能对应一个个性域名。用户设置个性域名后，可告知粉丝或亲戚朋友，邀请他们访问并关注。个性域名是微博唯一指定的特有地址，一旦开通就不可更改。所以建议注册微博的时候就设计好名字。

（3）头像。头像是用户对微博的直观印象，可以在用户心中形成一个形象认知。个人微博的头像设置比较随意，企业微博的头像则最好选择能够代表企业形象的图片，如企业 Logo、企业拟人形象或者企业的著名商品等。

【练一练】你见过哪些印象深刻的微博头像？你认为好的微博头像有哪些特征？从营销角度来说，好的微博头像能够起到什么样的作用？

（4）个人简介。简介是对微博内容、个人或企业的简单介绍。个人微博简介可以简明扼要地表达个人的特长和能力等，也可以用比较特别的语句展示个性。企业微博简介则应简明扼要地介绍企业，或者用个性化的文案展示企业或品牌形象，让用户快速了解企业。

（5）个性标签。在个性标签中可对个性、特长、爱好等进行展示，也可以方便目标用户的搜索和关注。

2. 微博营销内容

微博内容设计

（1）发布微博。微博的发布形式非常多元化，文字、图片、声音和视频均可，还可以根据实际需要设置投票和点评，甚至可以进行直播发布。不同的发布方式，通常具有不同的效果。

（2）创建超话。在微博上发布话题可以引起更大范围内的讨论和转发，如果讨论人数很多，还可能升级为超级话题，产生更广泛的传播效果。微博超话是微博超级话题的简称，是新浪微博推出的一项有别于普通话题的功能，是将拥有共同兴趣爱好的人集合在一起形成的圈子，目的是加强“偶像”与粉丝之间的沟通。换言之，它是一项具有严格筛选规则的话题功能，能将不是真正热爱的人排除在外，保证社交圈子的和谐。利用超话的评论与转发，可增加信息传播的速度。申请创建超话的步骤：点击“超话”，再点击该页面左上角的“创建”按钮，就进入申请创建超话页面了，如图 4-20 所示。

【练一练】请登录自己的微博，找出当天最热门的 10 个话题，将每个话题的讨论量、阅读量、原创人数记录下来。

图 4-20 创建超话

知识点 3：掌握微博营销的策划

带货文案

1. 微博素材收集

（1）热点话题素材。热点话题永远是微博上传播最广、影响力最大的素材，特别是知名度比较大的社会话题，不仅被各大电商、企业加以利用进行营销，而且是很多自媒体、“大 V（高粉丝博主）号”关注、吸引流量的主要手段，甚至能否正确及时地进行热点话题的借势，直接关系着微博营销的最终效果。

【案例】2022 年春节期间，北京冬奥会引发全民关注。当一场国际性的体育赛事再次来到中国，对于中国品牌来说，自然是一次借势出圈、斩获话题的绝佳机会。而唯一被网友称为“赢麻了”的品牌，是靠着“押三中三”出圈的元气森林。

2 月 15 日，17 岁的苏××在单板滑雪男子大跳台决赛中摘得金牌，一鸣惊人。没想到的是，这块金牌竟然把元气森林送上了热搜。

因为网友发现，元气森林的三位代言人早已经在 2021 年签约，并且签约时，他们都是知名度不高的运动员，却都在北京冬奥会成了家喻户晓的奥运冠军。眼光毒辣的元气森林，成为网友眼中的“福气森林”“押王之王”。

元气森林成为冬奥会的“话题王”，多少有点运气和玄学在身上。但这也说明，运动员商业价值的无限潜能，可以多维度地赋能品牌。

（2）专业领域素材。专业领域素材是指与微博定位匹配的内容，也是吸引粉丝的主要内容。获取专业素材可以通过专业网站寻找相关信息，可以阅读行业内、领域内的优秀作品，也可以阅读简书、豆瓣等网站中的专业人士的文章等。

只有通过阅读不断积累知识，提升自己，才能为粉丝分享更多、更有用的信息，才能引起粉丝的持续关注。

2. 微博发布时机

发布微博并没有固定的时间段，需要根据实际反馈和微博数据进行动态调整，比如在不同时间段发布微博，测试出活跃度最高、转发评论最多的时间段，将重要微博安排在该时间段发布，也可以根据微博定位的目标人群使用网络的习惯进行发布，比如上班族可以选择上下班途中、午休时间进行发布，学生族则在晚上发布也能收获不错的效果。

此外，微博类型不同，也可以选择不同的发布时间，比如节日微博，通常在节日之前就要开始预热，特别是需要开展活动的节日微博；热点事件根据传播程度可以在网络用户活跃时间段内的任意时间抢先发布，还可以间隔发布多条，与粉丝保持互动，扩大影响力。

【练一练】你通常在什么时间段内发送微博，效果如何？

____

____

____

3. 微博粉丝互动

（1）与粉丝保持良好的互动沟通，可以加深微博主与粉丝的联系、培养粉丝的忠诚度、扩大微博的影响力。

（2）微博上粉丝互动的方式很多，可以参与粉丝的转发和评论，也可以通过转发抽奖、话题讨论等方式引导粉丝主动参与互动。

（3）粉丝互动越频繁，这条微博被更多粉丝看到的可能性会越大；反之，互动少的微博，将难以在粉丝微博首页占据有利且靠前的展示位置。

4. 原创和转发

（1）原创。一个微博营销账号要想获得忠实的粉丝，通常需要保持一定比例的原创文章数量，特别是定位于某个领域或行业的比较专业的微博。原创微博的运营难度更大，原创内容要经过充分的构想和策划，越能给用户带来价值的原创文章，越能引起更多的转发和关注。

（2）转发。在日常发布信息时，可以转发一些有用的微博信息，保持微博的活跃度和在粉丝微博主页的持续曝光度。在转发微博时，必须慎重选择信息，有争议、有广告嫌疑、未证实、矛盾激烈的微博信息要仔细辨别确认，谨慎转发，而宣传对立情绪、色情或反动等类型的信息则不能转发。

5. 微博内容设计

在微博上发有价值的、发人深省的、容易让人产生认同感的、有趣的、有名的、有创意的、真实的内容更受用户的欢迎，也更容易获得评论和转发。

（1）微博文案类型。

1）分享型软文。这种软文只通过客观的角度来宣传某个企业或产品。通常情况下，这种软文比其他类型更具有说服力，且效果更明显。如“我今天买了一件××品牌的衣服，别人都说这样显年轻，很适合我”，然后附上购买的网址。这种软文写作方式更容易获得微博用户的关注。但这并不代表营销人员可以一劳永逸，因为这种软文要求写作的时候，使用的语言和语气必须要有生活化的特征，不能过分官方，否则就显得是一则广告，而不是一次分享，无法达到目标。

2）炒作型软文。微博每天都有热点话题的排行榜以及搜索热点，如果能紧跟这些热点，发表自己独到的见解，配上一个吸引眼球的图片，就能吸引更多的人去点赞或评论。在微博平台上，热门话题可以聚焦很多人的目光，所以紧跟热点发布微博话题有可能引发广泛讨论，让品牌成为焦点。围绕某一热点事件抛出一个可讨论的话题，可能带来广泛讨论和转发，而话题的打造需要从用户普遍的心理特点或者痛点来切入，如大多数用户会对社会道德事件进行评论，对名人的一些争议事件形成交流，尤其是对于社会上矛盾突出、影响力大的负面事迹，可以引发舆论的批评、指责，同时也可以引发思考和深层次的讨论。

【练一练】请为你喜爱的品牌设计一条炒作型微博软文。

____

____

____

3）广告型软文。这种类型的软文，通常都是企业的官方微博发出的，对企业信息或产品信息进行介绍并公布，这种微博往往不会吸引众多人来转发，但对于潜在客户却具有很强的吸引力。这种微博不同于上述两种微博，它必须通过一种官方的、正式的语言来进行描述，并且语言要尽量做到准确，并表现出明显的广告倾向。

4）创意型软文。好的创意软文需要突出趣味性和互动性，只要能够吸引大多数人的注意，并引发大量的转发、评论等互动，就可以达到非常成功的营销效果。在微博上，我们可以看见的创意类文章形式主要有笑话、段子、漫画，或是一些有意思的对话，总之只要够新奇、有趣，可以取悦很多人，令大多数感兴趣的人进行互动，形成热度，就是优秀的创意软文。同时，这些别出心裁的内容是非常天然的广告保护色，能够极大地提高广告的传播度和用户的接受程度。

【练一练】请为华为手机设计一条创意型微博软文。

____

____

____

（2）微博软文写作。

1）客户人群的分析。无论为什么行业写微博，第一步就是分析客户人群，他们有着什么样的特征？他们会常去哪些地方？他们最关心的问题是什么？他们的偏好或者喜好是什么？可以给客户发一些福利（如红包），或者设计一款有趣的互动游戏让客户玩。

2）微博话题的策划。在新媒体营销时代，最好不要花费大量精力去做大型的策划，也不要指望一个大型的策划会很快赢得口碑、树立品牌，可以时刻注意热点事件，快速创作出微策划文案，快速发表，如果发现有传播势头，马上引入资源引爆它。

3）微博文案写作。首先写一组微博文案，进行快速评估和转发评论的设计。其次设定一个目标，如转发数量、评论的内容等。做好文案并没有那么简单，需要尽可能从客户的角度出发，设计得具有趣味性，最好是以可以互动的、问答的形式来进行，这样在无形中会提高客户的信任度，增加客户对产品或服务的黏性，等建立好信任之后，再进一步地去促进成交。

4）发布策划的安排。如果企业微博账号粉丝很少，没有什么影响力和知名度，即使发了一条很好的微博，也没有什么人来转发，此时需要借力，借助一些“大 V”或名人来转发推动一下，他们的粉丝基数大，覆盖人群也很广泛，以此推动整个营销流程。

知识点 4：了解微博粉丝的积累方法

微博增粉技巧

1. 与同类人群互粉

微博上有很多关注同一个领域、有共同或相似爱好的群体，这些群体中的人有共同话题，交流方便，很容易形成互粉，也就是互相关注。因此在创建微博前期，可以试着加入这类圈子，与他们进行互动，吸引关注，再慢慢扩大微博的影响力，形成粉丝的自然增长。

2. 外部引流

外部引流是指将其他平台上已有的粉丝导入微博中，如豆瓣、百度知道、微信、QQ、媒体网站等平台，甚至可以在出版物上注明个人微博，引导读者的关注。外部引流是非常直接且快速积累粉丝的方式，且该方法积累的粉丝质量普遍比较高，所以对于网络营销人员而言，一定要学会并利用好各种平台资源，形成一个完整的传播矩阵，互相促进和提升。

3. 活动增粉

微博博主可以通过关注转发抽奖、关注参与话题讨论等形式，引导粉丝转发微博，吸引非粉丝用户的关注。

【练一练】请为华为手机设计一条“活动增粉”微博。

4. 与其他微博合作增粉

微博活动通常粉丝数量越多，影响力才会越大，有时候单个微博的影响力有限，可以与其他微博进行合作，联合双方或多方的影响力，扩大宣传范围。

5. 依靠微博内容增加粉丝

通过发布有价值的“干货”来吸引粉丝，靠内容增加粉丝实际上就是一种内容营销。也可借助热点事件进行增加粉丝，当微博或新闻上出现了引起用户广泛关注和讨论的热门事件时，可利用热门事件的热度来为自己的微博增粉。

任务拓展

案例：高二男生扛国旗夜爬泰山

微博话题“高二男生扛国旗夜爬泰山”冲上热搜，话题的主要内容：2022 年 8 月 6 日，山东泰安，有一女子夜爬泰山，在南天门看到一幕热血澎湃，只见一小伙高举国旗站在前方，五星红旗迎风飘扬。拍摄者岳女士称，登山过程中看到小男孩扛着国旗昂首挺胸地往前走，自己看到这一幕很震撼，感觉瞬间有了力量。据悉这位小伙是高二的学生，他的梦想是成为解放军战士，报效祖国。

截至 2023 年 1 月 15 日，该话题阅读次数高达 2.1 亿次，讨论次数 5329 次，原创人数 1908 人，从微博的话题趋势曲线图可以看出还有猛涨的趋势，如图 4-21 所示。

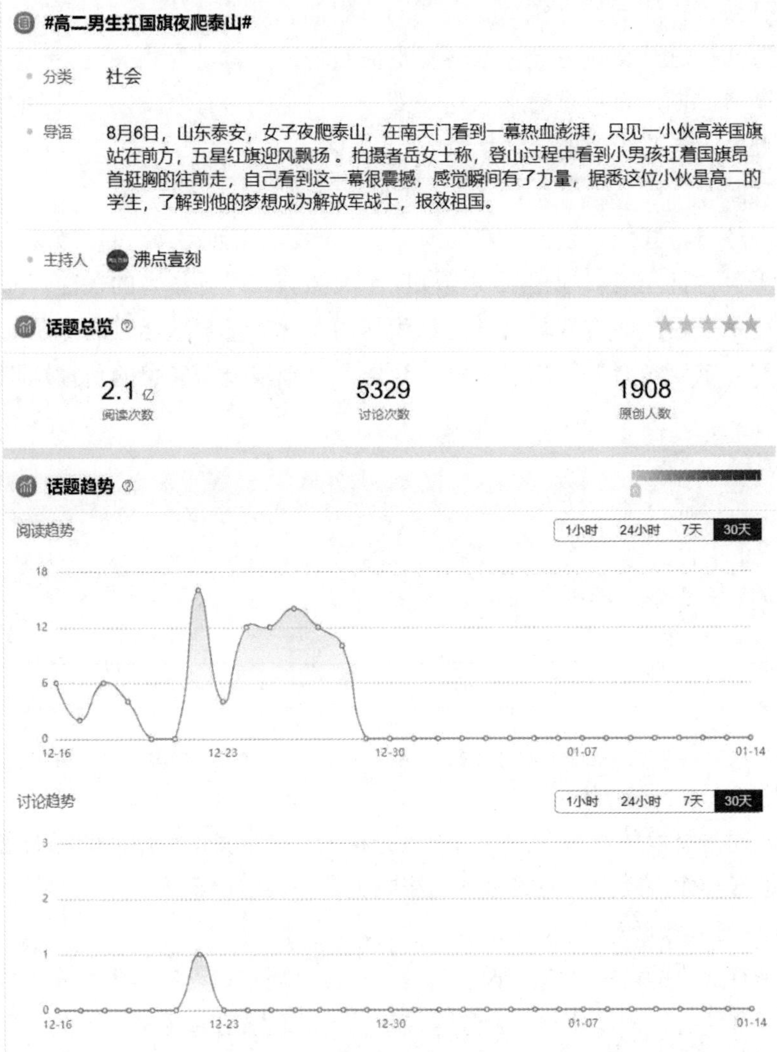

图 4-21 微博话题数据曲线图

问题：

话题“高二男生扛国旗夜爬泰山”的微博营销技巧是什么？该话题为什么会有这么高的阅读量？

任务巩固

实训　微博营销策划实战

【实训目的】

通过该实训了解微博营销策划实战，掌握微博营销的实操技巧，能够为企业策划并实施微博营销。

【实训内容】

（1）结合微博营销的理论要点，整理出微博营销策划的相关知识。

（2）本次实训有 2 项任务，请依次完成实训任务，将实训成果整理到相关表格中（表格可以另外附页）。

（3）实训过程中采用线上或线下混合式学习方式，学生以小组为单位协同合作，通过头脑风暴集思广益，共同完成实训任务。

【实训资料】

黄山雄踞风景秀丽的安徽南部，是我国最著名的山岳风景区之一。黄山集名山之长：泰山之雄伟，华山之险峻，衡山之烟云，庐山之飞瀑，雁荡山之巧石，峨眉山之清凉。明代旅行家、地理学家徐霞客两游黄山，赞叹说：“登黄山天下无山，观止矣！”又留“五岳归来不看山，黄山归来不看岳”的美誉。黄山更有“天下第一奇山”之称，可以说无峰不石，无石不松，无松不奇，并以奇松、怪石、云海、温泉（黄山四绝）著称于世。其二湖、三瀑、十六泉、二十四溪相映争辉。春、夏、秋、冬四季景色各异。黄山还兼有“天然动物园和天下植物园”的美称，有植物近 1500 种，动物 500 多种。

黄山有 72 峰，主峰莲花峰海拔 1864.8 米，与光明顶、天都峰并称三大黄山主峰，为三十六大峰之一。黄山是安徽旅游的标志，是中国十大风景名胜唯一的山岳风光。现为世界文化与自然双重遗产，世界地质公园，国家 AAAAA 级旅游景区，国家级风景名胜区，全国文明风景旅游区示范点。

黄山总面积约 1200 平方千米，其中，黄山风景区面积 160.6 平方千米，四季平均温度差仅 20 摄氏度左右。夏季最高气温 27 摄氏度，冬季最低气温−22 摄氏度。

每年到黄山游玩的游客不计其数，微博上文人墨客对其称赞不已，宣传黄山风景区微博如图 4-22 所示。

图 4-22　宣传黄山风景区微博

【实训任务】

（1）注册微博账号，设置微博昵称、个性域名、头像、个人简介、个性标签，完善个人微博的设置。请将相关内容填入表 4-9 中。

表 4-9　个人微博设置

分析维度	结论
昵称	
个性域名	
头像	
个人简介	
个性标签	

（2）以实训资料为背景，参照图 4-22 的微博软文，为黄山旅游撰写不同类型的微博，将微博软文填在表 4-10 中。

表 4-10　黄山旅游不同类型的微博软文

微博类型	微博软文
分享型	
炒作型	
广告型	
创意型	

任务二学习效果评价

评价方式	评价内容				
	评价项目	评价等级			
		A	B	C	D
自评	对本任务知识感兴趣的程度	浓厚	较浓厚	一般	弱
	独立思考的能力	强	较强	一般	弱
	体验到学习成功的愉悦感	强	较强	一般	弱
	理解别人的思路，与同伴交流的意识	强	较强	一般	弱
	在知识、方法等方面获得收获的程度	高	较高	一般	低
小组互评	本节课堂发言的次数	多	较多	一般	少
	课堂练习完成的质量	高	较高	一般	低
	自主探究意识和团队协作能力	高	较高	一般	低

学习成果实施与测评

一、单选题

1．在选择微信公众号时，如果想简单地发送消息，达到宣传效果，可选择订阅（　　）。
　A．服务号　　B．订阅号　　C．小程序　　D．企业微信

2．以下属于微信营销特点的是（　　）。
　A．实时推送　　B．一对一营销　　C．成本低　　D．以上都是

3．维护微信好友关系，最直接的方法就是（　　）。
　A．推广　　B．自我介绍　　C．互动　　D．节日问候

二、多选题

1．对于企业和个人用户而言，微博营销的价值主要体现在（　　）。

A．品牌传播　　B．顾客服务

C．产品调研　　D．广告宣传

2．微博软文的类型主要有（　　）。

A．分享型软文　　B．炒作型软文

C．广告型软文　　D．创意型软文

3．（　　）是微博中最大的组成部分，其数量最多，包括明星、专家、名人、高管、草根、大众用户等。

A．个人微博　　B．政务微博

C．企业微博　　D．组织机构微博

4．朋友圈互动活动在策划的时候要注意（　　）。

A．内容质量　　B．细节与整体的协调性

C．用户体验　　D．操作尽量简单，具有可执行性

5．对于微信公众号粉丝而言，（　　）是比较有效的互动。

A．关键词回复　　B．问题搜集和反馈

C．评论互动　　D．发布推送

三、判断题

1．微信广告是微商城推广的主要方式之一。（　　）

2．微信更具有媒体特性，更适合进行企业品牌的曝光、公共关系和媒体关系的维护、客户关系的维护等。（　　）

3．微博可以分为个人微博、企业微博、官方微博三种。（　　）

4．微博昵称的设置一般需遵循简洁个性、拼写方便、避免重复的原则。（　　）

5．微信营销指的是在朋友圈进行的广告分享。（　　）

四、简答题

1．对微信粉丝分类管理的方法有哪些？

2．在创作微信公众号内容时如何制造出社交货币？

3．企业微博在运营微博营销时撰写高质量的微博内容要注意哪些问题？

五、实训题

以“双 11”购物节为微博话题，创建 1 个微博话题，实施微博话题营销。

项目五　搜索引擎营销

思维导图

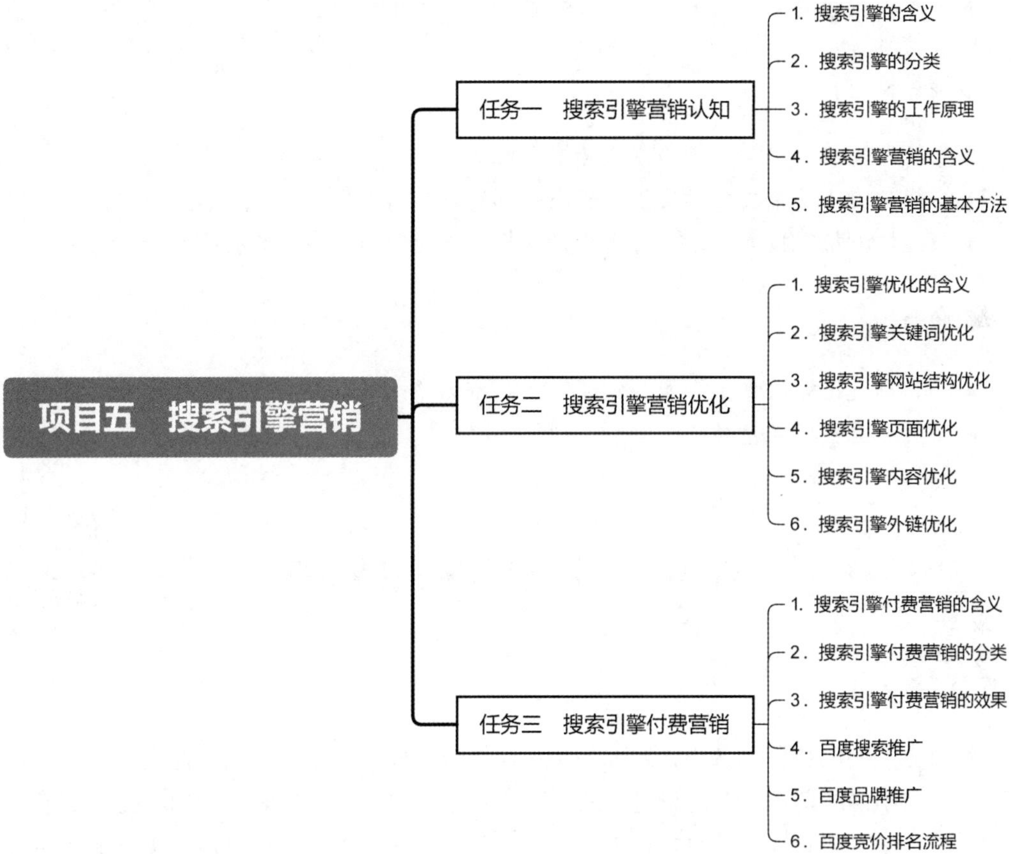

项目导读

某服装企业在电商平台上开了一家网店。虽然网上购物比例大幅度增加，但网店由于店铺知名度不高以及同行竞争激烈、同质化严重，店铺访问量和销售情况并不好。要实现全网营销，需要解决好三大问题，即人与信息的问题、人与产品的问题、人与人的问题。通过以上三点找出有利的资源，可以实现店铺全网覆盖。搜索引擎作为互联网的基础应用，是网民获取信息的重要工具，其使用率在所有应用中稳居前列。为此，开展搜索引擎营销是不错的选择。

学习目标

知识目标

- 掌握搜索引擎的概念和分类；
- 了解搜索引擎的工作原理以及搜索引擎营销的基本方法；
- 掌握搜索引擎优化的含义以及对网站的作用；
- 掌握搜索引擎营销中的付费推广的含义和使用技巧。

技能目标

- 能熟知搜索引擎营销的方法并恰当地实施搜索引擎营销；
- 能恰当实施搜索引擎优化，提高网站的自然排名；
- 能恰当使用搜索引擎平台进行付费推广并能对推广效果进行准确统计与分析。

思政目标

- 具有遵纪守法意识，能自觉遵守网络市场竞争规则；
- 具有自主探究精神。

任务一　搜索引擎营销认知

百度搜索排名事件

工作任务

实习生刚到网络营销部门，经理为了让他尽快适应实习工作，安排他通过网络搜集行业、竞争对手网络营销现状等信息。实习生尝试了百度、360 搜索、搜狗等搜索引擎，发现竞争对手中有些企业的信息排得很靠前，有些企业的信息排得很靠后。实习生想弄清搜索引擎的工作原理，帮助企业利用搜索引擎营销达成其营销目标。

为帮助企业在搜索引擎中有较好的表现，请先学习搜索引擎营销基本知识，了解搜索引擎工作原理，掌握搜索引擎营销相关知识帮助企业顺利实现搜索引擎营销的推广。

任务实施

为了更好地学习搜索引擎营销相关内容，并完成本小节的工作任务，需要从以下几个知识要点开展学习。

知识点 1：了解搜索引擎的含义

搜索引擎含义

【练一练】遇见以下问题如何处理？

（1）电脑上怎么安装格式工厂？

（2）我想看《庆余年》怎么办？

（3）漫威和 DC 是什么关系？

（4）仰泳耳朵会进水，怎么办？

在大搜索时代，用户搜索目的从单纯的信息答案获取向服务获取、商品交易等方向升级，搜索表达形式从文字向语音、视觉等多元化方向发展，搜索终端由 PC 端、手机端向智能家居、智能车载设备等延伸。随着搜索服务不断演进，新时代下搜索服务是指用户通过文字、语音、图像等主动表达所需，进而获取信息与服务达到需求满足的全过程。根据用户获取内容类型不同，可将搜索类型分为信息型搜索、商品型搜索和服务型搜索。

信息型搜索表现为常识和资讯等内容的获取过程。信息型搜索往往能影响用户心智，激发消费欲望，领域主要有生活常识、新闻资讯、专业知识、休闲娱乐等。代表有百度、360 等。

商品型搜索主要为用户以购买商品或下载资源为目的，通过搜索获取品牌和产品功能、价格等内容以及决策交易的整个过程。领域有食品饮料、数码 3C（Computer、Communication、Consumer Electronics）、家用电器、日化美妆、汽车、服装服饰等。代表有淘宝、京东、拼多多等。

服务型搜索主要为用户为解决生活或商务服务需求，通过搜索进行查询、咨询、预约或缴费等服务的整个行为过程。领域有查询快递、咨询法律、问诊、预约挂号、汽车服务、缴水电费等。代表有美团、58 同城等。

搜索服务为用户构建了“衣食住行娱学医职养”的数字生活服务空间，大量满足用户全场景下对于信息、商品和服务内容的搜索需求，满足不同行业、不同领域以及不同目的的商家多方位营销诉求。

搜索引擎是工作于互联网上的一门检索技术，它旨在提高人们获取搜集信息的速度，为人们提供更好的网络使用环境。信息型搜索引擎是指根据一定的策略、运用特定的计算机程序从互联网上采集信息，在对信息进行组织和处理后，为用户提供检索服务，将检索的相关信息展示给用户的系统。常见信息型搜索引擎如图 5-1 所示。

图 5-1　常见信息型搜索引擎

【练一练】搜索引擎是谁发明的？国内外有哪些搜索引擎？

____

____

____

【练一练】最早的搜索引擎诞生于（　　）。

A. 英国　　B. 加拿大　　C. 中国　　D. 美国

对搜索引擎含义有了一定的了解后，我们还要了解搜索引擎的类别和发展特点。

知识点 2：了解搜索引擎的分类

所谓搜索引擎，就是根据用户需求与一定算法，运用特定策略从互联网检索出指定信息反馈给用户的一门检索技术。搜索引擎依托于多种技术，如网络爬虫技术、检索排序技术、网页处理技术、大数据处理技术、自然语言处理技术等，为信息检索用户提供快速、高相关性的信息服务。搜索引擎技术的核心模块一般包括爬虫、索引、检索和排序等，同时可添加其他一系列辅助模块，来为用户创造更好的网络使用环境。从功能和原理上，搜索引擎大致被分为分类目录式搜索引擎、全文检索式搜索引擎、元搜索引擎和垂直搜索引擎等四大类。

1. 分类目录式搜索引擎

第一代搜索引擎，基于互联网的搜索引擎 Lycos（莱科思）诞生，它以人工分类目录为主，代表厂商是 Yahoo（雅虎），特点是人工分类存放网站的各种目录，用户通过多种方式寻找网站。现在也还有这种方式存在，主要通过搜索和整理因特网的资源，根据所搜到网页的内容，将其网址分配到相关分类主题目录的不同层次的类目下，形成像图书馆目录一样的分类树形结构索引。用户在目录索引中查找网站时，可以使用关键词进行查询，也可以按照相关目录逐级查询，但在目录查询时，只能够按照网站的名称、网址、简介等内容进行查询，所以它的查询结果也只是网站的 URL 地址，不能查到具体的网站页面。

互联网发展早期，以雅虎为代表的网站分类目录查询非常流行。网站分类目录由人工整理维护，工作人员精选互联网上的优秀网站并简要描述，分类放置到不同目录下。用户查询时，通过一层层的点击来查找自己想找的网站。国内的搜狐目录、hao123 以及国外的 Dmoz 等都是目录索引。

【案例】搜索引擎的祖先，是由蒙特利尔的麦吉尔大学三名学生艾伦·埃姆塔奇（Alan Emtage）、彼得·多伊奇（Peter Deutsch）和比尔·吉兰（Bill Wheelan）发明的搜索大全（Archie FAQ，简称 Archie）。Alan Emtage 等想到了开发一个可以用文件名查找文件的系统，于是便有了 Archie。Archie 是第一个自动索引互联网上匿名文件传输协议（File Transfer Protocol，FTP）网站文件的程序，但它还不是真正的搜索引擎。Archie 是一个可搜索的 FTP 文件名列表，用户必须输入精确的文件名搜索，然后 Archie 会告诉用户哪一个 FTP 地址可以下载该文件。由于 Archie 深受欢迎，受其启发，Nevada（内华达）某大学开发了一个谷佛（Gopher FAQ，简称 Gopher）搜索工具 Veronica。

2. 全文检索式搜索引擎

随着网络应用技术的发展，用户开始希望对内容进行查找，出现了第二代搜索引擎，也就是利用关键字来查询，最具代表性且最成功的是谷歌（Google），它建立在网页链接分析技术的基础上，使用关键字对网页搜索，能够覆盖互联网的大量网页内容。网页链接分析技术可以在分析网页的重要性后将重要的结果呈现给用户，当用户查找信息时，只需要在搜索框中输入想查询的关键词，点击查询，就会看到搜索结果以标题和摘要形式按照一定顺序呈现出来，用户再根据需要点击链接打开网页即可，如图 5-2 所示。

图 5-2　搜索页面

【案例】国内搜索引擎的代表——百度。

百度商业图谱

“百度”二字，来自八百年前南宋词人辛弃疾的一句词：众里寻他千百度。这句话描述了词人对理想的执着追求。身在美国硅谷的李××看到了中国互联网及中文搜索引擎服务的巨大发展潜力，抱着技术改变世界的梦想，他毅然辞掉硅谷的高薪工作，携搜索引擎专利技术在中关村创建了百度公司。百度拥有数万名研发工程师，这是中国乃至全球都顶尖的技术团队。这支队伍掌握着世界上最为先进的搜索引擎技术，使百度成为掌握世界尖端科学核心技术的中国高科技企业，也使中国成为美国、俄罗斯和韩国之外，全球仅有的 4 个拥有搜索引擎核心技术的国家之一。

百度商业面向企业营销的服务生态从单纯的品牌和效果广告服务，向投放前广告主的策略支持、创意生产到投放后完整的后链路闭环能力及内容营销联络拓展。

（1）广告投放。在广告投放时，百度商业产品为满足广告主的不同营销诉求，提供了多种整合营销解决方案。在品牌认知的建立阶段，通过“开屏+信息流合约广告（信息流 GD）+聚屏”等品牌资源矩阵，高效触达线上线下人群；从认知到认同阶段，需要通过百度品牌官方阵地加强与用户的深度互动，可以选择品牌专区、知识营销等形成共鸣；从认同到认购阶段，搜索推广、信息流推广等促成最终的转化。基于广告主多样营销诉求的满足，达成品效合一的营销目标。

（2）客户持续转化及运营。百度商业提供广告主重要的资产沉淀和运营平台，基木鱼、度小店提供客户转化承接能力；爱番番提供持续的客户运营能力；百度统计提供更完善的全链路运营数据分析，支撑了百度全链营销效果和效率的提升。

（3）企业商业内容生态。在满足用户内容需求的同时，百度商业不断推进企业在百度的深度自主运营。企业百家号主页（新官网）打造企业在百度的核心阵地，企业的内容通过百家号和知识系统后台生产和运营，在多端分发；同时商业化的内容营销产品（原生故事和知识营销）可以为企业的内容传播助力，形成软硬一体全链打通的整合解决方案。

3. 元搜索引擎

元搜索引擎接受用户查询请求后，同时在多个搜索引擎上搜索，并将结果返回给用户，如图 5-3 所示。

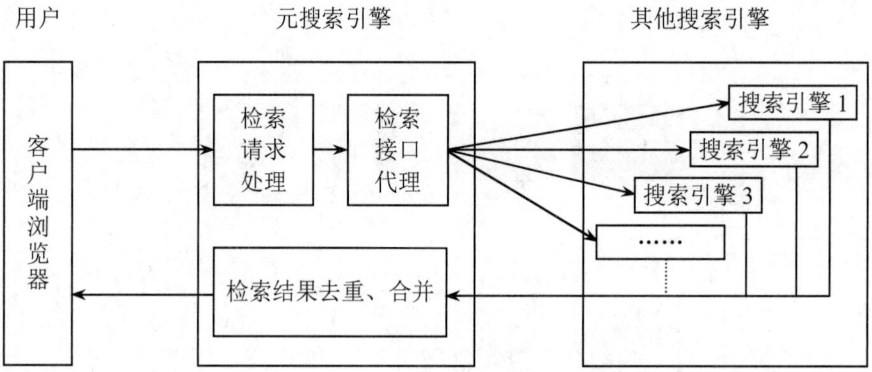

图 5-3　元搜索引擎工作原理

4. 垂直搜索引擎

垂直搜索引擎适用于用户有明确搜索意图情况下的检索。例如，用户购买机票、火车票、汽车票或想要浏览网络视频资源时，都可以直接选用行业内专用搜索引擎，以准确、迅速地获得相关信息。

5. AI 时代下的搜索引擎

搜索引擎在人工智能技术和信息流产品的支持下，为用户提供更丰富、更高效的产品使用体验。

互联网的发展改变了人们获取信息的方式，变被动获取为主动搜索。而人工智能技术的发展又改变了人们的搜索方式，原来的搜索引擎是通过“关键词组合”和“快照评级匹配”的方式进行搜索结果排序，而如今使用的是语音搜索，显然更方便。人工智能（Artificial Intelligence，AI）时代下，搜索引擎将变得越来越智能。

搜索引擎必须能够识别语音，理解用户的意图才能得到更准确的结果。由于自然语言处理技术的日益成熟，搜索引擎能够充分理解用户的口语化表述，甚至可以联系上下文和场景，与用户进行交互沟通，未来的搜索引擎会越来越智能。

搜索引擎的另一个发展方向就是智能全搜索，实现一站式搜索页面，包含音乐、电影、游戏、图片、场景、购物等目前互联网上所能查询到的所有主流资源。

回顾整个搜索引擎的迭代过程：

（1）搜索引擎 1.0 时代。解决信息查找的问题，通过关键词匹配网站内容，依托超链分析技术、链接的权威评级进行搜索结果排序。这个时代仅靠数据采集即可获得每天几百万的 IP 流量。

（2）搜索引擎 2.0 时代。极速准确查找信息，结合用户搜索行为投票与动态更新搜索结果排序。重点计算内容质量度与主题关联性，由关键字完整匹配倾向于部分匹配。由 PC 搜索向移动搜索转移。这个时代，改变搜索体验与点击的关系就能快速提升关键词排名。

（3）搜索引擎 3.0 时代。结合人工智能技术，引入 AI 与处罚算法。除了提供传统的快速检索、相关度排序等功能，还能提供用户角色登记、用户兴趣自动识别、语音及内容语义理解、智能信息化过滤和推送等功能。

【案例】快手借百度 AI 赋能，用差异化内容拥抱每一位用户。

快手借助百度深度 AI 赋能，基于大数据、AI 技术，精准定位人群兴趣，实现了差异化人群营销。并利用内容优势建立品牌区隔，提升用户黏性，进而拉升整体用户数。

如今，短视频市场进入存量厮杀战，用户获取愈加困难。迎着视频化的大趋势，差异化内容生态成为获取新客和留存用户的关键。

基于大数据、AI 技术，百度营销精准定位人群兴趣，通过打造多种意图词包，百青藤细分媒体流量包，帮助快手建立差异化用户模型。如图 5-4、图 5-5 所示。

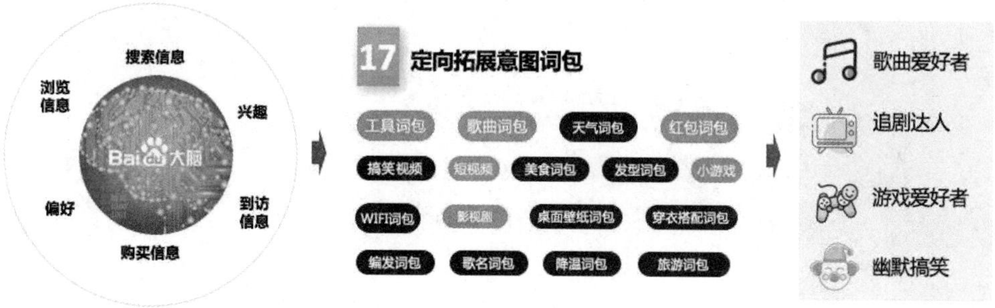

图 5-4　定向拓展词包

图 5-5　流量渠道

此外，结合用户模型特征，百度营销通过丰富创意素材及文案传达差异化内容、满足差异化用户心理。三十多种常规素材高效匹配，从内容类目选择、用户喜好及心理、素材作产出层层严格把控，精准用户引导；另外配合快手品牌活动，借助“粉丝效应 + 事件关注 + 节日热度”短期快速积聚用户，高效捕捉增量。

在成本可控的情况下，新客量级及用户次留率大幅提升。在 11 个月投放期间，总曝光量超过 372 亿次，点击量超过 5 亿次，次留率高于目标 33%。

【练一练】AI 时代，搜索引擎有什么新的亮点？

____

____

____

知识点 3：了解搜索引擎的工作原理

搜索引擎工作原理

互联网好比同一张蜘蛛网，各大搜索引擎基本上都有自己的网络信息抓取程序“蜘蛛（机器人）”。搜索引擎蜘蛛往返于互联网上的各大节点（站点）和搜索引擎的后台数据库，收录信息后带回到搜索引擎数据库。而后对数据分类整理、排序，接着在用户检索的时候显示出来，具体可概括为爬行和抓取→建立索引→搜索词处理→排序。搜索引擎蜘蛛无时无刻不在爬行和抓取新鲜网页内容，在此之后，会对有价值的网页内容建立索引，当用户在搜索引擎中输入关键词后，会通过分词等技术了解用户的真实搜索意图，并在结果中以排序的方式为用户提供列表型的结果。搜索引擎工作原理如图 5-6 所示。

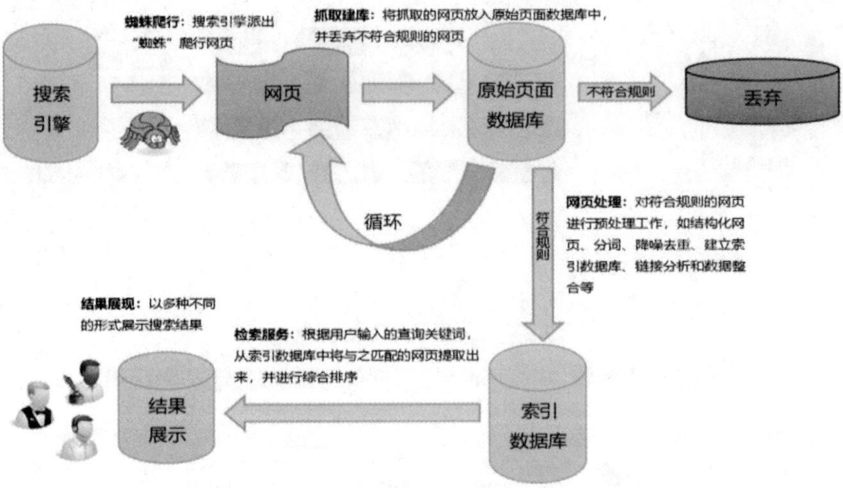

图 5-6　搜索引擎工作原理

1. 从互联网上抓取网页

搜索引擎是通过一种特定规律的软件跟踪网页的链接，从一个链接爬到另外一个链接，像蜘蛛在蜘蛛网上爬行一样，所以被称为“蜘蛛（Spider）”，也被称为“机器人（Robots）”。搜索引擎“蜘蛛”的爬行是遵循一定规则的。

百度或谷歌等搜索引擎都有一套抓取网站页面的程序，这个抓取程序就叫作引擎蜘蛛，它可以通过网站的 URL（Universal Resource Locator，统一资源定位符）地址抓取网站信息，网站收录排名离不开引擎蜘蛛爬行。不同的搜索引擎，其引擎蜘蛛名称也有所不同，见表 5-1。

表 5-1 搜索引擎平台机器人名称

搜索引擎平台	引擎蜘蛛名称
百度	BaidSpider
谷歌	Googlebot
360	360Spider
搜狗	Sogou News Spider

需要说明的是，由于抓取习惯以及各个网站更新的差异性，搜索引擎所能收录、检索的信息并非即时的网络信息。

搜索引擎在抓取网页时会同时运行多个蜘蛛程序，从一些重要的种子网址开始，通过网页上的超链接，不断发现和抓取新的网址，并不断重复此过程，尽最大可能抓取到更多网页。

当网络蜘蛛爬行到某个网站时，会首先检查网站根目录下是否存在 Robots 文件，如果有，则会根据其中的约定不抓取禁止抓取的网页。进入网站后，网络蜘蛛会采用深度优先、宽度优先和最佳优先策略爬行网站中的所有网页。Robots 文件用于指定 Spider 在网站上的抓取范围。您可以在您的网站中创建一个 robots.txt，在文件中声明该网站中不想被搜索引擎收录的部分或者指定搜索引擎只收录特定的部分。

请注意，仅当网站包含不希望被搜索引擎收录的内容时，才需要使用 robots.txt 文件。如果您希望搜索引擎收录网站上所有内容，请勿建立 robots.txt 文件。

【案例】某 App 非法抓取抖音短视频，被判赔 500 万元。

网络数据是互联网的基础性、核心资源，近年来因爬取数据引发的纠纷并不少见。不过，互联网特点是开放，其本质是分享，面对种类繁多的数据，数据保护的边界在哪里？有专家认为，企业未主动公开，且与企业核心竞争力息息相关的数据应该受到保护。为了避免爬取数据潜在的侵权风险，企业需要遵守诚实信用原则，对数据的使用目的、爬取方式及呈现形式均需格外谨慎。

2021 年 1 月 17 日消息，海淀法院网报道，因认为某 App 采用技术手段或人工方式获取抖音 App 短视频及用户评论并向公众提供的行为构成不正当竞争，北京微播××××有限公司（以下简称微播公司）将北京创锐××××有限公司（以下简称创锐公司）诉至法院，要求消除影响并赔偿经济损失 4000 万元。

日前，海淀法院审结了此案，一审判决创锐公司消除影响并赔偿微播公司经济损失 500 万元。

原告微播公司诉称，创锐公司作为同业竞争者，大量抓取抖音 App 的短视频文件及评论内容，并在其开发、运营的刷宝 App 上展示、传播，涉案短视频数量达五万余条。上述行为削弱了微播公司的竞争优势，违反了《中华人民共和国反不正当竞争法》第二条的规定，构成不正当竞争。

被告创锐公司辩称，其未运营某 App，某 App 由成都××文化传播有限公司运营。创锐公司与微播公司之间不存在竞争关系，且微播公司主张的权益基础存在瑕疵。涉案短视频均由用户上传，某 App 属于网络服务提供者，且已经尽到了合理的注意义务。涉案短视频的时长短，制作成本低，涉案行为未给微播公司带来经济损失，其主张的赔偿数额没有依据。综上，不同意微播公司的全部诉讼请求。

法院经审理后认为，创锐公司为某 App 开发运营主体，某 App 提供短视频服务，与微播公司构成直接竞争关系。某 App 上有五万余个短视频与抖音 App 的短视频相同，有上百处评论内容相同。创锐公司虽表示涉案短视频系用户上传，但其提交的相关后台信息、用户信息等表格均系自行制作，并且存在大量用户的注册时间、最后登录时间早于某 App 安卓版的上线时间，后台信息不完整，后台信息与用户信息无法对应等问题；亦无法提交涉案评论由用户发布的证据。故创锐公司未提交足够证据证明涉案短视频及相关评论为用户上传或具有合法授权。创锐公司未通过正常运营某 App 产品，吸引用户、培育市场、建立竞争优势，并以此获得相应的合法经营利益，而是直接采用技术手段或人工方式获取微播公司赖以经营和获利的视频资源、评论内容。创锐公司在未投入相应成本的情况下，直接获取上述资源，掠夺微播公司的经营成果，并以此与微播公司争夺流量和用户，削弱了微播公司的竞争优势，损害了微播公司的合法权益，此种行为违反诚实信用原则和公认的商业道德，构成不正当竞争。

通过我们对网络爬虫（又称作网络蜘蛛）技术相关不正当竞争案件的研读、分析和归纳，在此类案件中，法院主要从以下方面认定爬虫企业构成不正当竞争：

第一，主体层面。抓取信息的企业（“爬虫企业”）与被抓取信息的企业（“被爬企业”）之间存在竞争关系；

第二，行为层面。爬虫企业的行为构成不正当竞争，其中又需要关注三个方面：

（1）被爬企业有合法权益可诉诸法律保护。

（2）爬虫企业有不正当竞争行为（网络爬虫行为相关案例中一般指违背公认的商业道德和诚实信用原则）。

（3）被爬企业有实际损害。

第三，因果关系层面，不正当竞争行为与损害结果之间存在因果关系。

【练一练】大数据时代，数据采集应该注意的思政点是什么？

____

____

____

2. 建立索引数据库

由分析索引系统程序对收集回来的网页进行分析，提取相关网页信息，包括网页所在 URL、编码类型、页面内容包含的关键词、关键词位置、生成时间、大小、与其他网页的链接关系等，根据一定的相关度算法进行大量复杂计算，然后用这些相关信息建立网页索引数据库。

3. 在索引数据库中搜索排序

用户输入关键词后，排名程序调用索引数据库，计算关键词相关性，然后快速输出反馈给用户，这个过程在秒级内完成。

【练一练】Google 的 PR（RageRank）值是什么意思?

____

____

____

知识点 4：掌握搜索引擎营销的含义

搜索引擎营销

1. 搜索引擎营销认知

搜索引擎营销（Search Engine Marketing，SEM）就是根据用户使用搜索引擎的方式，利用用户检索信息的机会，尽可能将营销信息传递给目标用户。简单来说，搜索引擎营销就是基于搜索引擎平台的网络营销，利用人们对搜索引擎的依赖和使用习惯，在人们检索信息的时候将信息传递给目标用户，如图 5-7 所示。

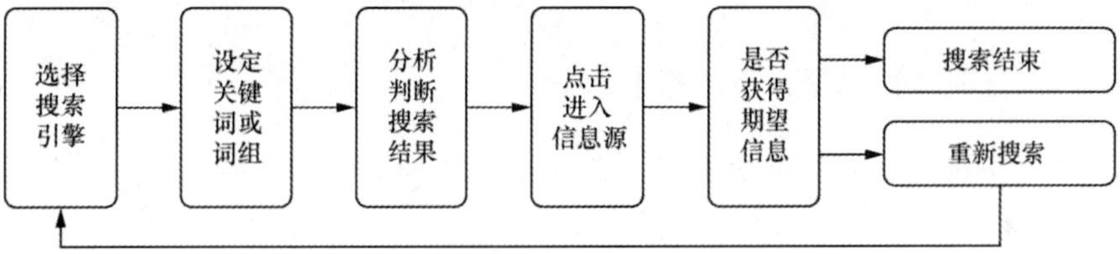

图 5-7　用户搜索行为

【练一练】当输入搜索词“福特福克斯”时，可以设定哪些推广词?添加哪些关键词?

____

____

____

2. 搜索引擎营销的层次

搜索引擎营销的层次可以分为四层，即存在层、表现层、关注层、转化层，如图 5-8 所示。

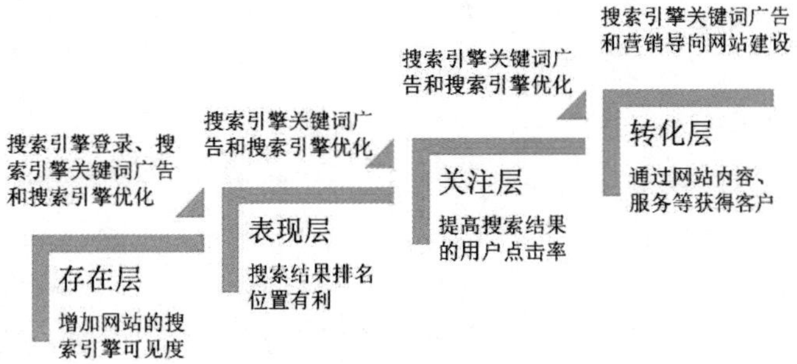

图 5-8　搜索引擎营销的层次

3. 搜索引擎营销的原理

用户检索所使用的关键词反映出用户对该问题（产品）的关注，这种关注是搜索引擎营销之所以被应用于网络营销的根本原因。

根据搜索引擎营销的基本原理，搜索引擎营销之所以能够实现，需要有五个基本要素：信息源（网页）、搜索引擎信息索引数据库、用户的检索行为和检索结果、用户对检索结果的分析判断、对选中检索结果的点击。对这些要素以及搜索引擎营销信息传递过程的研究和有效实现就构成了搜索引擎营销的基本任务和内容。

搜索引擎营销的过程主要包括的阶段如图 5-9 所示。

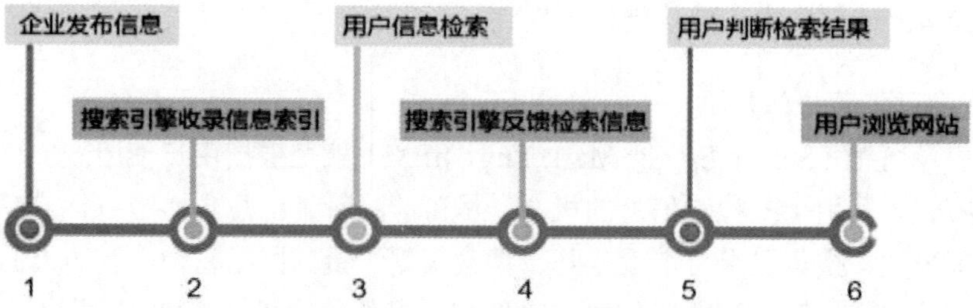

图 5-9 搜索引擎营销的过程

知识点 5：掌握搜索引擎营销的基本方法

目前搜索引擎营销常见形式有登录分类目录、搜索引擎优化和关键词广告。

1. 登录分类目录

按照搜索引擎的提示填写完成即可。搜索引擎登录有免费登录和预付费登录之分。

【练一练】请列举知名的分类目录。

____

____

____

2. 搜索引擎优化

在了解搜索引擎自然排名机制的基础上，对网站进行内外部的调整与优化，让用户觉得很有吸引力。搜索引擎优化包括网站结构、网站内容优化、关键词优化、标题优化、商品详情页优化、图片优化、搜索引擎登录。

【练一练】请到人力资源网站搜寻搜索引擎优化岗位要求并查看。

____

____

____

3. 关键词广告

广告主根据自己产品或服务的内容与特点确定关键词，撰写广告内容并自主定价投放的广告。关键词广告包括关键词优化、创意优化、人群定向、地域时段选择、信息流、品牌广告、竞价推广、外部链接优化、内部链接优化。

【练一练】 请到人力资源网站搜寻竞价专员岗位要求并查看。

任务拓展

案例：A2 奶粉借助百度助力品牌

近年来，“A2”是奶粉行业一大热词，作为 A2 蛋白质行业的领导者，A2 奶粉在后疫情时代持续发声抢占节点流量，观星盘赋能品牌投放投前—投中—投后全链路，助力品牌投放优化，精准触达母婴人群，实现品牌奶粉新品推广及导流，带来新用户关注。

1. 营销背景

奶粉行业进入存量竞争时代，目前已有多个品牌入局 A2 蛋白领域，市场同质化不断加剧，而作为 A2 蛋白质的先行者及领导品牌，A2 奶粉在后疫情时代的持续发声显得尤为重要。目标用户品牌意识强，品牌抢占节点声量并实现引流，传递“自在成长”品牌理念，塑造品牌认知及口碑。

2. 营销目标

通过持续性品牌活动发声，精准触达母婴目标用户，助力品牌奶粉新品推广，并有效实现导流，带来新用户关注。

3. 营销方案

A2 奶粉通过持续性品牌主题活动发声抢占行业声量，在各大品牌活动期、电商节点、新品推广季运营各节点活动流量，形成数据资产沉淀。

针对 A2 儿童配方奶粉新品推广，采用观星盘和 AI 智投结合定向方式，通过新人群定向及新品牌形象升级助力沟通。

投放前精准洞察目标用户人群画像，针对品牌、高潜、拓展三类人群分别进行集中精准定向母婴人群。人群定向策略如图 5-10 所示。

沟通对象	品牌人群	高潜人群	拓展人群
沟通目标	核心人群 集中召回	高潜人群 拦截转化	关联人群 激发需求
定向策略	关键词定向：搜索过品牌词、产品词人群 重定向：历史品牌广告展现及点击人群 点击建模人群 行业品牌数据资产IA人群	关键词定向：搜索过相关竞品词、产品通用词人群 兴趣定向：母婴育儿 LBS定向：近期妇幼保健医院到访人群 主题人群：母婴奶粉主题人群包	App：安装宝宝树、宝宝知道等母婴育儿App安装人群 人生阶段：育儿阶段（家有0～1岁小孩、家有1～3岁小孩、家有3～6岁小孩，家有小学生）

图 5-10　人群定向策略

投放中实时监控投放数据，持续新增人群包进行人群激活优化，以保持人群鲜活度及精准度，有效提升点击通过率（Click-Through-Rate，CTR）。

观星盘赋能人群精细化运维，采用AB两套物料及多人群包测试投放，品牌数据资产实行人群再运营，带来CTR显著提升。

4. 营销效果

本次活动品牌声量及获客量皆有一定提升，品牌用户大幅提升 285%，且获得大量高质新用户。

观星盘数据资产赋能品牌提升营销效率，实现品牌认知用户提升 279%，点击品牌广告、搜索品牌相关内容、参与品牌内容互动量等品牌意图偏好提升 368%，带来官网访客量增长超百万，其中新客 UV（Unique Visitor，独立访客）占比 83%，有效促进效果转化。

（资料来源：https://yingxiao.baidu.com/case/detail?from=yingxiaoSearch&id=4594）

问题：

（1）案例中A2奶粉使用了哪种推广方法让A2奶粉的品牌知名度和获客量得到提升？

（2）案例中如何向定向人群投放？不同人群投放策略有差异吗？

任务巩固

实训 搜索引擎营销初体验

【实训目的】

了解搜索引擎营销对网络营销信息传递的作用，通过对部分选定网站搜索引擎进行用户友好分析，深入研究营销导向网站对搜索引擎营销的影响，对于发现的问题，提出相应的改进建议。

【实训内容】

（1）结合搜索引擎营销理论要点，整理出竞价排名等相关知识。

（2）本次实训有 1 项任务，请完成实训任务，将实训成果整理到相关表格中（表格可以另外附页）或以思维导图形式呈现。

（3）实训过程中采用线上线下混合式学习方式，学生以小组为单位协同合作，通过头脑风暴集思广益，共同完成实训任务。

【实训资料】

中国茶品类多，就绿茶来说就有几百种。各地均有知名春茶，如：浙江省有龙井茶（西湖龙井、钱塘龙井、越州龙井）、安吉白茶等；安徽省有黄山毛峰、太平猴魁、六安瓜片等；江苏省有洞庭山碧螺春；河南省有信阳毛尖；贵州省有都匀毛尖、湄潭翠芽等；四川省有天府龙芽、蒙顶甘露、竹叶青等；江西省有庐山云雾、遂川狗牯脑、婺源绿茶等；湖北省有恩施玉露等；山东省有日照绿茶、崂山绿茶等。

咸宁自古产茶，茶文化根基深厚，历史悠久。作为昔日辉煌的茶马古道源头之一，古镇羊楼洞坐落在距赤壁市区西南 26 公里的松峰山中，为湘、鄂、赣三省交界之要冲，素有“砖茶之乡”美称。

现在想了解咸宁青砖茶的相关信息，请打开浏览器，输入百度网址（www.baidu.com），搜索相关关键词青砖茶、普洱茶、信阳毛尖、六安瓜片及碧螺春，区分搜索引擎自然搜索结果和竞价排名的结果。

【实训任务】

搜索关键词普洱茶、青砖茶、信阳毛尖、六安瓜片以及碧螺春搜索结果，区分哪些是竞价排名结果，数出其个数，并填写表 5-2。

表 5-2　关键词搜索引擎结果

关键词	搜索结果	个数
普洱茶		
青砖茶		
信阳毛尖		
六安瓜片		
碧螺春		

任务一学习效果评价

评价方式	评价内容				
	评价项目	评价等级			
		A	B	C	D
自评	对本任务知识感兴趣的程度	浓厚	较浓厚	一般	弱
	独立思考的能力	强	较强	一般	弱
	体验到学习成功的愉悦感	强	较强	一般	弱
	理解别人的思路，与同伴交流的意识	强	较强	一般	弱
	在知识、方法等方面获得收获的程度	高	较高	一般	低
同行互评	本节课堂发言的次数	多	较多	一般	少
	课堂练习完成的质量	高	较高	一般	低
	自主探究意识和团队协作能力	高	较高	一般	低

任务二 搜索引擎营销优化

工作任务

公司经理要求公司网站在自然搜索中有较好的表现，可是目前公司网站在搜索结果中的位置不是很理想。

如何做才能让网站在自然搜索排名中取得较好的排名呢？请学习搜索引擎优化相关知识，帮助企业在搜索引擎自然搜索结果中有较好的表现。

任务实施

为了更好地学习搜索引擎优化相关内容，并完成本小节的工作任务，需要从以下几个知识要点开展学习。

知识点 1：了解搜索引擎优化的含义

【练一练】我国传统乐器有几种？列举出最普遍的公认的三种。

你的常见思维过程是______________________________

为了得到结果，你会翻几页？________________________

搜索引擎优化（Search Engine Optimization，SEO）是指通过采用易于搜索引擎索引的合理手段，使网站各项基本要素适合搜索引擎检索原则并且对用户更友好，从而更容易被搜索引擎收录及优先排序，如图 5-11 所示。

图 5-11 搜索结果页面示意图

搜索结果是有排名的，越靠前越容易被人注意到。

SEO 的主要工作是通过了解各类搜索引擎如何抓取互联网页面、如何进行索引以及如何确定其对某一特定关键词的搜索结果排名等技术，来对网页进行相关的优化，使其提高搜索引擎排名，从而提高网站访问量，最终提升网站的销售能力或宣传能力的技术。

【案例】成都某健身会所公司的网站在进行 SEO 前，在百度等搜索引擎中的收录量很低，在搜索相应关键词时，除了公司的名称外，其他关键词的排名都非常靠后，搜索引擎为网站带来的流量几乎为 0。为了解决这个问题，公司对网站的关键词、结构、网页、链接、内容等进行了优化，使网站排名取得了不错的成绩。如当用户搜索“成都健身”关键词时，在搜索结果的第一页就能看到该健身会所的网站，这样用户就有可能浏览该网站，从而了解这家健身会所并进行咨询和交易。

【练一练】为什么要做 SEO？学习 SEO 要掌握哪些知识？

知识点 2：了解搜索引擎关键词优化

搜索引擎关键词

关键词排名是 SEO 效果的重要指标，关键词排名靠前，说明 SEO 效果好，反之则欠佳。关键词布局在 SEO 中起着决定性作用，如果关键词选择错误或布局有问题，则会造成网站排名靠后、网站流量降低，所以学习关键词是做 SEO 的关键。

1. 认识关键词

关键词是指用户在使用搜索引擎时输入表达个人需求的词汇，它往往是最能直接反映出用户意图的。如果商家设定好关键词，可以快速出现在精准用户的搜索结果中。

在 SEO 领域，关键词是给网站设定的方便用户通过搜索引擎搜索到本网站的词汇。关键词可以是一个词语、一个短语或一句话，搜索引擎会自动将较长的关键词分割为多个关键词。

2. 关键词的类型

（1）核心词。核心词即商品词、类目词，指与商品有紧密关联的、能准确表达商品的关键词，一般核心词字数少，多为行业内的短词、热词，搜索量大，但数量少，竞争激烈。例如：连衣裙、睡衣。核心关键词关系到整个网站的基本定位，一般出现在网站首页标题标签中。

【练一练】请列举几种核心词。

（2）品牌词。品牌词指品牌名称，即商品的品牌名称，例如：华为、海尔。网点在使用品牌词时，要避免不当使用他人品牌词，否则可能会构成侵权。

【练一练】请列举几种品牌词。

（3）营销词。营销词指具有营销性质的关键词，包括优惠信息、突出商品卖点、展现品牌信誉等，通常作为核心词和属性词的补充。例如：2022 新款、包邮、正品。

【练一练】请列举几种营销词。

____

____

____

（4）属性词。属性词有参数、特征，指描述商品参数、特征的关键词，包括商品的尺寸、材质、颜色、型号、风格等。例如：中长款、丝绸。

【练一练】请列举几种属性词。

____

____

____

（5）长尾词。长尾词指商品的非中心关键词，但与中心关键词相关，可以带来搜索流量的组合型关键词。一般由 2 个或 2 个以上的词组成，通常可以由核心词、属性词、营销词搭配组成。例如：粉色蕾丝小清新，荷叶长裙大码轻薄。

【练一练】请列举几种长尾词。

____

____

____

3. 关键词优化

（1）关键词策略。确保关键词有人搜索，考虑通用与搜索次数；降低关键词优化难度，不扎堆；寻找有效流量，服务于转化；搜索多样性，打破常规；发现新机会，借助工具、换位思考。

（2）关键词的选择。SEO 人员应该站在用户的角度去思考，借助于网站数据调查，熟悉用户的搜索习惯，最终确定关键词。

有些关键词的含义相同或相似，但具有不同的搜索量和竞争度，SEO 人员应尽量选择搜索量较大、竞争度较小的关键词。这时，就可以通过关键词挖掘、扩展工具，查询关键词搜索量和竞争度数据，从中筛选出搜索量较大、竞争度较小的关键词。

（3）确定核心关键词的方法——自我分析。进行自我分析，在共同讨论的过程中思考会遇到的问题。最终列出至少 20 个的关键词作为核心关键词的备选。

（4）参考竞争对手。确定网站的核心关键词，在搜索引擎中查询竞争对手的网站，通过查看网站首页源文件的方式来进行分析。快速了解竞争对手网站的核心关键词，为网站核心关键词的确定提供参考依据。

（5）利用搜索引擎挑选关键词。利用百度等搜索引擎的“相关搜索”栏目和搜索引擎搜索框的下拉列表来挑选关键词

（6）使用关键词工具——百度指数。在百度指数的“相关性分类”栏目中可以查看

与当前关键词相关的关键词。其中“来源相关词”指用户在百度中搜索当前关键词之前搜索的关键词，“去向相关词”指用户在百度中搜索当前关键词之后搜索的关键词，如图 5-12 所示。

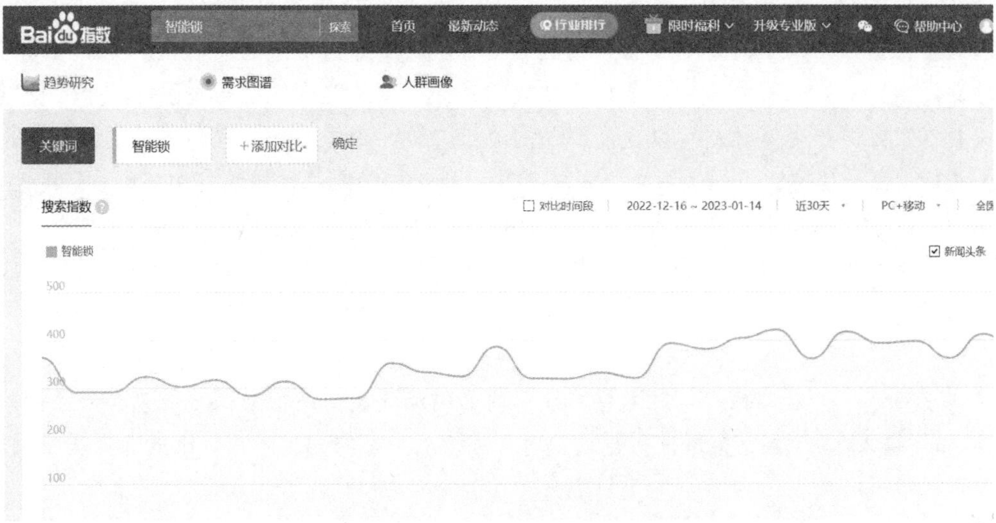

图 5-12 百度指数关键词需求图谱

（7）利用站长工具的“关键词挖掘”工具进行扩展。站长工具是站长之家网站旗下面向网站站长的网站优化工具。其中“关键词挖掘”工具可以用来进行关键词拓展，如图 5-13 所示。

图 5-13 关键词挖掘工具

【练一练】还有哪些常用的关键词工具？

____

____

____

【练一练】在淘宝网店经营活动中，企业往往都会通过站内付费推广工具（如直通车、钻展、淘宝客，免费推广工具微淘、网店活动等渠道）进行营销，如何更好地使用这些工具、渠道提升网店流量和人气，为网店带动更多的成交，便要从推广数据分析开始。

某电商企业主营零食夹心面包为主。目前已知店铺2021年9月份的直通车推广数据，部门经理安排小王对本月直通车推广情况进行分析，支撑销售策略的优化。卖家在撰写商品标题之前，需要了解商品标题是如何构成的，标题是关键词的组合，而每一个关键词都是流量入口，做一个好标题可以提高产品的流量，做标题的前提是找到关键词，否则是无从下手的。在平台搜索不同类目的商品关键词，可以发现商品标题均是由核心词、属性词、长尾词和促销词构成的。请写出核心词、属性词、长尾词和促销词。

结合给定的企业背景，通过系统推荐、搜索下拉框等渠道，搜索商品关键词，完成下列问题。

1. 核心词确认

卖家要选一个好的核心词，这样才能将商品的流量集中。核心词一般包含产品词、类目词、品牌词和二级词。卖家在撰写标题时，应该从买家的角度考虑，比如选择类目词时，卖家可以参考各电商平台首页的类目划分。

____

____

____

2. 属性词确认

属性词是与商品属性相对应的词语，能够说明商品的尺寸、色彩、质地等相关的商品信息，让用户在搜索商品时，尽可能准确定位到商品的关键词。卖家在确定属性词时，一方面可以参考商品本身的信息，另一方面可以参考发布商品时官方需要填写的商品属性信息。

____

____

____

3. 长尾词确认

长尾关键词指非目标关键词但也可以带来用户搜索流量的关键词，这类词精准度比较高。长尾关键词需要根据竞争对手和客户群体分析，分析这个产品的用户群搜索习惯，如：会搜什么样的词、会怎么搜等。长尾关键词一般可以通过搜索下拉框、相关搜索、关键词推荐、参考同行头部商品、直通车系统推荐词、生意参谋、直通车词表等。

____

____

____

4. 促销词确认

促销词是指与网店活动相关，能够吸引刺激用户产生购买的词，如包邮、特价、火爆热卖、限时打折等。

知识点 3：掌握搜索引擎网站结构优化

搜索引擎通过专有的蜘蛛程序来查找出每一个网页上的HTML代码，当网页上有链接时就逐个搜索，直到没有指向任何页面的链接。蜘蛛程序访问完所有的页面，需要花费很长的时间，所以网站的导航需要便于蜘蛛程序进行索引收录。可根据自己的网站结构，制作网站地图 sitemap.html，在网页地图中列出网站所有子栏目的链接，并将网站中所有的文件放在网站的根目录下。网站地图可增加搜索引擎友好度，可让蜘蛛程序快速访问整个站点上的所有网页和栏目。

1．网站结构扁平化

网站结构有两种形式：树形和扁平化。树形结构也称纵深式结构，这种形式网站的层级较多，需要点击多次才可以到达最终页面；扁平化网站的层级较少，用户和搜索引擎只需进行少量的点击就能找到大部分内容。

扁平化的网站结构对 SEO 有很大好处，不仅使它更容易爬行，而且由于减少了用户到达目标页面的层级，降低了用户放弃率。

扁平化网站结构更适用于简单的小型网站，如图 5-14 所示。

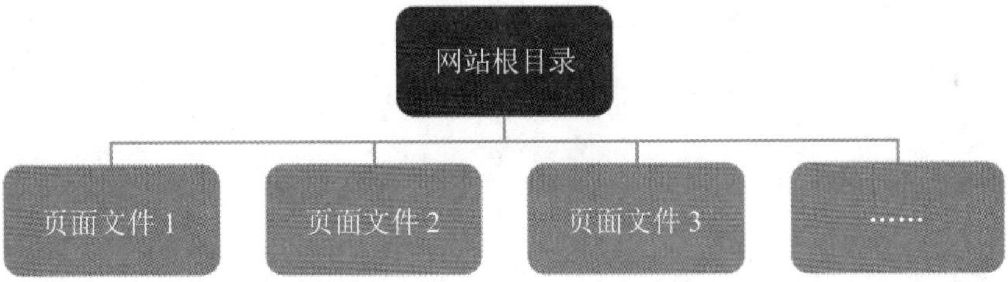

图 5-14　小型网站结构

树形结构不仅耗费了用户找到所需内容的时间，也使搜索引擎蜘蛛花费更多时间。树形网站结构指将网站中的网页文件按照类别和从属关系保存到不同文件夹和子文件夹中的结构。树形网站结构类别层次清晰、识别度高，可以很方便地进行管理和维护。图 5-15 所示为树形网站结构，这种结构适合内容类别多、容量大的综合性网站。

树形结构通常分为以下三个层次：首页、频道、文章页。像一棵大树一样，首先有一个树干（首页），然后是树枝（频道），最后是树叶（文章页）。树形结构的扩展性更强，网站内容变多时，可以通过细分树枝（频道）来轻松应对。理想的网站结构应该是更扁平一些，从首页到内容页的层次尽量少，这样搜索引擎处理起来，会更简单。

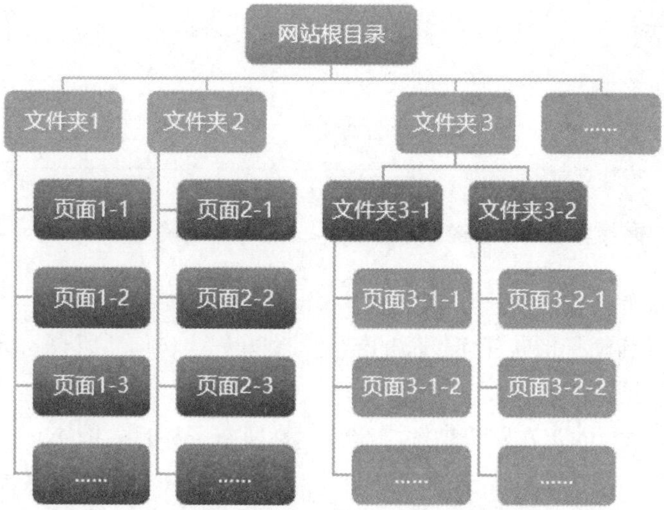

图 5-15 大型网站树形结构

【练一练】选择一个网站，考察网站规划、网站栏目结构和网站导航是否合理？通过任何一个页面是否很方便地返回上级页面或者首页？

____

____

____

网站导航是网站建设的重要组成部分，在网站建设中经常被提及。网站导航在 SEO 优化中的作用是让用户和蜘蛛更快、更准确地浏览网站内容。只有当这些网站导航存在于网站中时，用户和蜘蛛才能更清楚地了解网站的内容、他们在网站中的位置、他们需要什么以及他们拥有什么样的网站导航。网站导航包括主导航、底部导航、面包屑导航和多级导航等。

【练一练】网站导航有什么作用？

____

____

____

2. 主导航

这是网站十分重要的导航栏，是网站的重要组成部分，是整个网站内容分类的一大部分，用户越关心，内容越高级。

3. 底部导航

底部导航是为 SEO 人员的布局提供空间，但必须注意底部导航的数量，底部导航不能占页面的太多比例。否则，可能会出现页面未包含的情况。网站建成后，大量的链接将添加到网站索引的底部导航。

底部导航一般放在网站的页脚位置。重要、需重复提示的内容放在这里，可示意搜索引擎重点内容，也利于用户快速返回相应页面。一般设置网站地图、聚合内容（Really Simple

Syndication，RSS）等，网站地图里面放置的是整个网站的所有导航链接，方便用户查找和搜索引擎的抓取，如图 5-16 所示。

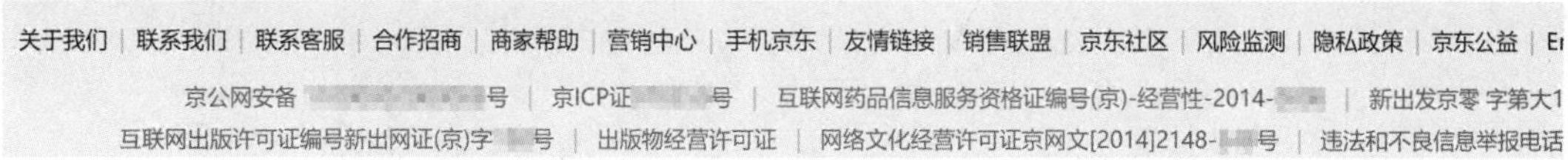

图 5-16　底部导航

4. 面包屑导航

面包屑导航就像一张地图，让用户和蜘蛛知道他们在网站上浏览的页面的位置。网页的级别越高，获得的内联支持就越多。最低级别的网页获得最少的结构内联支持。

面包屑导航，一般坐落网站内页之后，如分类页、内容页等，都是在内容的上方。形式：首页>一级分类>二级分类>三级分类>……>最终页面内容。在导航栏上，不要堆砌关键词一定要自然分布，这样结合面包屑的导航能让用户体验更好、页面更友好，对搜索引擎也更友好，如图 5-17 所示。

图 5-17　面包屑导航示意图

5. 多级导航

如果网站内容丰富复杂，一般都会采用树形的多级导航。为了方便用户浏览、蜘蛛抓取和权重提升，也会在网站主要栏目首页或者全站进行多级导航的推荐。有的网站会独立于主导航单独设置多级导航，有的网站会在主导航的基础上进行扩展。一般建议不要在同一个页面采用同一种方式的三级导航，不过可以采用不同的特效展示三级导航，如图 5-18 所示。

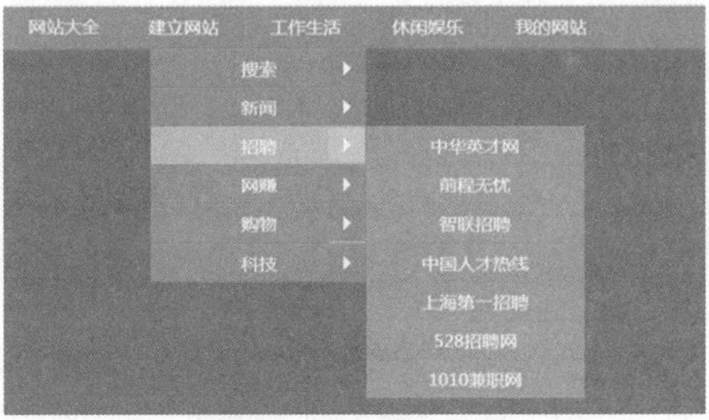

图 5-18　多级导航示意图

6. 网站地图导航

网站地图包含网站的所有页面。在网站的布局中，其他页面从网站的导航地图导出链接。导航图就像我们大脑的神经元，它控制着所有的神经。我们只能手动添加网站的导航地图。

网站地图是辅助导航的手段，最初是为用户设计，以方便用户快捷到达目标页。网站地图又称站点地图，是根据网站的结构、框架、内容生成的网站导航文件，是网站中所有链接的容器。它就是一个页面，上面放置了网站上需要搜索引擎抓取的所有页面的链接。

尤其对于那些采用图片导航和动态技术生成的网页，通过在网站地图中进行文本链接，可在一定程度上弥补蜘蛛程序无法识别图片和动态网页造成的页面不可见的风险。

大多数人在网站上找不到自己所需要的信息时，可能会将网站地图作为一种补救措施。搜索引擎蜘蛛非常喜欢网站地图，因为它有清晰的结构和明晰的导航，这能帮助用户快速从网站中找到自己需要的内容，也可以帮助搜索引擎快速理解网站中每一个网页所处的结构层次。

很多网站的链接层次比较深，网络蜘蛛很难全部抓取，而网站地图可以引导网络蜘蛛抓取网站中难以抓取的网页。

【练一练】网站地图有什么作用？怎么生成网站地图？

____

____

____

知识点 4：掌握搜索引擎页面优化

网页文件是使用超文本标记语言（Hyper Text Markup Language，HTML）编写的，后缀名为.html 的 HTML 文件。网页中可以添加文本、图片、超链接、音乐、视频等内容。HTML 的版本有很多，目前的最新版本是 HTML5。

【练一练】HTML 的特点是什么？

____

____

____

1．页面标题优化

页面标题是包含在标题（title）标签中的文字，是页面优化最重要的因素，用户访问时，页面标题文字显示在浏览器窗口最上方，在搜索结果页面上，页面标题是结果列表中第一行文字，是用户浏览搜索结果时最先看到的、最醒目的内容。标题标签如图 5-19 所示。

```
<title>视达网 原创电商视频教程在线学习网站</title>
<meta name="keywords" content="视达网, 电商运营, 海报设计, 平面设计, 字体设计, 产品精修"/>
<meta name="description" content="视达网是原创电商领域短视频教程学习平台，知识涵盖软件入门、工具介绍、美工理论、推广运营、平面设计、金牌客服六大主流体系教程，以及电商知识服务等。">
```

图 5-19　标题标签

页面标题优化要求：

（1）独特不重复。在同一个网站内，尽管主题相同，但不同页面具体内容不会相同，因此页面标题也不能重复，每个页面都需要有自己独特的标题标签。

（2）准确相关。准确描述页面内容，就必然会在标题中包含目标关键词。唯一要注意的是，不要在标题中加上搜索次数高，但与本页面无关的关键词。

（3）字数限制。英文标题在 40～60 个字母之内，中文标题一般不要超过 30 个中文字。如果超出了搜索引擎限制的字数，标题的后半部分是不会被读取的。

（4）简练通顺。标题干净利索，如百度百科在百度本身及 Google 排名都非常好，简练通顺的标题就是重要的原因之一。

2．描述标签

【练一练】描述标签对搜索引擎排名有什么作用？

____

____

____

描述又称为 discription，体现在网页的源文件中。具体查看的方式是：在网页的空白处单击右键，在弹出的级联菜单中单击“查看源文件”选项，在标题（title）下面那行标记为 discription 的文字就是描述。描述标签虽然不出现在网页中，但在搜索结果中出现，这个会直接影响用户是否点击网站，所以要从用户的角度来考虑优化问题。

【案例】描述标签。

<meta name="description" content="重庆××摄影工作室提供专业外景婚纱摄影，个性婚纱照，大型室内婚纱摄影棚，重庆 3D 室内摄影照基地，海外摄影和新派个人写真等高端私属定制摄影服务" />

描述中有关键词，并与正文内容相关；描述标签不要超过 70 个汉字，搜索结果列表说明文字部分通常会显示 77 个中文字符，谷歌英文结果显示 156 个英文字符。描述最好是一段通顺的句子。

3. 关键词标签

关键词（keywords）标签原意是用来指明网页内容的主题关键词，在网页的源代码中可以看到。

对于企业来说，用户每一个人身上的标签都是有价值的，他们需要通过我们的标签，去完成有效的分析与挖掘，然后读懂用户，归结用户的“关键词”，如图 5-20 所示。

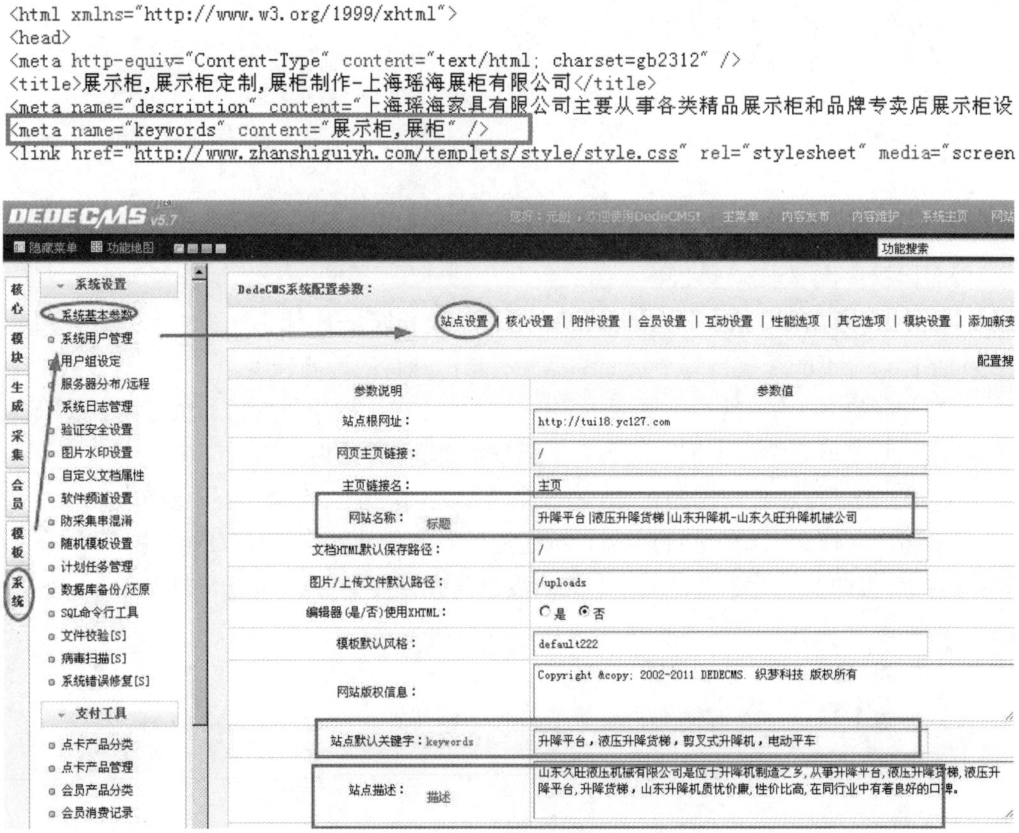

图 5-20　关键词标签

4. H 标签

【练一练】H 标签对搜索引擎有什么意义？

____

____

____

H 标签是在 HTML 中用以标识文章内容的标签。一般来讲 H 标签分成 H1～H6 标签，从 SEO 的视角，H1 定义最大的标题，H6 定义最小的标题。百度搜索引擎常见的 H 标签有 H1、H2、H3 标签。H 标签主要用来告诉搜索引擎这是一段文字的标题。由于<h3>～<h5>标签的权重很小，所以一般很少使用。<h6>标签则可以应用在友情链接或一些不需要搜索引擎关注的地方，以降低其对页面目标关键词的影响。

在产品详情页或内容页的产品名称或文章的一级标题中也可添加<h1>标签。如图 5-21 所示为某产品的产品详情页源代码，从中可以看出，产品名称添加了<h1>标签。

图 5-21　H 标签

5. 精简代码

搜索引擎的蜘蛛到网站之后，读取 HTML 文件时需要对网页进行去噪声处理，把没用的、多余的代码进行精简，提高网页的信噪比。可以将设置网页样式的 CSS 代码、设置动效的 JavaScript 代码都从页面中抽取出来并放到单独的文件中，然后再引入页面中；还可以删除或减少注释代码，减少表格嵌套等。

使用<div>标签进行布局，不仅可以让搜索引擎蜘蛛更顺利、更快、更友好地爬完网页，还可以使代码更简洁、流畅，大量缩减网页文件的大小，提高用户浏览网页的速度。

6. alt 属性

alt 属性是一个用于网页语言 HTML、XHTML 和为输出纯文字的参数属性，作用是当图片内容不能被搜索引擎抓取时，在网页制作过程给图片属性 alt 加入关键词，以利于搜索引擎抓取，如图 5-22 所示。

图 5-22　企业网站首页

在图 5-22 中左侧顶部“山东××××机械有限公司”为公司 Logo 图片，未加 alt 属性。

添加 alt 文字的正确写法为：<imgsrc="/templets/default/imgbsb/logo.gif" width="572" height="105" alt=" 升降机平台公司 Logo"/>。

7. 链接和锚文字

内部链接对爬行和收录有非常重要的意义。内部链接对页面关键词相关性也有影响，更主要的就是在内部链接中使用锚文字。

锚文字，简单而言就是网页上超链接的文字部分，是告诉搜索引擎被链接页面主题内容的更重要依据之一，是影响网页搜索引擎排名的一项重要因素。例如百度百科中的“内链”即是一种锚文字。

【练一练】在站长之家网站上查询上述页面优化内容，诊断你所在学校官方网站存在的问题，并提出相应的解决办法。

知识点 5：掌握搜索引擎内容优化

页面内容质量

搜索引擎的服务对象是用户，为用户尽可能地提供有价值的内容，才是搜索引擎的最终目的。

因此，为了使自己的网站从众多网站中脱颖而出，同时在搜索引擎中获得较高的排名，就需要网站提供有价值的、差异化的内容。这也是网站生存、发展的基本要求。

【练一练】网站内容如何撰写？网站内容正文撰写需要遵循什么要求？

1. 注意文章的长度

考虑用户体验，文章应长短适当，在 400～800 字之间。文章字数最短应在 200 字左右，太短的话搜索引擎不易判断主题。正文太短，有可能比导航系统、菜单、版权声明等加起来的字数还少，可能被怀疑是复制内容或是个垃圾网站，导致惩罚。

2. 注意更新频率

持续的页面更新，使搜索引擎爬虫每次来到网站都有新的网页可以捉取，如果爬虫多次捉取不到新内容，那就会减少到这个网站的次数，从而影响到排名。所以要提高网站页面的更新频率。

3. 注意关键词密度

关键词密度是指在一个网页中关键词占总文字的比率，正常范围在 2%～8%。过多关键词会破坏句子和段落的可读性，影响读者阅读，引起搜索引擎的反感。

4. 优质的内容

（1）首页：导航链接和推荐内容是否清晰、有效。

（2）文章页：能否提供清晰完整的内容，图文并茂更佳。

（3）商品页：是否提供了完整真实的商品信息和有效的购买入口。

（4）问答页：是否提供了有参考价值的答案。

（5）下载页：是否提供了下载入口，是否有权限限制，资源是否有效。

（6）文档页：是否可供用户阅读，是否有权限限制。

（7）搜索结果页：搜索出来的结果是否与标题相关。

【案例】优质的内容应具备的特质。

1. 出身专业——发布来源可信赖

（1）聚焦擅长的领域。

当内容生产者在输出内容时，涉及的领域不应该过杂，不应浪费精力去生产、堆砌不熟悉的内容，同时百度搜索引擎也不倾向内容类型杂乱的来源，最后可能会得不偿失。如果是平台型站点，不同类型的内容在站点结构设计时要有所区隔，用户浏览页面时能够遵循一定的规律找到目标内容。

（2）身份背景真实、权威，让用户可感知到。

当个人或者机构生产内容时，可以通过补充自身在相关领域的专业证明，提高自身的权威性，获得用户的信任。比如：发布医疗科普信息的内容生产者通过提交自己的医生从业执照、就业的医院和科室等来获取专业认证；发布母婴故事分享的妈妈，持续发布母婴内容，也能提高自己的内容口碑和专业性。

（3）行业内知名、有声望。

站点、个人或者机构账号可以通过在专业行业内持续输出优质内容、做出贡献，逐渐提升自己在业内影响力和知名度。

2. 文采出众——核心的信息有内涵，信息传达感受好

信息传达是内容质量的核心部分。普通网页内容的类型众多，有文章、视频这种以内容为主的，也有下载、查询工具这样偏操作类型的，还有首页、个人主页、列表页等。在向用户传递信息时，是否能做到以下要求，对这些页面类型来说指导意义是互通的。

（1）表述清晰阅读顺畅，文笔用词用句舒适。

可以从内容特点出发，提升用户吸收内容后的收获感。比如，内容深刻引人思考、文笔轻松令人愉快、文笔严谨、内容令人信服等。

（2）专业严谨深度全面，理解透彻，实操性强。

行文严谨考究，能体现这个行业的专业性，比如：运用专业的术语、话术和思考方式，能够努力挖掘深层次的原因、逻辑，多角度、多覆盖地全面分析和阐述观点。对于需要指导用户操作的内容，应条理清晰、内容实用。如果单纯通过文字等无法表达清楚的，可以借助更丰富的形式传达。

（3）制作精美，视觉效果佳，浏览体验愉悦连贯。

制作精美，可提高用户的视觉、浏览体验。如：字体、段落、版式、标题、图片、视频等，要求做到丰富美观、层次分明、贴合主题、升华主题，帮助用户更好地理解内容以及阅读体验连贯舒畅。两个较为相似的内容，因为排版布局的不同，可能会产生不一样的效果。

3. 体验舒适——排版/交互/功能使用流畅

（1）排版布局合理，考虑用户体验。

（2）减少不必要的阅读权限设置。

（3）一篇内容能一页完成阅读的，需减少下一页的跳转。

（4）不要遮挡主体内容，计算机端和移动端做好适配。

知识点 6：掌握搜索引擎外链优化

1. 外部链接定义

外部链接简称为外链，是指从别的网站导入到自己网站的链接。用户可以通过外链获取丰富的网站内容，搜索引擎蜘蛛也可以沿着外链进入企业网站，来实现网站的信息抓取。

【案例】在网页 A 中有一个指向网页 B 的链接（A→B），那么这个链接对于网页 B 来说是导入链接，对于网页 A 来说就是导出链接。

对搜索引擎尤其是百度、Google 来说，决定一个网站自然排名的关键是外部有多少高质量的链接指向这个网站，这就是外部链接或者反向链接，也称为导入链接。简而言之，外链主要从数量和质量两方面来影响排名。

【练一练】外链对 SEO 有什么影响？

____

____

____

2. 外链优化

（1）通过比较网站的重合率和网站权重，找出重合度和权重都较高的网站作为建设外部链接的网站，如图 5-23 所示。

图 5-23　爱站网反链查询

外链引导蜘蛛爬取，高权重外链提升站点权重，使用爱站网中的“反链查询”工具，可以分别查询指向指定网站的网站首页或内页外部链接的数量，以及每个外部链接的标题、网址、BR 值（百度权重）、反链数以及链接名称等信息，并且还可以统计指向首页的外部链接锚文本数量，如图 5-24 所示。

（2）增加友情链接。友情链接也称为交换链接、互惠链接、互换链接、联盟链接等，是一种具有资源互补优势的网站之间的简单合作形式，即分别在自己的网站中放置对方网站的链接，使得用户可以从合作网站中发现自己的网站，达到互相推广的目的。友情链接通常显示在一个网页的底部，展现形式主要是对方网站的 Logo 图片链接或网站名称锚文本链接。

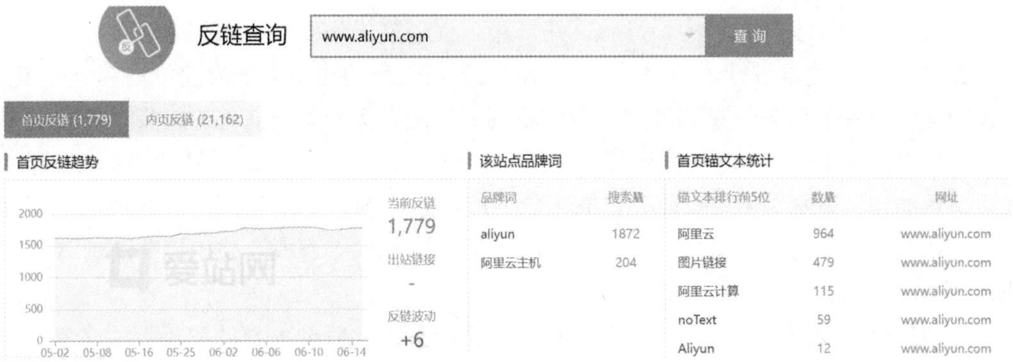

图 5-24 反链查询

（3）链接注意事项。

1）相关性要强。

2）快照更新速度要快。

3）网站权重要高。

4）友情链接数量要少。

5）不要做交叉友情链接。

【练一练】怎么获取友情链接?

任务拓展

百度算法详解

案例：搜索引擎之百度算法

网站想要获得高排名，就要遵循搜索引擎的基本算法，避免产生作弊行为。提到 SEO 不得不提搜索引擎的基本算法，所有的 SEO 工作都是以算法为基础进行的，只有遵循搜索引擎的规则，SEO 才能畅通无阻。百度搜索引擎是国内使用次数最多的中文网络平台，据了解，百度平台每天处理超过一亿人次的搜索请求，国内的 SEO 工作大多是在百度上进行，下面以百度算法为例，介绍搜索引擎算法的基本规则。

2022 年 1 月，全国首例人工刷量平台干扰搜索引擎算法不正当竞争纠纷案在北京海淀法院开庭，百度公司取得胜诉。该案在全国范围内首次以司法判决的形式确立了“人工或机器刷量违法”。

2022 年 3 月，百度搜索取得了全国首个搜索引擎打击霸屏类黑灰产案件的胜诉，恶意霸屏行为违法自此确立。截至目前，百度搜索在全国各地起诉各类黑灰产案件二十余件，持续维护健康的搜索生态秩序。

面对当下日益复杂的搜索生态安全问题，百度搜索不断通过核心技术优化与升级算法，持续限制违规站点的搜索展现，维护优质站点的权益，保障搜索公平公正。百度搜索将继续与广大开发者共同努力，净化网络环境，促进搜索生态良性发展。

2021 年百度搜索进行了策略升级，不仅从数据收录的源头对低质违规内容进行识别，并且加强了对各类违规信息和违规平台的识别和处理，例如黑产账号、违规任务发布平台等。2021 年共处理了 2000 亿个违规作弊站点，55 万亿个低质网页和有害链接，提升了对优质站点的识别及抓取效率。此外，2021 年百度搜索在例行安全防控中，针对赌博、色情、违禁品和其他非法行为进行专项管控。通过机器识别和人工巡检，共挖掘并清理有害风险搜索词 205 亿组。

起源算法：起源算法主要就是百度搜索引擎用来识别原创内容的一种算法名称，核心思想是将优质的内容优先排名，起源算法与原创星火计划为高质量原创内容的排名展现提供有力帮助。

惊雷算法：打击刷 IP 点击的行为，操作综合排名。

清风算法：打击标题作弊，堆积关键词，增加页面响应。

烽火算法：主要是强调要定期审查站点是否被劫持的情况。

细雨算法：专门打击网站页面标题作弊行为，比如关键词堆积的情况。

绿萝算法：严厉打击外链交易的情况，严重扰乱搜索市场，比如购买黑链的行为。

石榴算法：打击低质量网站的识别、恶意组合文章、采集具体内容、罗列关键词的页面。

冰桶算法：专门针对页面用户体验度做好严格的审查，尤其是广告弹窗的响应情况。

白杨算法：专门针对移动端优质的网站做好扶持。

天网算法：专门针对恶意的嵌入代码做好深入的分析与严厉打击。

蓝天算法：专门针对新闻源售卖相应目录与软文的情况做好整顿。

闪电算法：专门针对页面加载速度和影响网站搜索排序，特别是移动端落地页。

极光算法：专门针对时间因子的算法做好调整与识别，加强页面优先的先后顺序。

飓风算法：打击恶意的采集网站内容的行为，扶持原创具体内容，给予一定的权重支持。

百度烽火算法 2.0：上线时间为 2019 年 10 月 11 日，主要针对网站安全性差、劫持问题频繁出现，以及主动设置跳转造成劫持效果的站点，并扩大覆盖范围。保障了搜索的公正性以及搜索用户的搜索安全。

百度冰桶算法 5.0：上线时间：2020 年 06 月 24 日，主要针对站点频繁出现强制用户调用 App 的行为，对违规用户将限制其在搜索结果中的展现。保障了搜索用户的搜索体验。

百度惊雷算法 3.0：上线时间：2021 年 01 月 12 日，主要针对通过伪造用户点击作弊来试图提升网站搜索排序的行为。算法加强了对作弊行为的辨识、打击力度、扩大了覆盖范围，对部分违规严重的领域，进行针对性的打击。保障广大开发者的权益，促进移动生态的良性发展。

（资料来源：https://ziyuan.baidu.com/college/articleinfo?id=3167）

问题：

（1）请问原创内容的意义在哪里？

（2）这个案例给我们什么启发？SEO 人员应如何利用算法实施搜索引擎优化？

任务巩固

实训 网站搜索引擎优化

【实训目的】

通过本次实训，使学生掌握网站优化的内容及优化技巧，掌握网站评价的方法。

【实训内容】

（1）结合搜索引擎优化理论要点，整理出相关知识。

（2）本次实训有 4 项任务，请依次完成实训任务，将实训成果整理到相关表格中（表格可以另外附页）或以思维导图形式呈现。

（3）实训过程中采用线上线下的混合式学习方式，学生以小组为单位协同合作，通过头脑风暴集思广益，共同完成实训任务。

【实训资料】

选择一个网站，考察网站规划与网站栏目结构，并诊断以下一些内容：

（1）网站建设的基本情况。

（2）网站内容及网站可信度。

（3）网站功能和服务。

（4）网站优化及运营。

【实训任务】

1. 网站建设的基本情况

（1）网站建设的目标是什么？请将答案填入表 5-3 中。

表 5-3 网站建设目标

建设目标	栏目内容	栏目合理性分数

（2）网站布局是否符合用户的阅读习惯？图片是否适当？有无利用声频、视频手段？请将答案填入表 5-4 中。

表 5-4 网站布局

布局合理性	图片是否适当	是否应用声频、视频	分数

（3）网站导航是否合理？（网站导航分为图片导航、文字导航、JS 导航、Flash 导航等，其中最适宜的应该是文字导航）通过任何一个页面是否可以方便地返回上级页面或者首页？请将答案填入表 5-5 中。

表 5-5 网站导航

导航合理性	是否方便返回	分数

（4）各网站的栏目之间链接是否正确？请将答案填入表 5-6 中。

表 5-6 网站链接

链接错误数量	分数

（5）从网站首页到达任何一个内容页面需要几次？（不超过 3 次为合格，包括利用网站地图）是否可以通过任何一个页面到达站内网其他任何一个网页？请将答案填入表 5-7 中。

表 5-7 网站点击次数

点击次数	网页之间链接情况	分数

（6）网站是否有一个简单清晰的网站地图？请将答案填入表 5-8 中。

表 5-8 网站有无地图

有无网站地图	分数

2. 网站内容及网站可信度

（1）网站为用户提供的下列信息的详细情况，将答案填入表 5-9 中。

表 5-9 网站为用户提供的信息

产品介绍		联系方式		销售信息		服务信息		服务承诺		总分数
存在问题	分数	存在问题	分数	存在问题	分数	存在问题	分数	存在问题	分数	

（2）网站内容是否更新及时？过期信息是否及时清理？将答案填入表 5-10 中。

表 5-10　网站内容更新

更新情况	过期信息清理	总分数

（3）网站首页以及各个内容页面 HTML 代码是否有合理的 META 标签设计，以及设计的合理情况？将答案填入表 5-11 中。

表 5-11　网站页面设计

首页 META 设计分数	其他网页 META 设计分数	总分数

（4）公司介绍是否详细？是否有合法的证明文件（如网站备案许可）？请将答案填入表 5-12 中。

表 5-12　公司介绍

公司介绍分数	证明文件分数	总分数

3. 网站功能和服务

（1）打开网页的速度如何？将答案填入表 5-13 中。

表 5-13　网页打开的速度

网站名称				
打开时间				
分数				

（2）网站为用户提供了哪些在线服务手段？将答案填入表 5-14 中。

表 5-14　网站提供的在线服务

服务手段种类	分数

4. 网站优化及运营

（1）网站被百度、360 搜索引擎收录的网页数量是多少？（在搜索引擎搜索框中输入 site：网址，如 site:www.fanruan.com，就可以知道有多少网页被收录）

（2）在搜索引擎中的排名情况（利用某关键词搜索），将答案填入表 5-15 中。

表 5-15 在搜索引擎中的排名情况

收录网页数量			搜索引擎排名情况			总分数
百度	360	搜狗	百度	360	搜狗	

（3）网站的 PR 值（利用爱站网或者站长工具网）是多少？如果首页 PR 值低于 3，你认为是什么原因造成的？将答案填入表 5-16 中。

表 5-16 网站的 PR 值

PR 值	如果低于 3，你认为原因是	分数

任务二学习效果评价

评价方式	评价内容				
	评价项目	评价等级			
		A	B	C	D
自评	对本任务知识感兴趣程度	浓厚	较浓厚	一般	弱
	独立思考的能力	强	较强	一般	弱
	体验到学习成功的愉悦感	强	较强	一般	弱
	理解别人的思路，与同伴交流的意识	强	较强	一般	弱
	在知识、方法等方面获得收获的程度	高	较高	一般	低
同行互评	本节课堂发言的次数	多	较多	一般	少
	课堂练习完成的质量	高	较高	一般	低
	自主探究意识和团队协作能力	高	较高	一般	低

任务三　搜索引擎付费营销

工作任务

坚持搜索引擎优化两个月之后，虽然有部分网页已经被收录，但是网站排名并不是很理想，在网站前 10 页基本找不到其信息。实习生分析主要原因是一个同名的竞争对手是演员，在搜索结果中有大量关于该演员的内容。此时，他想是不是可以通过付费的方式来提高自己网站的排名呢？

请先学习任务三中的知识点，掌握付费搜索引擎优化的原理以及投放技巧，帮助企业顺利实现在搜索引擎竞价结果中有较好的表现。

任务实施

为了更好地学习搜索引擎付费营销相关内容，并完成本小节的工作任务，需要从以下几个知识要点开展学习。

知识点 1：了解搜索引擎付费营销的含义

搜索引擎付费营销分类

搜索引擎付费营销是指通过支付一定费用使信息在搜索引擎上排名突出，对潜在客户进行营销的活动，这种形式营销的载体为客户关键字搜索的结果页面。

在各大搜索引擎里付费营销的方式多种多样，有竞价搜索广告、联盟广告、品牌广告。比如百度的付费推广、百度联盟推广、百度品牌推广等，但主流的形式还是表现为搜索引擎付费推广。

知识点 2：了解搜索引擎付费营销的分类

1. 搜索推广

搜索推广是通过用户搜索付费关键词，推广结果出现在左侧自然排名的上面或者右侧，来影响用户信息获取过程而开展的付费推广方式。以百度为例，目前主要的搜索引擎付费广告分为搜索广告、信息流广告、聚屏广告、开屏广告等。

该种推广形式操作简单、效果快速，支持多个显著位置展现，按点击收费，展示免费，如图 5-25 所示。

图 5-25　搜索推广页面

【练一练】怎么区分付费广告与自然搜索结果？

____

____

____

2. 信息流广告

【练一练】信息流广告与传统广告有什么区别？

____

____

____

信息流广告是在百度 App、百度首页、贴吧、百度手机浏览器等平台的资讯流中穿插展现的原生广告，如图 5-26 所示。

图 5-26 信息流广告

【案例】吉普汽车 LBS（Location Based Services，基于地理位置信息流）如图 5-27 所示。

图 5-27 吉普汽车信息流

【练一练】请为你喜爱的一个品牌或产品设计一个信息流广告。

____

____

____

3. 聚屏广告

百度聚屏广告通过聚合多类屏幕触达客户生活，实现线上线下广告整合和精准程序化投放。依托百度大数据及AI优势，百度聚屏广告致力解决当前客户广告投放的多种痛点，打造全新的品牌推广体验，为客户收入增长带来新的动力，如图5-28所示。

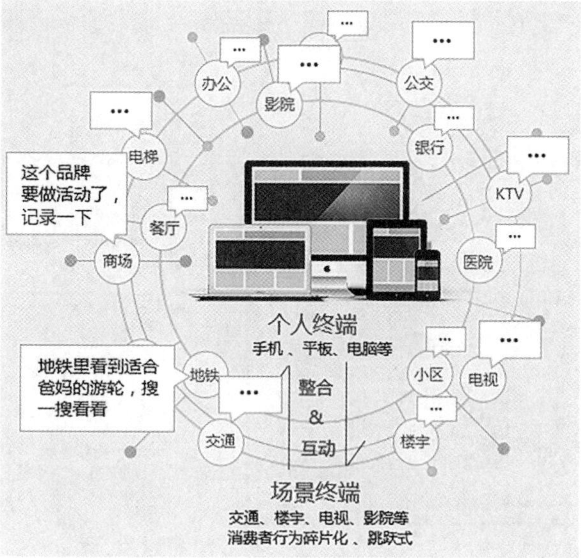

图5-28 聚屏广告

4. 开屏广告

百度开屏广告整合百度优质品牌广告流量，以App开屏广告的样式进行强势品牌曝光，如图5-29所示。

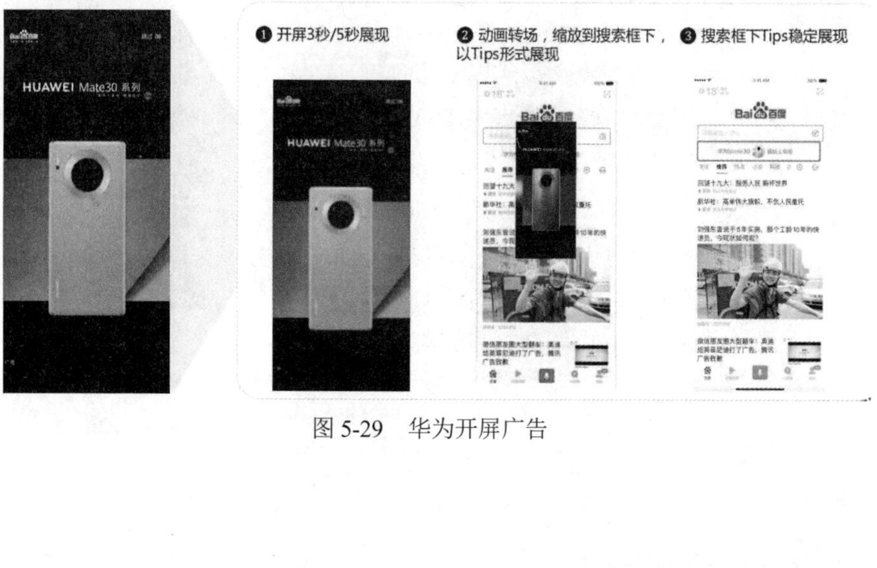

图5-29 华为开屏广告

【练一练】请为你喜爱的一个品牌或产品设计一个开屏广告。

____

____

____

5. 品牌专区

百度品牌专区是显示在搜索结果首页的最上方，为提升网民品牌搜索体验而整合文字、图片、视频等多种展现结果的付费推广方式。百度品牌专区根据广告主展示需求不同，在计算机、移动端提供标准、高级、定制三大类样式，如图 5-30、图 5-31 所示。

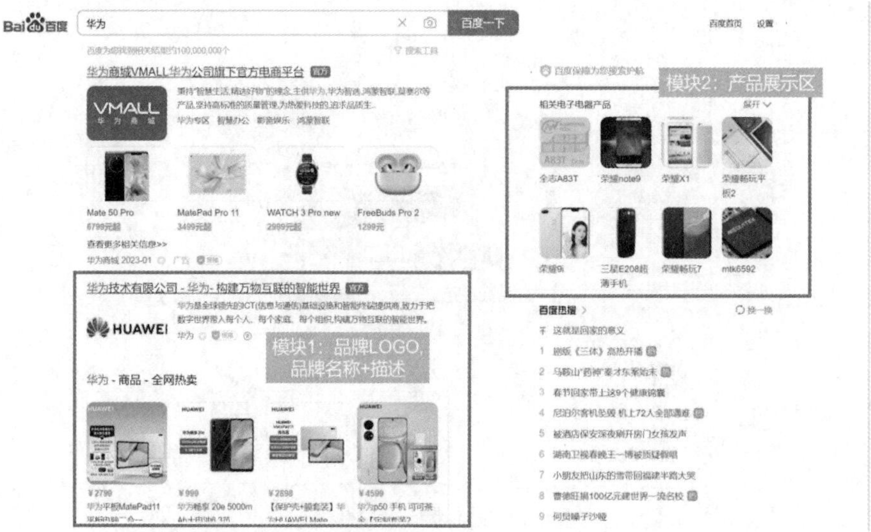

图 5-30 品牌专区广告

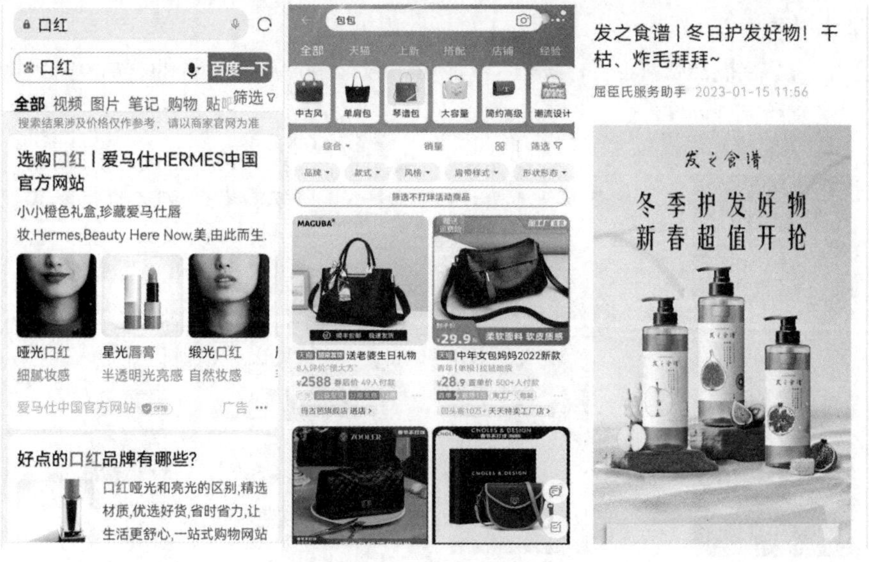

图 5-31 品牌广告移动端

【练一练】竞价排名和品牌推广，这两种付费推广有什么不同？

6. 网盟推广

网盟推广是在网民搜索行为后和浏览行为中全面实施影响。当网民进入到海量互联网网站时，网盟推广可以将企业的推广信息展现在网民浏览的网页上。

凭借互联网大数据分析及投放技术，主动、持续地将视觉推广信息传播到目标面前。跟传统媒体按版面大小、投放频率等付费方式相比，网盟推广为客户提供了一种最经济的点击计费方式：CPC（Cost-per-click），即只有当您的推广信息被感兴趣的网民点击后才付费，没有点击不付费。

【练一练】目前国内主流网盟企业有哪些？

【案例】腾讯社交广告是腾讯公司核心广告业务，腾讯广告汇聚腾讯公司全部的应用场景，拥有核心行业数据、营销技术与专业服务能力，承载了微信、QQ、QQ 空间等领先社交平台，以及其他精品应用丰富的广告场景，致力帮助企业实现精准广告投放、多样用户互动。通过广点通，用户可以在QQ空间、QQ 客户端、手机 QQ 空间、手机 QQ、微信、QQ 音乐客户端、腾讯新闻客户端等诸多平台投放广告，进行产品推广。作为主动型的效果广告，广点通能够智能地进行广告匹配，并高效地利用广告资源。

在移动互联网环境下，广点通可覆盖 Android、iOS 系统，广告形式包括 Banner 广告、插屏广告、开屏广告、应用墙、信息流广告等诸多种类。

知识点 3：了解搜索引擎付费营销的效果

搜索营销漏斗

1. 搜索营销效果转化漏斗

搜索营销效果转化漏斗，是指漏斗的五层对应了企业搜索营销的各个环节，反映了从展现、点击、访问、咨询，直到生成订单过程中的客户数量及流失。从最大的展现量到最小的订单量，这个层层缩小的过程表示不断有客户因为各种原因离开，对企业失去兴趣或放弃购买，如图 5-32 所示。

2. 搜索营销效果转化漏洞的影响因素

搜索引擎付费推广最终达成效果要经历搜索引擎推广阶段、企业网站阶段和线下销售阶段，每个阶段都对推广最终效果有影响，具体的影响因素见表 5-17。

图 5-32 搜索营销效果转化漏斗营销过程

表 5-17 搜索引擎营销影响因素

三阶段	五环节	影响因素	加强方式
搜索引擎推广阶段	展现量	（1）关键词方面：关键词数量和质量、关键词检索量、关键词匹配方式、关键词排名 （2）账户方面：地域、预算、时长、账户结构	（1）多提词、提好词； （2）设置合理的匹配方式； （3）优化排名； （4）设置合理的账户结构； （5）合理设置地域、预算及时长
	点击量	（1）关键词方面：关键词排名 （2）账户方面：账户结构 （3）创意方面：创意质量	（1）优化排名； （2）设置合理账户结构； （3）优化创意
企业网站阶段	访问量	网站打开速度	提升网站访问速度
	咨询量	（1）网站质量 （2）网站内容相关性 （3）网站互动方便性	（1）导引：研究浏览者的兴趣、行为和习惯； （2）解答：从顾客角度提供信息，解除疑问； （3）工具：有效利用丰富的网络营销工具
线下销售阶段	订单量	销售能力	（1）在线：确保在线咨询时间及反应速度； （2）专业：针对顾客问题提供专业解答

3. 搜索引擎付费推广效果

搜索引擎付费推广效果主要体现在搜索引擎推广阶段带给企业网站的流量和网站的二次销售能力。企业网站流量可以通过百度统计等流量统计工具来查看流量，主要可以查看点击量、页面浏览量、新访客数、访问页数、平均访问页数、平均访问时长、平均停留时长、转化次数等；网站的二次销售能力主要查看在线客服的咨询量、转化率及电话客服的接听量、转化率。

知识点 4：了解百度搜索推广

1. 百度搜索推广

（1）开户资料准备。企业在开通推广账户前，需要先准备开户所需要的资料，做好充足的准备。一般来说，开通推广账户需要准备的资料包括企业营业执照、网站 ICP（Internet Content Provider，网络内容服务商）备案、行业相关资质。

（2）注册申请。准备好开户资料后，企业可以通过在线方式申请注册。图 5-33 为百度营销账号注册页面。

图 5-33　百度营销账号注册页面

2. 登录百度搜索推广平台

（1）搜索推广目前支持 5 类营销目标：网站链接、应用推广、商品目录、门店推广、电商店铺推广。登录 www2.baidu.com，进入搜索推广平台后，可以根据需要制作推广方案、查看推广效果、优化账户、查看其他信息等，如图 5-34 所示。

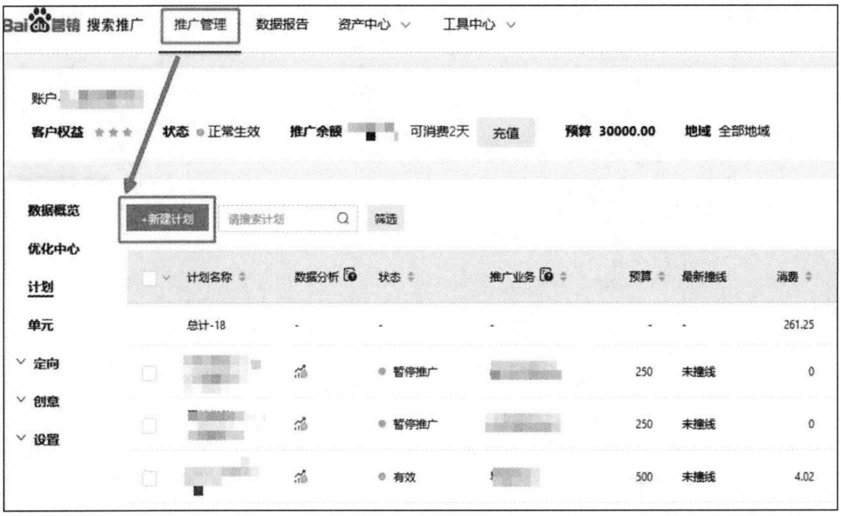

图 5-34　搜索推广平台

（2）账户结构及状态。账户结构是企业在推广平台中对关键词、创意的分类管理。搜索推广的账户结构由账户、推广计划、推广单元和关键词/创意四个层级构成。同一个单元的关键词和创意是多对多的关系，账户状态即反映当前账户的推广状况，是否能正常推广，由账户状态决定；推广信息能否正常上线展现，由账户、推广计划、推广单元、关键词/创意等各层级的状态共同决定。

（3）推广计划。推广计划是指管理一系列关键词、创意的单位，建立推广计划是设计账户结构的第一步，规划每一个推广计划拥有的单独投放预算和投放时间，如果投放预算为零，则该推广计划失效。在新建推广计划页面中，可以设定本次推广计划的营销目标，单击“网站链接”按钮，并进行相应的营销目标设置如图 5-35 所示。

图 5-35 推广计划页面

在此页面，可以设置计划名称、推广地域、推广时段、推广方式、设备出价设置、预算及人群，如图 5-36 所示。

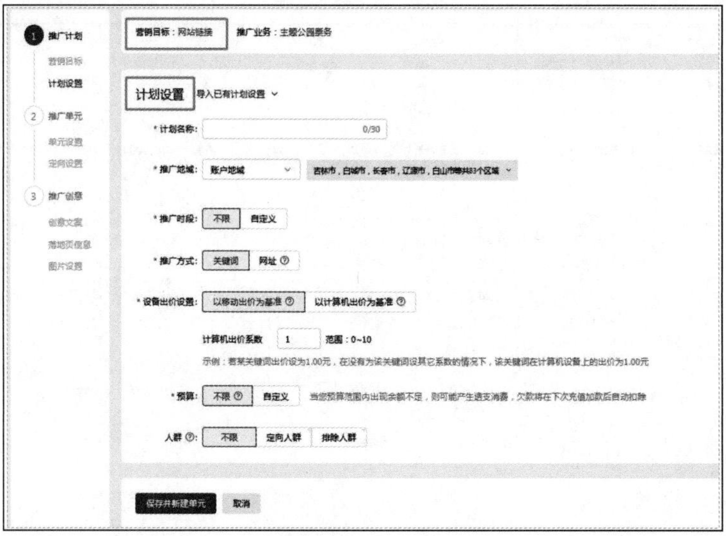

图 5-36 推广计划设置

（4）推广单元。在此页面，可以设置单元名称、单元出价、计算机出价系数，并进行定向设置，如图 5-37 所示。

图 5-37　搜索推广单元

（5）推广定向。在此页面，可以设置人群名称、人群类型、性别、年龄等，如图 5-38 所示。

图 5-38　搜索推广定向

（6）关键词。关键词是指在百度推广中选择的、具有商业价值的、用来迎合潜在搜索需求的词。当网民的搜索词与关键词足够相关，就能“触发”关键词，推广信息就会在网民面前展现。关键词工具如图 5-39 所示。

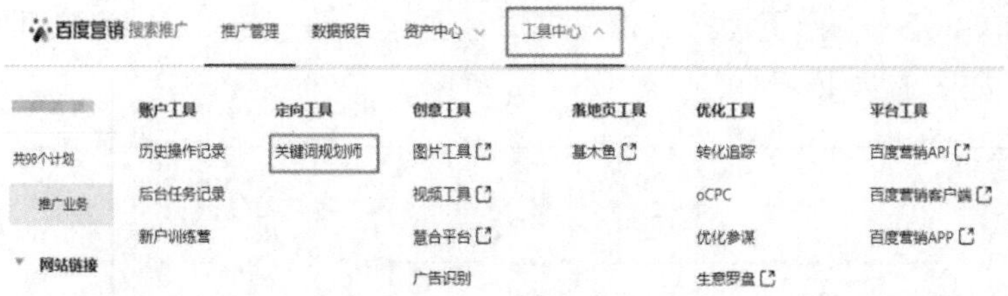

图 5-39　关键词工具

【练一练】搜索推广如何添加关键词？可以通过什么方法挖掘关键词？

____

____

____

（7）创意。创意指展现给网民看的推广内容，包括标题、描述、显示 URL 及访问 URL。创意分为基础创意和高级创意。创意设置如图 5-40 所示。

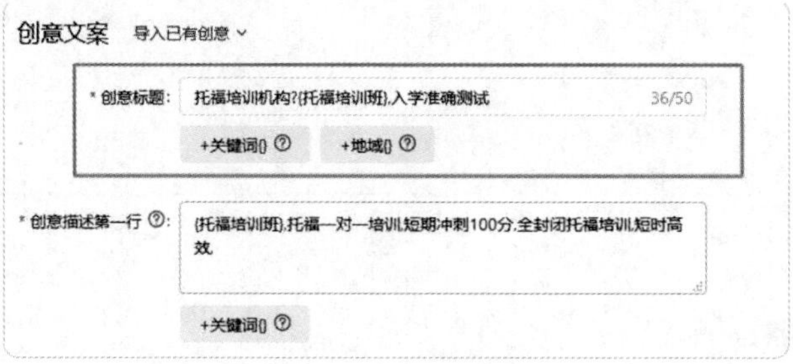

图 5-40　推广创意

创意撰写技巧：

1）突出产品/服务特点、公司优势等。

2）围绕单元主题撰写，突出检索词和实际业务之间的关系。

3）最好能够包括价格、促销或是承诺的内容。包含的信息越多越具体越好，尽量避免一些无实质意义的形容语句。

4）适当添加一些号召性的词语或诉求点。

5）针对同一产品或服务，围绕单元主题从不同卖点撰写。

6）适当添加符合语法的“!、?、-”等标点符号。

7）采用精炼的短句。

8）多种创意展现形式（如箭形或矩形），对于点击率提升有一定帮助。

9）插入通配符，尽量多飘红。当创意文字包含的词语与用户搜索词包含的词语完全一致或意义相近时，在展现时将以红色字体显示，这样的样式称为飘红。

【练一练】设计创时意需要注意什么要点？

____

____

____

（8）出价。出价就是推广信息被点击一次，愿意花费的最高价格。出价不是最终花的钱，只是心理上限，可以理解为封顶价，花费最高也不会高出出价。

在账户中，可以为推广单元内所有关键词设定统一的出价，也可以搜索 OCPC（Optimized Cost Per Click，按转化出价）帮助广告主实现智能出价策略，更精准控制转化成本、持续提升投放效率。

OCPC 操作指引

【练一练】什么是 OCPC 出价？它和 CPC 有什么区别？

（9）地域及时间管理。推广地域即选择推广投放的地域范围，只有当该地域的网民搜索时，才会出现推广结果。不同的推广计划可以面向不同的地域推广，从地理位置角度精准定位潜在客户。推广时段管理即预先规定好推广信息在一天之内哪些时段可以展现，哪些时段暂停推广。设置推广时间管理能获得精确锁定潜在客户和用更低出价获得更好位置的效果。

【案例】××宝贝月子会所隶属于郑州市××家政服务有限公司，是河南省首家欧式家庭风格的月子中心，会所秉承台湾 20 多年的成功经验，以舒适安全的中心环境，功能齐全的配套设施，权威的妇产科、新生儿科专家以及训练有素的母婴护理团队，确保每一位新妈妈得到更专业、科学的护理。

××宝贝月子会所希望借助本地推广获取更多有效线索。

（1）投放地域：郑州市。

（2）投放时间：分时段设置出价系数，午间、晚间更高。

（3）定向关键词主要包括：

1）价格词：月子中心多少钱、月子中心价格。

2）排名词：郑州月子中心排名、月子中心前十名。

3）长尾词：郑州哪家月子中心好、附近有哪些月子中心。

（4）创意撰写主要突出品牌和服务。

（5）落地页。

针对本地推广专门搭建结构化店铺页，投放本地推广后，××宝贝月子会所点击率相比之前提升 158%，广告转化率提升 142%，成本降低 81.5%。

××宝贝月子会所借助本地推广成功获取了更多线索，吸引了更多目标客群到店转化。

知识点 5：了解百度品牌推广

1. 品牌推广

品牌推广位于搜索结果首位，以文字、图片、视频等多种广告形式全方位地展示企业品牌信息，网民也可以以更便捷的方式了解品牌官网信息，更方便地获取所需企业的资讯，是提升企业品牌推广效能的推广模式。

梦妆口红

品牌推广购买的价格规则为按月购买［CPT（Carriage Paid To，运费付至）方式］。售价是结合样式以及所购买品牌词的数量和页面访问量（Page View，PV）具体报价，通用规则如下：

（1）计算机品牌专区：月刊量低价为 10 万元/月。

（2）移动端品牌专区：月刊最低价为 2 万元/月。

品牌推广投放地域应为全国展示，不可分地域（省、直辖市）投放。且每次投放最短 1 个月，最长 12 个月。

品牌专区可监控的数据包括关键词展现量、点击量、点击率，物料的展现量、点击量、点击率，可以细化到按日查看。

【案例】红旗 H9 是红旗 H 系列新时代 C+级豪华旗舰轿车，于 8 月 23 日正式上市。作为红旗品牌 C+级豪华旗舰轿车，红旗 H9 不仅代表了中国一汽红旗品牌的实力。同时，也是目前中国汽车行业自主品牌在售车型当中的标杆之一。从红旗到新红旗，从国车到国民车，红旗 H9 标志着红旗在品牌创新、产品创新和技术创新方面都进入了崭新时代，因此红旗 H9 承载着释放品牌影响力的重担。

8 月 23 日，一汽红旗在 H9 上市当天百度指数提升 600%，指数飙升到 76 万，激发用户关注热潮的重要驱动力之一是以百度 N.E.X.T.营销架构制定的红旗营销策略为红旗品牌造势。

百度全链营销旨在聚合消费者对于新品发布多方关注行为，激发潜在用户、行业用户、核心用户，体验产品、内容、品牌，沉淀品牌内容、粉丝、线索留资全链路的方式，激活生态流量，助力红旗 H9 抢占用户心智，实现全链路整合营销升级、释放品牌影响力，如图 5-41 所示。

图 5-41　红旗 H9 推广

（1）激发潜在用户。红旗通过百度 App 开屏广告——全屏视频的方式给用户沉浸式体验，红旗 H9 的产品形象、豪华调性以及“一步一时代”大气的品牌主张映入眼帘，吸引用户关注。

（2）激发行业用户。百度汽车频道“有驾”聚合 4000 万汽车行业用户，头部广告位及运营容器广告位双重突出红旗 H9 上市信息，吸引汽车行业爱好者的关注。

（3）激发核心用户。红旗品牌倒计时品专服务于主动搜索“一汽红旗”相关品牌词的品牌关注用户，红旗 H9 的产品形象及上市倒计时的主视觉吸引用户关注红旗 H9 上市的进一步消息，为品牌上市造势。

红旗 H9 上市后上线红旗品专 MAX、无线端红旗内容独占三屏，为新车上市后带来的新增用户提供了更丰富的品牌体验。品牌头图像、车型介绍、百科背书、产品资源、视频介绍，为用户提供了从认知到认可、最后到认购转化的全链路品牌体验！

2. 品牌推广流程

（1）确定品牌推广目的。推广可用于品牌推广、促销推广、产品推广和网站推广等，如图 5-42 至图 5-45 所示。

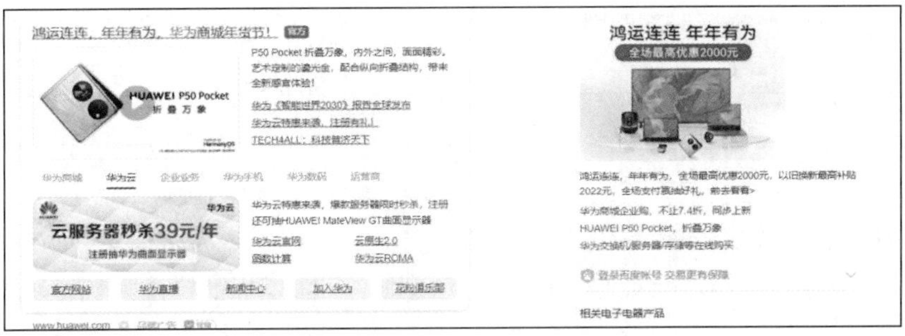

图 5-42　推广——品牌推广

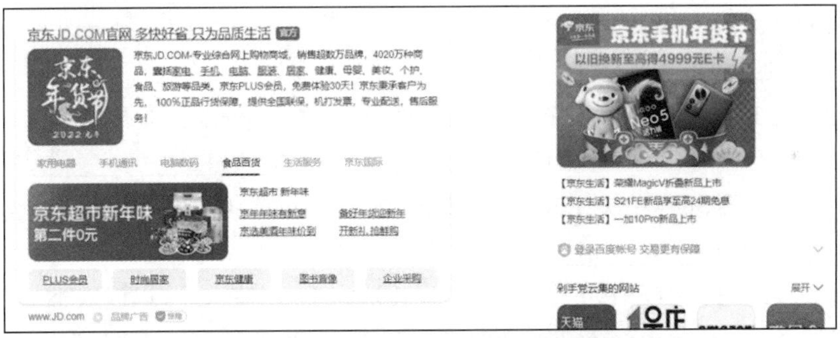

图 5-43　推广——促销推广

图 5-44　推广——产品推广

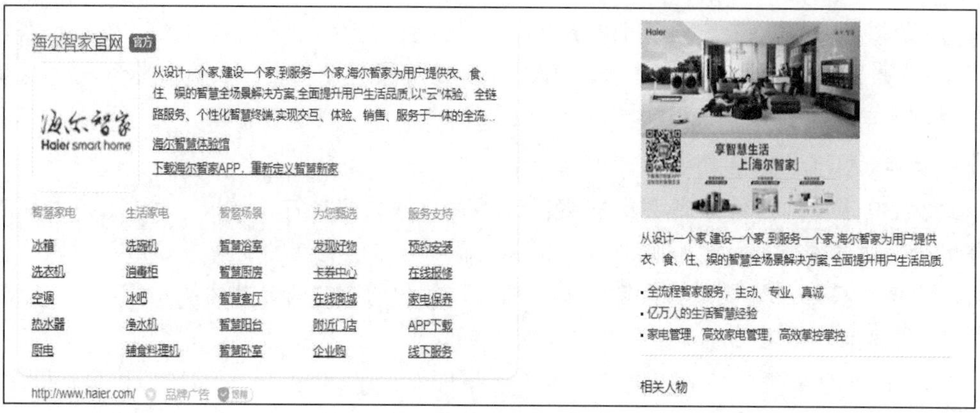

图 5-45　推广——网站推广

【练一练】海尔之前一直重点推广的是海尔官网，而目前为什么改为推广海尔智家 App？

____

____

____

（2）相关推广物料准备。品牌推广的样式分为标准样式、高级样式和 VIP 定制样式。根据品牌推广的样式不同，准备的物料也有所区别，下面以标准样式为例来说明物料的准备步骤。

1）选择标准样式。标准样式按照可定制栏目不同分为：栏目与按钮、栏目与表格、仅表格、仅栏目。

2）标题描述。

①标题：大小为 12～60 个字节（6～30 个汉字），其中必须包含搜索的核心词。标题中飘红的词必须是专区核心词；飘红的词只能指定一个，大小为 12 个字节以内（6 个汉字）。

②Logo：尺寸为 90×90，格式为静态 jpg，大小不超过 10KB。图标要带链接，且 URL 是与 Logo 相关的网页链接，指向 URL 为 255 字节以内。

③描述：文字总大小为 190～230 个字节（95～115 汉字），可以嵌入不超过 5 个的链接词汇。描述链接词，每个词不超过 20 个字节（10 个汉字），指向 URL 为 255 字节以内。

④显示 URL：品牌专区显示的 URL，不带链接，不超过 40 个字节。

3）栏目区域（A、B、C、D 样式）设计。

①最多 4 个栏目，每个栏目 8～40 个字节（4～20 个汉字），带链接。

②每个栏目可带 1～3 行描述，20～60 个字节（10～30 个汉字），带链接。

③栏目和长链接不能写在同一行，具体写法可参照页面下方的示例。

④栏目与 Button 或栏目与表格，一共最多 9 行。

⑤指向 URL 为 255 字节以内。

4）右侧擎天柱设计。

①尺寸为 175×300，格式为 JPG、GIF、SWF、大小不超过 30KB。

②带链接，指向 URL 为 255 字节以内。

5）社交网络分享按钮（可选内容）。

①分享标题：大小在 200 个字节以内。

②插入图片格式：静态 jpg，不超过 50KB。

③分享网址为 80 字节以内。

④分享平台：开心网、豆瓣、新浪微博和搜狐微博。

（3）超链接的引导页设计。因品牌推广中涉及的超链接较多，每个超链接的引导页都应统筹设计，保证品牌推广的效果。具体设计可参考竞价排名引导页设计。

（4）话术设计。为了实现品牌推广的主要目标，企业可统筹设计客服人员的话术。

（5）数据监测与优化。品牌推广可以监测关键词展现量、点击量、点击率，物料的展现量、点击量、点击率，可以细化到按日查看。针对每个关键词和物料，都有详细的展现，可以根据数据情况调整关键词或物料内容的投放。

【案例】旅拍行业标杆品牌崛起之路——铂爵旅拍。

通过百度大数据，实现了真正意义上的以数据赋能媒介科学投放的模式，聚焦资源，实现广告的饱和式精准触达，强化“旅拍=铂爵”的品类认知，围绕用户决策路径，形成品牌流量强力收口的创新合作模式，以内容营销的方式引导塑造正面的品牌形象。

（1）利用百度 DMP（Data-management Platform，数据管理平台）定向技术，不同人群匹配不同创意，强化品牌记忆度。

（2）以短视频等有效沟通方式诉说品牌理念。

（3）品牌升级，如图 5-46 所示。

图 5-46　短视频以及手机开屏示图

知识点 6：了解百度竞价排名流程

1. 竞价排名

竞价排名的基本特点是按点击付费，推广信息出现在左侧搜索结果中（一般是靠前的位置），如果没有被用户点击，则不收取推广费。在搜索引擎营销中，竞价排名的特点和主要作用如下：

（1）按效果付费，费用相对较低。

（2）出现在搜索结果页面，与用户检索内容高度相关，增加了推广的定位程度。

（3）竞价结果出现在搜索结果靠前的位置，容易引起用户的关注和点击，因而效果比较显著。

（4）搜索引擎自然搜索结果排名的推广效果是有限的，尤其对于自然排名效果不好的网站，采用竞价排名可以很好弥补这种劣势。

（5）企业可以自己控制点击价格和推广费用。

2. 推广流程

（1）竞价排名后台准备工作。百度账号的物料信息包括推广计划、推广单元、创意、关键词。

1）建立推广计划，如图 5-47 所示。

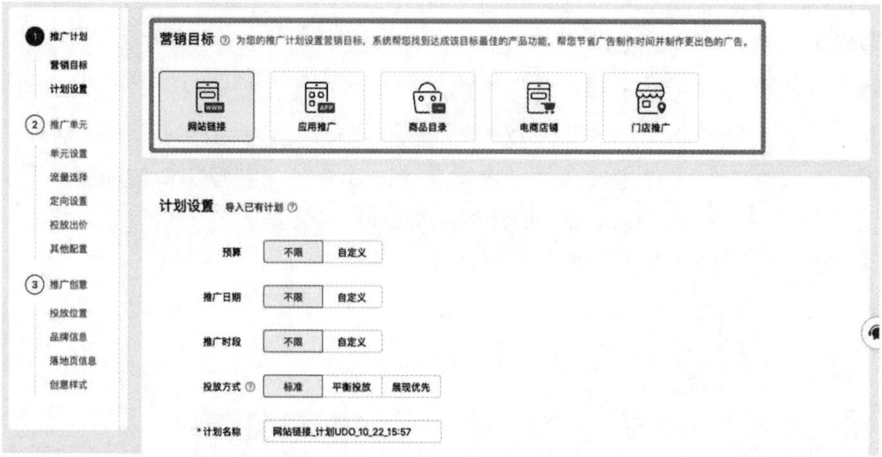

图 5-47 设置推广计划

2）建立推广单元，如图 5-48 所示。

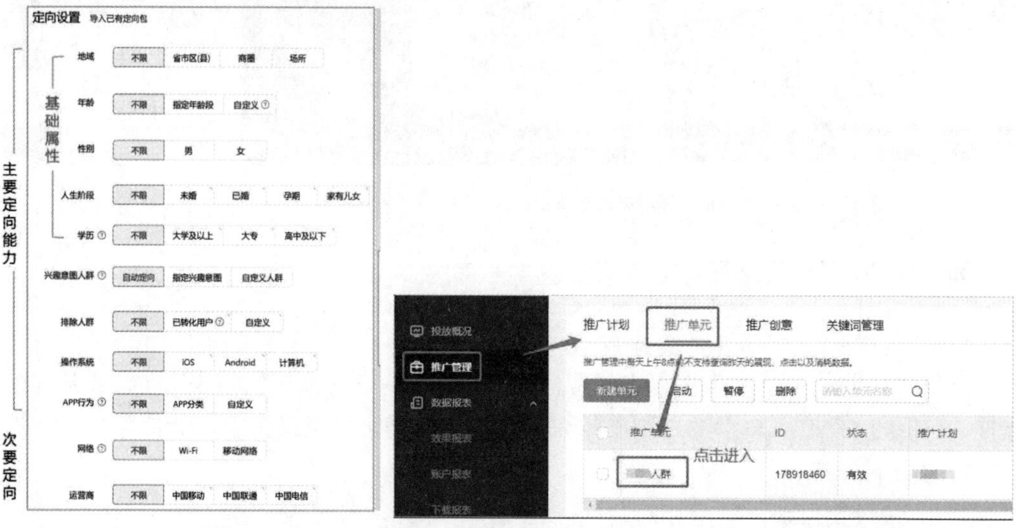

图 5-48 设置推广单元

3）设计推广创意。创意是指网民搜索触发推广结果时，展现在网民面前的推广内容，包括标题、描述和链接。关键词能定位潜在客户，而创意的作用是吸引潜在客户。好的创意能使推广结果在众多结果中脱颖而出，吸引潜在客户访问网站，并在浏览网站的基础上进一步了解产品，进而采取转化行为，如注册、在线提交订单、电话咨询、上门访问等，如图 5-49 所示。

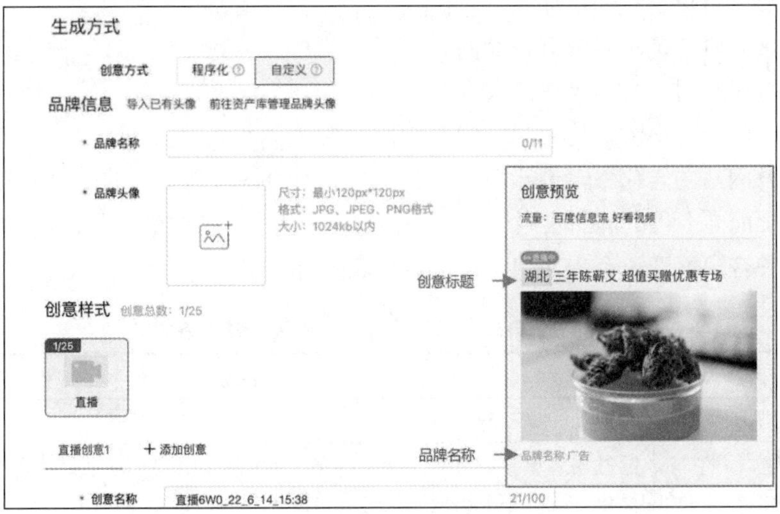

图 5-49　设置创意

① 创意的标题。创意的标题应该是一句完整的话，而不是简单的关键词堆积。建议：合理利用通配符让创意标题自然包含一次关键词即可，尽量出现在前 15 个字内。

② 创意描述第一行。第一行与 SEO 里的描述相似，基本原则是合理添加通配符、突出卖点、显示实力、语言通顺。这句直接关系用户在选择上的判断。建议：合理使用数字、特殊字符、承诺及优惠条件等吸引用户点击。

③ 创意描述第二行。第二行是对第一行创意描述的补充。这一段的创意一般只有当关键词出现在百度左侧的推广位时才完整显示，可以选择不写。访问 URL，就是竞价单击的着陆页，这个选择的基本原则是关键词和竞价着陆页一一对应原则。简单来讲就是创意是针对哪款产品或业务写的，那么 URL 就链接到对应的页面。

④ 显示 URL。显示 URL 是搜索引擎显示用，没有实际意义。建议统一设置为网站首页。

【练一练】请设计一则广告的推广创意。

____

____

____

4）关键词精准度。关键词选择是竞价排名的重心之一，而选择关键词最重要的原则就是要精准。竞价排名的精准关键词不仅要有一定的搜索量，还要有转化率。即要满足这两个条件：搜索该词的人有明确的消费需求与能力；搜索该词的人容易被转化成为企业的用户。选择关键词的时候，可以通过百度关键词工具等选择适当的关键词。

（2）推广流程。

1）引导页设计。将用户吸引到页面中只是第一步，能不能让客户下单，还要看引导页是不是能打动用户。引导页就是用户搜索一个词后，单击进去所看到的页面（也叫作落地页、着陆页）。一个成功的引导页，应该符合以下 5 个要求：

- 根据目标用户群的特点与喜好进行设计。
- 能够给用户足够的信任感。
- 提供的内容是对用户有帮助的。
- 能够解答用户心中潜在的问题。
- 能够促进用户留下信息或与我们取得联系。

为了提升网站的转化率，设计网站页面元素成为网络营销人员的重要任务，页面的影响元素包括页面专业性、页面实用性与美观性、练习信息、合法性、背景介绍、客户见证、零风险策略和客户答疑 8 个方面，具体内容见表 5-18。

表 5-18　提升转化率的引导页页面因素及影响内容

序号	因素	影响内容
1	页面专业性	颜色和布局、网站内容、语言编码和字符集等专业性
2	内容实用性与美观性	网站内容更新要及时，内容要符合基本的排版要求，如文章配图，需要进行简单处理。不要出现图片失真等情况
3	联系信息	网站中的联系信息越详细越好，推荐使用固定电话，尤其是 400 或者 800 电话，这种电话用户比较信任。同时如果选择 QQ 作为与客户在线沟通的工具，QQ 等级越高，越容易让用户信任
4	合法性	可将企业营业执照、资质证明等各种证件在网站展示，将大大消除用户疑虑，提升企业的诚信度
5	背景介绍	可以通过公司起源、领导介绍、媒体报道、荣誉证书、领导关怀、大师顾问等形式，通过文字、图片、视频等将上述元素展示和演绎
6	客户见证	通过文字、视频、图片等将客户充分展示
7	零风险策略	通过零风险策略打消用户疑虑，如承诺七天包退、一个月包换等
8	客户答疑	设置用户常见问题解答栏目，将典型的问题、用户反映集中的问题列出来，并给出答案，特别是将用户最担心的顾虑解答清楚

2）话术设计。用户开始咨询之后的话术引导对客户的转化率提升有很重要的作用。说话术时要对客户有耐心、有礼貌；提升客服的专业知识，用专业打动客户；不能忽悠客户。

3）搜集用户线索与跟进。除了转化后的用户，还应该搜集未转化、但有意向的潜在用户信息。通过页面引导留下联系方式等，如通过免费送资料、有奖调查、活动、网站注册等形式让用户留下手机、QQ 号、微信、微博等。之后可以通过电子邮件、促销活动等手段促进转化。

4）数据监测与优化。竞价排名中需要对关键词的点击数、总消费数、注册数、单笔订单额、订单数、订单转化率、投资回报率等数据进行监测。引导页中除了常规的流量监测外，还需要对咨询量和转化率进行监测。

【案例】本地推广助力光明驾培高效获取到校线索。

上海光明×××驾驶员培训集团有限公司（以下简称“光明驾培”）涵盖小型汽车、摩托车、大客车、公交车等培训课程，十大专业训练基地覆盖全上海市，为学员提供集交规、训练、考试为一体的综合性机动车培训服务。

一、营销目标

“光明驾培”2021年与上海各大训练基地合作，将招生范围扩展至上海市全市，希望借助百度推广精准地获取各个训练基地周边的目标客群，提升线索量。

二、营销方案

1. 计划与单元设置

“光明驾培”通过“本地推广批量搭建助手”复制该账户原本的搜索网链计划的物料和OCPC包搭建了本地计划，不同计划主要按照词性（如品牌词、费用词、地域词等）来区分。

2. 关键词

“光明驾培”本地推广计划在复制网链计划关键词的基础上额外拓展了一定量的关键词——将原本涉及省市地名的关键词，进一步拆分至行政区、街道维度等更细的关键词，地域词的流量结合本地类创意组件和店铺页中的位置及距离信息能够促进到店转化。

3. 创意

“光明驾培”的本地推广创意描述主要体现：

（1）实力相关：驾校资质、教练数量等。

（2）服务相关：校区覆盖、地铁站接送、教练接送等。

（3）价格相关：收费透明、费用优惠等。

此外，“光明驾培”开启了本地类创意组件，让创意更加吸睛，如图5-50所示。

图5-50　广告创意

4. 落地页

“光明驾培”搭建了本地推广店铺页，明确呈现了驾校场地位置信息、课程信息。且该页面的质检分为89分，达到了“本地推广优质店铺页扶持”的分数要求，如图5-51所示。

图 5-51 落地页

三、营销效果

（1）点击率。点击率对比投放本地推广前提升 62%。

（2）线索量。线索量对比投放本地推广前提升 39%。

（3）线索有效性。投放本地推广后整体线索有效性提升 10%，且客服团队反馈电话回访本地计划转化线索时，邀约到校试学更顺利。

（4）线索转化成本。“光明驾培”在百度本地推广的日均消费为竞媒日均消费的 2.5 倍，但百度本地推广线索转化成本仅为竞媒的 71%。

任务拓展

案例：宜家线上流量到线下

宜家作为全球知名家具和家居零售商，旨在抓住旺季装修刚需爆发点：新店（南宁、昆明）开业契机，向核心受众传达能为消费者提供多种家居家装解决方案，希望通过高流量平台（百度）的广告投放，影响有需求的人亲临宜家门店或是线上官网购买符合心意的家装产品，从而提升自身门店的到访量和线上官网流量，实现线上、线下的零售突围。

1. 慧眼识人：慧眼分析与观星盘，重点门店基于 LBS 定向人群投放

百度慧眼是百度的地图大数据分析系统，基于海量时空大数据，结合人工智能技术，百度地图慧眼面向不同行业提供人口挖掘、客群分析、出行研究、位置评估等从宏观到微观的人、地、物研究。百度慧眼现已深入应用到城市规划、人口统计、政府、零售餐饮、广告文旅、高校智库、公安应急等行业。

宜家基于慧眼地图大数据能力，挖掘出来对线下卖场类客户能够分析的众多方向，如：行业分析——客户门店、竞品门店、卖场趋势分析，到访过品牌门店的用户最爱到访的竞品门店分析，品牌门店与竞品门店人群重合度分析；品牌门店分析——卖场自身的人群辐射范围、人群属性分析、人群常住地分析等等。通过分析，对卖场门店、宜家品牌门店、竞品门店有了一个全面认知，对老店营销、新店选址均有重要参考意义。

同时，利用这些数据，在开屏营销上，通过分析到访过品牌门店用户最爱到访的竞品门店，在观星盘进行定向链接开屏投放，对这些门店人群进行重点攻打。

2. 资源智取：数据指导的资源选择及地图营销创新

资源智取涉及两方面：一个是通过人群分析，提供客户更丰富的开屏投放资源组合，比如到店人群存在部分低消费需求的下沉人群，推动视频开屏资源选择；另一个是百度地图资源，针对本地化客户有了很多创新资源，定向本地用户投放，完成重点攻打。

本次宜家南宁新店开业，首次尝试南宁本地默认语音导航植入宜家新店开业语音播报，配合本地地图开屏、首页大框热词、底图 icon、大水滴、导航结束页 banner 等，在用户出行前、行程规划过程中及导航期间，最大程度宣传新店，激发用户到店需求，更便捷地引导用户到店，如图 5-52 所示。

图 5-52　宜家落地页营销

3. 创意掘金：基于用户到店情况挖掘优质创意

开屏整个投放周期很长，面对的人群受众庞大、特征丰富，过程中通过每个素材的到店率分析，去挖掘最能吸引到店的内容形式，如图 5-53 所示。

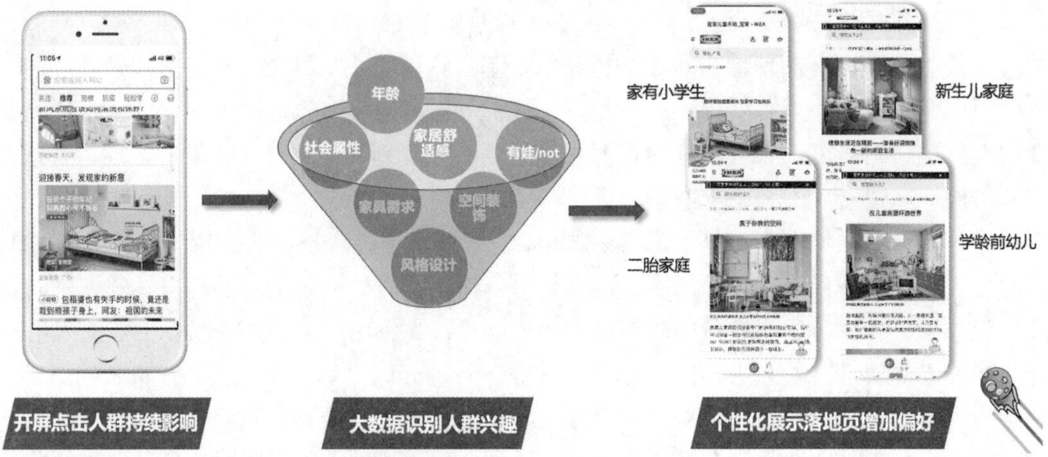

图 5-53 不同人群创意

4. 投后追踪：慧眼大数据与观星盘统计到店人群数据

最终，利用百度大数据进行营销数据验证。通过观星盘输出广告人群数据洞察结果，慧眼通过位置服务能力，分析点击广告人群线下到访情况，有效评估线下到店人群转化率，将两部分数据映射出来实际的到店人数数据计算到店率，进行效果验证及下一步优化。

5. 营销效果

通过上海地区定向慧眼分析核心竞品门店人群，到店率高于其他未做竞品门店定向攻打的 2.6 倍，新店整合营销页带来新店流量增长 167%。品牌互动提升 77.08%，单人到店成本节省 5 倍，App 安装成本节省 60%。

该案例的成功实施有效证明了在数据有效应用下，帮助广告主实现全域流量增长及品牌生意长线的发展，也成功打造宜家家居零售新营销模式。

（资料来源：http://e.baidu.com/case/54.html?refer=106000465）

问题：

近几年实体店受电商冲击，传统品牌宜家是怎样把线上流量引入线下的？

任务巩固

实训 搜索引擎付费营销实战

【实训目的】

本次实训的目的是使学生掌握百度付费推广的集中形式及方案设计，弄清 SEM 与 SEO 的差异。

【实训内容】

（1）结合搜索引擎付费营销理论要点，整理出搜索竞价广告相关知识。

（2）本次实训有 2 项任务，请依次完成实训任务，将实训成果整理到相关表格中（表格可以另外附页）或以思维导图形式呈现。

（3）实训过程中采用线上线下混合式学习方式，学生以小组为单位协同合作，通过头脑风暴集思广益，共同完成实训任务。

【实训资料】

现有化妆品企业和 B2B 企业借助搜索引擎付费广告来实现平台获客量，提高销售业绩，两家企业制订搜索引擎网盟推广计划。

账户一：某化妆品类客户，其账户结构如图 5-54 所示。

图 5-54　化妆品类客户账户结构

账户二：某 B2B 类客户，其账户结构如图 5-55 所示。

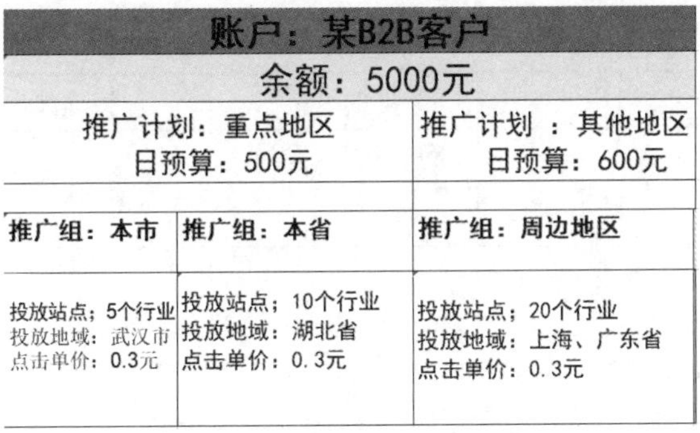

图 5-55　B2B 类客户账户结构

【实训任务】

（1）请从提升排名速度、广告数量、稳定性、成本、排名位置、恶意点击、关键词排名难易度、搜索引擎跨越这几个方面进行 SEM 与 SEO 的比较，完成表 5-19。

表 5-19　SEM 与 SEO 的比较

问题维度	SEM	SEO
提升排名速度		
广告数量		
稳定性		

续表

问题维度	SEM	SEO
成本		
排名位置		
恶意点击		
关键词排名难易度		
搜索引擎跨越		

（2）进行百度搜索推广创意设计。根据以上两家企业账户结构，为他们制订搜索引擎网盟推广计划。请设计推广计划、推广单元、关键词和创意，并填入表 5-20。

表 5-20　推广设计表

问题维度	推广计划	推广单元	关键词	创意
化妆品客户				
B2B 客户				

任务三学习效果评价

评价方式	评价内容				
	评价项目	评价等级			
		A	B	C	D
自评	对本任务知识感兴趣的程度	浓厚	较浓厚	一般	弱
	独立思考的能力	强	较强	一般	弱
	体验到学习成功的愉悦感	强	较强	一般	弱
	理解别人的思路，与同伴交流的意识	强	较强	一般	弱
	在知识、方法等方面获得收获的程度	高	较高	一般	低
小组互评	本节课堂发言的次数	多	较多	一般	少
	课堂练习完成的质量	高	较高	一般	低
	自主探究意识和团队协作能力	高	较高	一般	低

学习成果实施与测评

一、填空题

1．搜索引擎是指根据一定的策略，运用特定的__________从互联网上搜集信息再对信息进行__________和__________后，为用户提供__________服务，最后将用户检索的相关信息展示给用户的__________。

2．全球最大的搜索引擎是__________，全球知名的中文搜索引擎是__________。

3．搜索引擎的工作原理分为__________、__________、__________、__________和__________5步。

4．搜索引擎的类型包括__________、__________、__________、__________等。

5．网络蜘蛛爬行网页的策略包括__________、__________和__________。

二、单选题

1．下列选项中，对搜索引擎发展时代描述正确的是（　　）。

A．第一代搜索引擎：文本检索时代　B．第二代搜索引擎：整合分析时代

C．第三代搜索引擎：分类目录时代　D．第四代搜索引擎：用户中心时代

2．下列选项中不属于网络蜘蛛的爬行策略的是（　　）。

A．深度优先　B．高度优先　C．最佳优先　D．宽度优先

3．下列关于搜索结果的说法错误的是（　　）。

A．每个搜索结果都包含标题、链接等内容

B．在百度快照页面中可以查看对应网页的收录时间

C．在百度快照页面中可以查看对应网页的实时状态

D．软件下载式搜索结果展开方式不打开对应的网页，就可以直接下载软件

三、简答题

1．简述常用的搜索引擎有哪些，并说明其主要特点。

2．简述搜索引擎的工作原理。

四、实训题

1．利用搜索引擎搜索自己感兴趣的内容，并观察广告与自然搜索结果的区别。

2．利用高级查询方法与搜索引擎指令查询包含关键词“运动鞋”，同时包含关键词“阿迪达斯”或者“三叶草”，但不包含关键词“安踏”的网页。

3．使用搜索引擎指令查询网址中包含文本“sport”，页面标题中包含关键词“运动鞋”的网页。

项目六　网络营销效果的评估与优化

思维导图

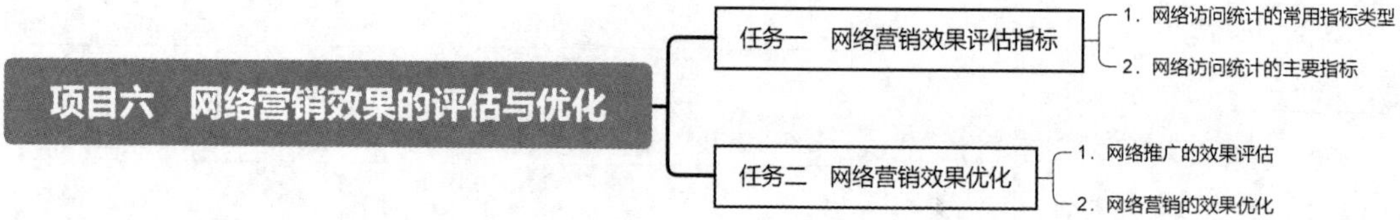

项目导读

营销专员实习生已经参与了一次完整的网络营销活动，在整个网络营销活动中，他表现得非常认真、负责，也很积极努力，具备良好的团队合作精神和沟通能力。公司决定让他协助网络营销经理对本次网络营销的效果进行合理的评估。在参与这么多次重大任务后，他意识到这又是一次挑战，于是马上找来很多资料先进行自主学习，希望通过自己的努力能够圆满完成任务。

学习目标

知识目标

- 了解网站访问统计常用指标类型；
- 掌握网络广告评价指标；
- 了解搜索引擎推广效果评估。

技能目标

- 能够对网站访问统计主要指标进行分析；
- 能够对网络广告评价指标进行分析；
- 能够对企业网络营销的效果优化。

思政目标

- 有良好的职业道德，能自觉遵守行业规则；
- 能实事求是、不虚假宣传、不伪造数据。

任务一　网络营销效果评估指标

净化网络环境

工作任务

公司进行了一次网络营销活动，要求对这次网络营销活动的效果进行评估，经理要求营销专员根据公司预设的营销目标，设置营销效果评估指标。接到任务的营销专员实习生陷入了思考：究竟要设置哪些评估指标呢？

任务实施

为了更好地学习营销效果的评估指标相关内容，并完成本小节的工作任务，需要从以下几个知识要点开展学习。

知识点 1：了解网络访问统计的常用指标类型

常用指标

网络营销效果评估就是对各种网络营销活动进行及时跟踪控制，以保证各种网络营销方法可以达到预期的效果，同时对网络营销方案的正确性和网络营销人员的工作成效进行检验。因此网络营销效果评估是非常重要的，但这却是不少企业往往容易忽视的地方。

网站访问统计分析是网络营销的重要组成部分，也是网络营销效果评估的基础，它为网络营销优化和网络营销策略研究提供了参考依据。归纳起来，网站访问统计分析的作用主要表现在以下几个方面：及时掌握网站推广总的效果，减少盲目性；评估各种网络营销手段的效果，为制定和修正网络营销策略提供依据；通过网站访问数据分析进行网络营销诊断，包括对各项网站推广活动的效果分析、网站优化状况诊断等；了解用户访问网站的行为，为更好地满足用户需求提供支持。

【案例】百度统计是一款免费的专业网站流量分析工具，能够告诉用户访客是如何找到并浏览用户的网站，在网站上做了些什么，有了这些信息，可以帮助用户改善访客在网站上的使用体验，不断提升网站的投资回报率。用户可以通过百度统计查看一段时间内网站的流量变化趋势，及时了解网民对网站的关注情况及各种推广活动的效果。百度统计可以针对不同的地域对网站的流量进行细分。

【练一练】登录指数平台工具或大数据平台，了解某品牌关键词的搜索指数与趋势。

1. 网站流量统计指标

网站访问量指标可根据网站流量统计报告获得，网站流量分析报告是网站访问日志的汇总，包括详细的数据分析和预测。使用流量分析工具有两种方法：一种是在网站服务器端安装统计分析软件；另一种是采用第三方提供的网站流量分析服务。百度网站流量统计系统如图 6-1 所示。

图 6-1 百度流量分析系统图

【案例】生意参谋最早是应用在阿里巴巴 B2B 市场的数据工具，在原有规划基础上，生意参谋分别整合量子恒道、数据魔方，最终升级成为阿里巴巴商家端统一数据产品平台。流量分析展现全店流量概况、流量来源及去向、访客分析及装修分析；商品分析提供店铺所有商品的详细效果数据，目前包括五大功能模块，即商品概况、商品效果、异常商品、分类分析、采购进货；交易分析包括交易概况和交易构成两大功能，可从店铺整体到不同粒度细分店铺交易情况，方便商家及时掌控店铺交易情况，同时提供资金回流行动点。营销推广包括营销工具、营销效果两大功能，可帮助商家精准营销，提升销量。

网站流量统计指标体系所包含的项目及内容见表 6-1。

表 6-1 网站流量统计指标体系

项目	评估内容/代表含义
访问量（Traffic）	Traffic 指网站的访问量，是用来描述访问一个网站的用户数量及用户所浏览的网页数量等指标。常用的统计指标包括网站的独立访问者数量、总访问者数量（含重复访问者）、页面浏览量、每个访问者的页面浏览量、用户在网站的平均停留时间等。如果一天内 10 个人分别访问一个网站 2 次，那么访问量是 20。独立访问者越多，说明网站推广越有成效，营销效果有成效
独立 IP 访问量（UV）	Unique Visitor 指在一定时期内访问网站的人数，每个固定的访问者只代表一个唯一的用户。访问者越多，说明网站推广越有成效。这个数值通常低于访问量
页面浏览量（PV）	Page View 是指在一定时期内所有访问者浏览的页面数量，说明了网站受关注的程度，是评估一个网站受欢迎程度的主要指标之一。如果一天内 10 个人分别访问一个网站 2 次，每次访问 5 个页面，那么访问页面数就是 100
平均页面访问数	平面页面访问数是访问页面数除以访问人数，是用户访问网站时平均看了多少个页面。平均访问数代表了网站黏度，一般而言，网站质量越高，用户看的页面越多，平均页面访问数也越高。本指标表明了访问者对网站内容或者产品信息感兴趣的程度

续表

项目	评估内容/代表含义
页面停留时间（VL）	Visit Length 是用户访问网页时的页面停留时间
跳出率（Bounce Rate）	跳出率是指用户只访问了入口页面（如网站首页）就离开的访问次数与所有访问次数的百分比
某些具体文件/页面的统计指标	通过网站访问量统计，用户可能获得某些具体页面被访问和下载的信息。本指标通常被用来评价某些推广活动的局部效果，将网站统计资料与所采取的网站推广手段结合分析，可提出网站访问量和营销策略之间的联系

【练一练】 通过微信扫描阅读“王老吉对不起”的相关信息，收集营销背景、过程及效果。

王老吉对不起

____

____

____

2. 百度统计的使用

百度统计的安装

（1）创建百度统计账号。要使用百度统计分析网站，首先要注册百度统计账号，一个账号可以跟踪多个网站。

（2）新增网站。注册百度统计账号后，还需要将自己的网站增加到百度统计中，即可使用百度统计对网站的流量数据进行统计和分析，其具体操作如图 6-2、图 6-3 所示。

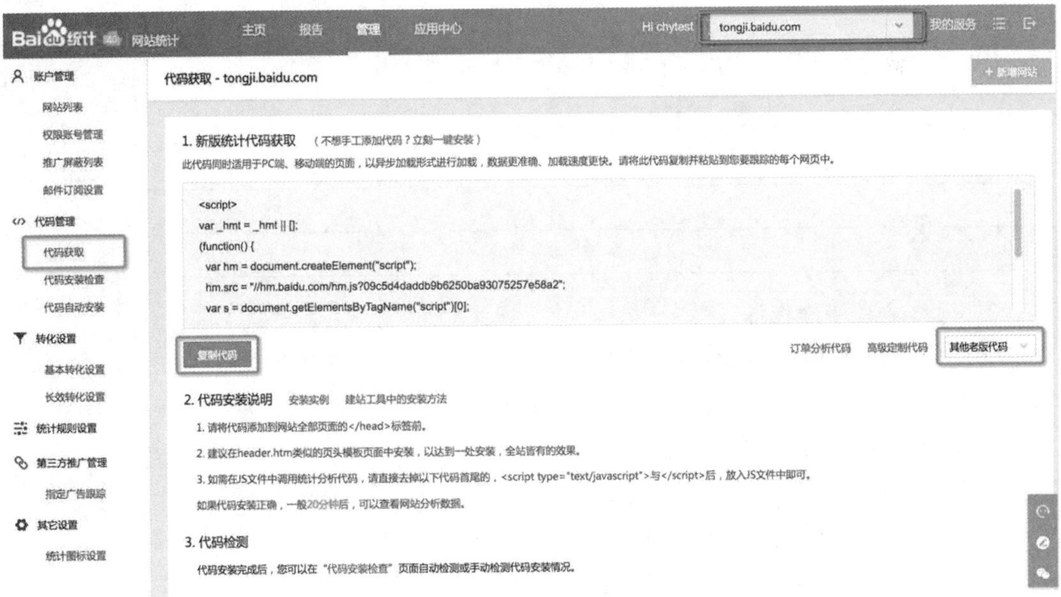

图 6-2　复制代码

```
<!DOCTYPE HTML>
<html>
<head>
    <title> New Document </title>
    <meta name="Keywords" content="">
    <meta name="Description" content="">

    <!--您网站的样式表/脚本-->

    <script>
        var _hmt = _hmt || [];
        (function() {
            var hm = document.createElement("script");
            hm.src = "https://hm.baidu.com/hm.js?09c5d4daddb9b6250ba93075257e58a2";
            var s = document.getElementsByTagName("script")[0];
            s.parentNode.insertBefore(hm, s);

        })();
    </script>
</head>
                                                        访问分析代码
<body>
<!--您网站的页面代码-->
</body>
</html>
```

图 6-3　粘贴代码

（3）查看网站流量。在百度统计“报告”页面的“网站概况”栏可以查看网站的整体情况，在上方的“今日流量”栏中可以查看今日和昨日的流量数据，在“今日流量”栏中可以查看的指标包括“浏览量（PV）”“访客数（UV）”“IP 数”“跳出率”“平均访问时长”和“转化次数”，如图 6-4 所示。

图 6-4　百度统计网站概况分析

【讨论】网站的 UV 和 IP 值是一样的吗？

3. 网络广告评价指标

虽然广告数据在今天已经可以被量化了，但是数字广告依然会面对同样的问题，仍然会有大量的虚假数据产生。网络广告渠道商通过大量的虚假点击与激活，来骗取广告主，无形间增加了广告主的成本。

因此，广告监测有以下两个主要目的：

（1）监测和衡量广告投放效果。通过反作弊手段，识别出各个渠道的虚假数据。

（2）为市场人员提供数据支撑。精细化运营，优化投放广告素材。

网络广告常用评价指标有展现数（Impressions）、点击数（Clicks Times）、点击率（CTR）、每次点击费用（CPC），这些通常可以从广告投放的目标媒体中获得。除此之外，还有一些重要指标：每次获取成本（Cost Per Acquisition，CPA）、转化率（Conrersion Rate，CVR）、广告投资回报（Return On Advertising Spend，ROAS），这些则要结合广告主的网站分析数据来计算。这些指标含义和计算方法是进行营销效果评估和优化的重要前提。下面分别介绍各个指标的定义及分析注意事项，见表 6-2。

表 6-2　网站点击率及转化率指标解析

指标名称	定义	注意事项
展现数（Impressions）	广告在媒体网站上的显示次数。普通的横幅广告会随着网页被访问而展现，其展现数为所在网页的访问次数，对于交替显示的图片广告则要看轮换的间隔时间，即交替频率	展现数是支付费用的依据，广告投放的位置不同，取得的效果也不同
点击数（Clicks Times）	广告在媒体网站上被点击的次数。PPC（Pay-per-Click，点击付费广告）广告就是按照点击数支付费用的	点击数一般会大于点击广告进入网站的访问次数，原因就是用户会在网站的网页完全显示前就关闭浏览器，这种情况是无法被分析工具统计的
点击率（CTR）	特定广告的点击数÷展现数	点击率太低可能是广告的诉求力或劝诱力不够，也可能是因为所在网页的主题内容与广告的主题不符。若点击率高，而转化率不高，则这网站的登录页有问题，或是广告有过度宣传的成分
每次点击费用（CPC）	广告费用÷点击数，CPC 相当于 1 次点击的成本	若能把握点击与收益之间的大概比例，这个指标就会成为计算损益分界线的依据
每次获取成本（CPA）	广告费用÷转化数（或获得的顾客数），相当于一个顾客的成本，也可以看作是促成一次商品购买要耗费的广告成本	CPA 值越低说明广告效率越高。若每次转化所带来的收益基本相同，这个指标也可以用来评价不同广告的投资回报
转化率（CVR）	转化数÷点击数，转化是指访问者点击广告进入网站，并完成了会员注册、商品购买或资料请求等任务的访问	转化率可以评价和比较相同促销活动中不同广告的转化诱导力
广告投资回报（ROAS）	通过广告获得的销售额÷广告费用×100%，ROAS 是成果和费用的比率	ROAS 从费用的角度衡量广告的价值，超过 100%就不挣钱了

【案例】小易学车门店推广。

一、公司简介

公司名称：上海光明×××驾驶员培训集团有限公司。

品牌名称：小易学车，是其旗下唯一线上自营平台。

主要业务：驾照培训，小轿车自动挡/手动挡/摩托车/大巴车驾照培训 4 种。

核心优势：价格低于市场水平；自有训练基地，内设考场。

竞对分析：市场竞争对手多，非行业头部客户。

二、投放简介

投放背景：客户公司刚成立，已经在其他平台投放，在百度投放，可借鉴其他投放渠道效果较好的物料。

投放概括：投放日预算为1000元；投放方式为搜索、信息流。

营销目标：拓量。驾驶教培市场竞争激烈，小易学车作为一个初创品牌，希望能够扩大市场，不断拓量。

考核目标：表单/线索成交量，到店消费；CPA：200～300元。

三、营销策略与分析

（1）目标人群分析，如图6-5所示。

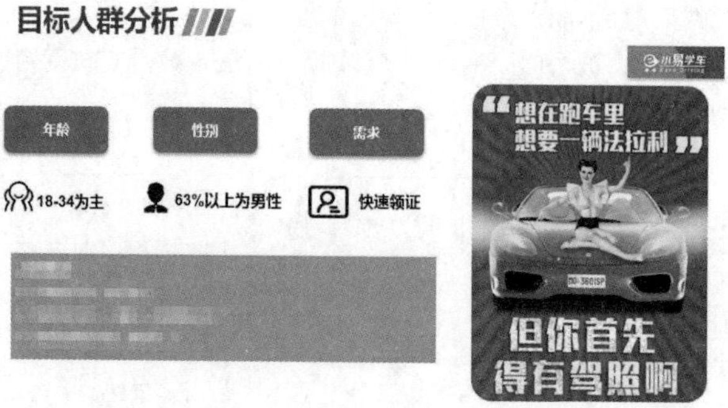

图6-5　目标人群以及创意分析

2. 营销策略方案，如图6-6所示。

图6-6　营销方案

四、项目执行与投放

（1）具体执行知识要点，如图6-7所示。

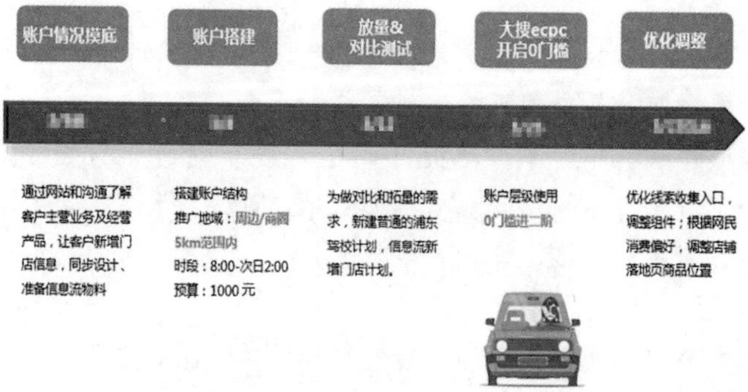

图6-7　项目执行知识要点图

2. 物料制作与投放，如图 6-8 所示。

图 6-8　落地页示意图

五、投放效果与总结

门店推广投放以后，展现量、消费、点击整体呈现上升趋势。投放点击率如图 6-9 所示。

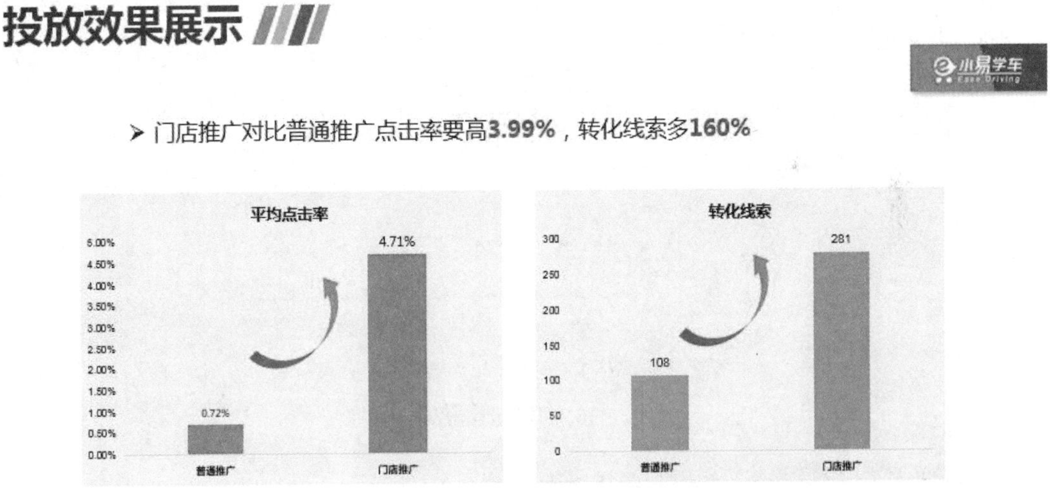

图 6-9　投放点击率对比图

【案例】AdTracker 第三方竞品广告投放监测。

美国百货商店之父，约翰·沃纳梅克曾经提出广告界的哥德巴赫猜想：“我在广告上的投资有一半是无用的，但问题是我不知道是哪一半。”

另一位菲利普·科特勒先生也提到：“促销费用的大部分都打了水漂，仅有 1/10 的促销活动能得到高于 5%的响应率，而这个可怜的数字还在逐年递减。”

AdTracker 标准版为艾瑞自主研发的网络广告投放监测系统，包含计算机、手机、OTT 即互联网公司越过运营商业务，发展基于开放互联网的各种视频及数据服务业务，三端网络广告监测数据。AdTracker 产品通过爬虫、应用程序接口及人工监测的方法监测主流 500 多个网站、App 的品牌广告，为互联网营销市场提供竞品广告投放量及投放费用参考，真实反映中国网络广告市场客观情况。

【思考】比较同一行业两家企业网站的网络活动，并分析其活动的优点缺点。

知识点 2：掌握网络访问统计的主要指标

主要指标

1. 页面浏览量分析

在网站流量统计分析报告中给出的网站的页面浏览量，一般是在一个统计时期内的网页浏览总数，以及每天平均网页浏览量。这个数字表明了网站的访问量情况，可以用作网站推广运营效果的评估指标之一。页面浏览分析如图 6-10 所示。

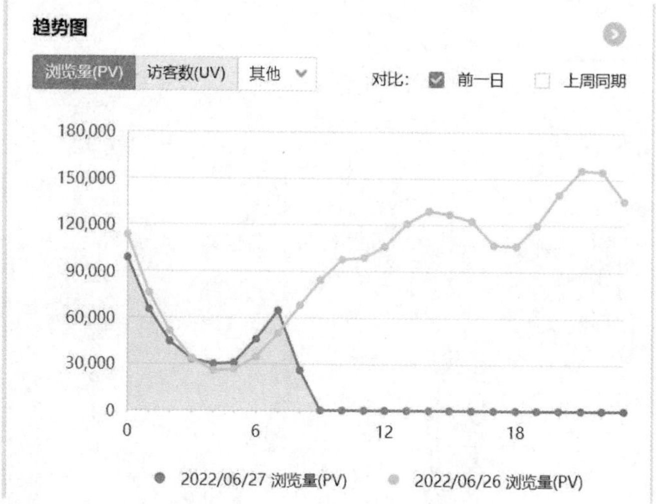

图 6-10　页面浏览分析

2. 独立访问者数量分析

独立访问者数量也称为用户数量，是网站流量统计分析中另一个重要的数据，并且与网页浏览量分析之间有密切关系。独立访问者越多，说明网站推广越有成效，也意味着网络营销卓有成效，因此它是最有说服力的评估指标之一。相对于页面浏览量指标，网站独立访问者数量更能体现出网站推广的效果。

3. 用户来源分析

网站用户来源统计信息，为网络营销人员从不同角度分析网站运营的效果提供了方便。例如，分析常用的网站推广手段带来的访问量，如图 6-11 所示。

来源类型		网站基础指标			流量质量指标	
		浏览量(PV)	访客数(UV)	IP数	跳出率	平均访问时长
+ 1	搜索引擎	1,157,230	586,431	552,777	85.55%	00:01:34
2	直接访问	475,760	258,207	249,073	66.39%	00:02:24
+ 3	外部链接	264,464	146,680	140,166	80.41%	00:02:11
4	自定义来源	1,568	1,135	1,133	79.62%	00:01:36
	当前汇总	1,899,022	992,453	943,149	81.09%	00:01:49

图 6-11　用户来源分析

用户来到一个网站的方式通常有三种：一种是在浏览器地址栏中直接输入网址或者单击收藏夹中的网站链接；另一种是通过别的网站引导而来，即来源于其他网站；还有就是通过搜索引擎。用户来源网站，也称为引导网站、推荐网站许多网站。统计分析系统都提供了用户来源网站统计功能，这对于网站推广分析具有重要意义。

一般来说，通过网站流量统计数据，可以获得用户来源网站的基本信息：来源网站（网页）的 URL 及其所占百分比、对网站访问量贡献最大的引导网站、对网站访问量贡献最大的搜索引擎、网站在搜索引擎检索中表现最好的核心关键词等。

4. 搜索引擎和关键词分析

通过网站流量统计数据，可以对用户使用的搜索引擎及关键词进行统计分析，具体指标包括：各个搜索引擎重要程度统计、关键词使用情况统计、最重要的搜索引擎分析、最重要关键词分析、搜索引擎带来的访问量占网站总访问量的百分比。根据这些统计数据，可以初步断定该网站用户使用搜索引擎的一般特征，并可据此改善、优化搜索引擎营销策略。

总之，网站流量统计分析非常重要，尤其是其中的搜索引擎关键词分析，对于制定和改进网站的搜索引擎推广策略至关重要。无论是自己进行网站流量分析，还是请专业机构来操作，都很有必要了解网站流量统计分析期望获得的结果，或者说应该能够获得的分析结果。

【案例】新手卖家小王在淘宝网上开店创业后，销量情况并不十分理想。经过同行指点，小王使用数据分析工具——生意参谋对店铺产品进行了行业数据分析。小王针对店铺主营的大码女装进行了搜索词分析和搜索用户年龄分析，结果显示：搜索词“休闲少女风穿搭”“大码女装”“秋款两件套 洋气 减龄”位于搜索词排行榜前三甲，其中 18～24 岁年龄段的用户搜索量遥遥领先。根据分析结果，小王对店铺的关键词进行了优化，重新制订了推广方案，并对店铺产品的结构进行了调整。一段时间后，店铺销量果然得到了提升。

【讨论】搜索引擎关键词引流应该注意什么？

任务拓展

案例：小鹏汽车直连私域体系开辟生意新赛道

新能源汽车政策向好，多企业逐鹿新能源汽车赛道，小鹏汽车需巩固行业霸主地位，但是面临用户触达难、存量竞争等问题，小鹏汽车线上获客难度加大。

用户对新能源汽车认可度逐年提升，C 端需求逐渐放量。但新能源行业获客量需求逐步上升，竞争激烈，小鹏汽车获客成本逐渐攀升。

一、公私域直连

以最近的距离与品牌潜客建联。

公域触点：朋友圈广告。

运营工具：企业微信。

二、策略及执行

公域流量收口到企业微信后，进行社群营销。三种方式直连小鹏潜客促成线索高效转化：1 对 1（信息咨询）、n 对 1（产品销售服务）、n 对 n（产品兴趣群）。

亮点 1：公域触点，多素材配合迅速提升流量及转化贡献，如图 6-12 所示。

图 6-12　多素材创意

亮点 2：企微客服运营培训服务，增强运营能力。

亮点 3：企微区域互联提升转化。

小鹏汽车寻求突破“买量思维”，在存量时代以用户转化为目的，提升品牌用户增长内循环能力。企业微信，不仅是一款企业内部协作产品，它还有最大的一个功能点，能够面向消费者，能够满足小鹏汽车触达消费者“最后一公里”的痛点。

项目制开启企微直连赋能区域门店。拉群率 90%，企微加粉 7000 多，到店率提升 200%，转化率提升 59%，截至 2021 年 7 月促成数十台成交。

小鹏汽车寻求突破“买量思维”，在存量时代以用户转化为目的，提升品牌用户增长内循环能力。利用企业微信社交工具，优化线上链路提升品牌消费者触达率的同时，真正将用户流量变为用户“留量”，与以往冰冷的联系方式相比，更具互动性、参与性。

（资料来源：https://e.qq.com/success/detail/?pid=6690）

问题：

小鹏汽车在网络营销中如何提高转化率？

任务巩固

网店活动流量数据

实训　评估推广效果

【实训目的】

公司促销活动已结束，为了评估活动效果，部门经理安排小何对活动期间的店铺数据进行分析，明确活动为店铺带来流量，评估活动效果，完成活动推广效果分析，为其后期营销策略的制定提供参考。

【实训内容】

（1）结合搜索引擎营销理论要点，整理出竞价排名等相关知识。

（2）本次实训有 1 项任务，请完成实训任务，将实训成果整理到相关表格中（表格可以另外附页）或以思维导图形式呈现。

（3）实训过程中采用线上线下混合式学习方式，学生以小组为单位协同合作，通过头脑风暴集思广益，共同完成实训任务。

【实训资料】

丰富的促销活动的确能非常有效地吸引买家的目光，但是促销活动绝不是随便打个折、送个赠品就能成功的。要想成功开展一次促销活动，卖家必须制定周详的计划，把握活动成功的要点、避开活动误区，才能做到万无一失。某电子商务企业部门经理制订了平台活动方案，活动方案如下：

目标人群：成年女性。

活动时间：2022-03-16 00:00～2022-03-22 24:00。

活动内容：通过提供试用商品吸引向买家进店并关注宝贝，为品牌快速入市提供帮助。

活动目的：此次活动旨在打造秋冬款爆品，为 10 月中旬大促和“双 11”大促引流。

现活动已结束，为其后期营销策略的制定提供参考。进入平台后台“流量分析—流量趋势”，获取网店活动流量数据，如图 6-13 所示。

日期	浏览量	访客数	跳失率	人均浏览量	平均停留时长	店铺加收藏人数	加购点击次数	下单转化率	浏览-支付转化率	客单价	新访客占比	新买家占比
2022/3/12	492	209	0.569978	2.06699	90.14893	17	97	0.014706	0.014706	14.27	0.799049	1
2022/3/13	426	215	0.562791	1.982	94.9907	19	29	0.098895	0.029126	7.49	0.772099	1
2022/3/14	689	954	0.695599	1.92998	92.2917	21	40	0.011494	0.014968	9.55	0.875706	1
2022/3/15	1168	570	0.609509	2.04913	99.5807	97	66	0.099688	0.02905	6.27	0.912281	1
2022/3/16	6118	9208	0.562656	1.90711	22.16926	279	252	0.005054	0.004798	12.28	0.80985	1
2022/3/17	2599	1410	0.620567	1.80071	24.97873	116	92	0.00504	0.00504	12.05	0.797169	0.85715
2022/3/18	1899	1020	0.581979	1.86177	26.92549	81	88	0.002991	0.002991	16.69	0.787255	0.66667
2022/3/13	2290	1268	0.619874	1.80599	29.8265	85	108	0.004009	0.004009	15.19	0.780757	1
2022/3/20	1509	755	0.569596	1.99868	26.04768	45	91	0.016151	0.016151	12.79	0.810596	0.91667
2022/3/21	2991	1901	0.588778	1.7917	29.26441	64	92	0.004796	0.004796	19.74	0.790161	1
2022/3/22	1759	996	0.609498	1.76004	19.09998	59	69	0.008282	0.007246	16.52	0.767068	1

图 6-13　某网店流量数据

【实训任务】

本营销活动的目的是在于“拉新（吸引新客户）”。那么我们需要明确活动效果、各渠道流量占比、各渠道流量转化率以及营销活动对“拉新”的效果。请通过对数据进行分析计算和可视化，完成表 6-3。

表 6-3　推广效果

活动效果	各渠道流量占比	转化率	拉新效果

任务一学习效果评价

<table>
<tr><th rowspan="3">评价方式</th><th colspan="5">评价内容</th></tr>
<tr><th rowspan="2">评价项目</th><th colspan="4">评价等级</th></tr>
<tr><th>A</th><th>B</th><th>C</th><th>D</th></tr>
<tr><td rowspan="5">自评</td><td>对本任务知识感兴趣的程度</td><td>浓厚</td><td>较浓厚</td><td>一般</td><td>弱</td></tr>
<tr><td>独立思考的能力</td><td>强</td><td>较强</td><td>一般</td><td>弱</td></tr>
<tr><td>体验到学习成功的愉悦感</td><td>强</td><td>较强</td><td>一般</td><td>弱</td></tr>
<tr><td>理解别人的思路，与同伴交流的意识</td><td>强</td><td>较强</td><td>一般</td><td>弱</td></tr>
<tr><td>在知识、方法等方面获得收获的程度</td><td>高</td><td>较高</td><td>一般</td><td>低</td></tr>
<tr><td rowspan="3">同行互评</td><td>本节课堂发言的次数</td><td>多</td><td>较多</td><td>一般</td><td>少</td></tr>
<tr><td>课堂练习完成的质量</td><td>高</td><td>较高</td><td>一般</td><td>低</td></tr>
<tr><td>自主探究意识和团队协作能力</td><td>高</td><td>较高</td><td>一般</td><td>低</td></tr>
</table>

任务二　网络营销效果优化

工作任务

公司在网络营销推广方案中推广的产品有两个：冰淇淋机和烧烤机（主推冰淇淋机），以冰淇淋品牌加盟形式和单卖设备形式经营。经过近两个月的网络营销推广活动，已经取得了阶段性的成果，现在有必要对网络营销推广方案实施效果进行评估。

那么，应该如何评估网络营销效果与优化？

任务实施

为了更好地学习营销效果优化相关内容，并完成本小节的工作任务，需要从以下几个知识要点开展学习。

知识点 1：了解网络推广的效果评估

【案例】别克免息促销活动网络推广（图 6-14）效果见表 6-4。

图 6-14　别克汽车广告

表 6-4　推广效果

项目	内容
项目目标	别克免息促销活动吸引用户试驾
样式	Banner/插屏
目标受众	人群定向：男性 关键词定向：“别克”“中级车”“通用汽车”等词包 场所定向：机场 媒体：资讯类、交通类、旅行类、体育类等
效果	激活成本：小于 500 元 男性定向组：点击率超过无人群定向组的 2 倍

1. 搜索引擎推广效果评估

（1）收录和反链。公司网站经过一段时间的推广工作，网站收录和反链通过站长工具查询得到的结果如图 6-15 所示。

图 6-15 公司网站收录和反链

（2）权重值。公司网站百度移动权重提升到 2，如图 6-16 所示。

综合权重概况　　历史

综合	权重	关键词数	第一页	第二页	第三页	第四页	第五页	预计来路
百度PC	1	38 (-4)	10 (-3)	5 (-3)	11 (+2)	8 (+2)	4 (-2)	28 ~ 46
百度移动	2	34 (-1)	7 (0)	10 (+2)	9 (-2)	3 (0)	5 (-1)	267 ~ 427
360PC	1	12 (0)	5 (-1)	7 (+1)	0 (0)	0 (0)	0 (0)	8 ~ 12
360移动	1	9 (0)	6 (-1)	3 (+1)	0 (0)	0 (0)	0 (0)	15 ~ 25
神马	1	3 (+2)	2 (+1)	1 (+1)	0 (0)	0 (0)	0 (0)	5 ~ 7
头条	1	3 (0)	2 (0)	0 (0)	1 (0)	0 (0)	0 (0)	12 (-1)
搜狗PC	1	8 (-3)	3 (-2)	2 (0)	0 (0)	2 (+1)	1 (-2)	8 ~ 14
搜狗移动	1	8 (+2)	4 (+1)	4 (+1)	0 (0)	0 (0)	0 (0)	60 ~ 96

图 6-16 公司网站权重值

2. 其他推广效果评估

通过分析公司网站流量的来源域名，我们发现，网站流量的主要来源是百度网页，占到了总体的 58%。另外，在推广效果的反馈方面，发现通过近两个月的网络推广，打电话咨询的客户较以前明显增加，每天都有十来个客户打电话来咨询公司的项目，而且主动打电话进来的客户转化率比较高。除此之外，公司官网每天都有客户留言，这些客户大都通过搜索引擎找到公司网站，进而了解公司创业项目，然后给网站留言。总之，通过近两个月的推广，基本上达到了预期的网络营销推广目标。

【讨论】请选择一家你常用的购物网站，评估这家网站的网络营销效果。

____

____

____

知识点 2：了解网络营销的效果优化

优化技巧　　戴森营销转化率

网络营销效果优化主要是指在对网络流量统计数据、点击率、转化率等数据进行分析并正确评估的基础上，对原有的网络营销策略进行调整、优化的行为。

1. 访客流量分析及优化

（1）根据店铺每天的访客高峰及低谷，优化客服人员安排、商品上架时间、广告投放时段等，如图 6-17 所示。

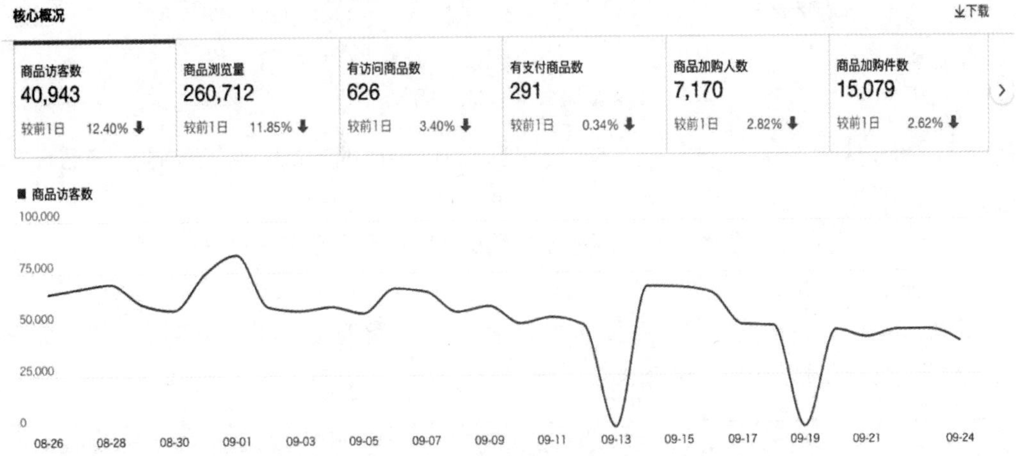

图 6-17　某店铺流量统计图

（2）根据店铺的月访客数及转化率的变化情况，优化上架商品种类、产品关键词设置等内容。转化率下降，说明店铺的上架产品、产品关键词设置等方面出现了问题，应该及时进行调整与优化。具体操作可以从以下几方面着手：

1）产品应选择时尚、款式好、性价比高的产品，并且每类产品只推广 1～2 款，其他产品适当做关联销售。

2）产品的关键词设置应精确，尽量与推广产品的目标客户搜索习惯及需求相一致。

3）产品图片一定要清晰、美观、大气，产品描述一定要图文并茂，以提升产品的转化率。

4）用户对所购商品的评价尽量避免中差评，即使最后客户评了中差评，客服人员也应该给一个合乎情理的解释与回复，不能让不良信息不断发酵并持续扩散。

2. 访问来源分析及优化

在流量统计模块中，有一个关于访问来源的分析图，是针对访问来源的分析结果。应根据此图对公司的网络营销策略进行相应的调整。

3. 访客关键词分析及优化

关键词效果分析指标要弄清，应该采取相应的优化策略加以改善，如图 6-18 所示。

（1）优化主题图片。图片要清晰、突出特点、有创意、适当制造购买紧迫感；图片文案突出卖点。

（2）优化关键词标题。使标题更具有吸引力，如特价包邮、打折促销等。

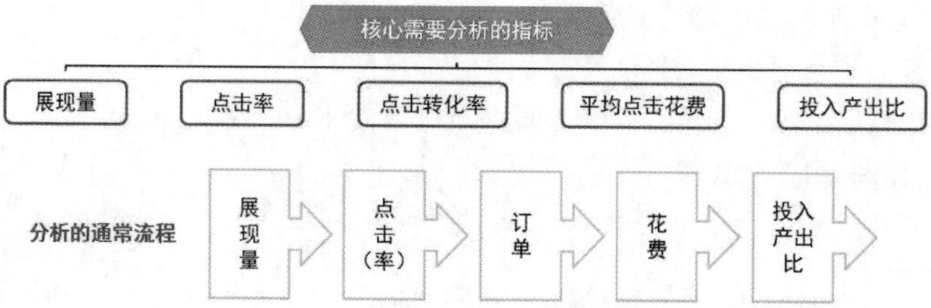

图 6-18 关键词分析指标

（3）优选推广产品。推广产品应选择具有高性价比的产品，从而使推广产品具有吸引力。

（4）优化关键词。关键词的设计要最大限度地与产品目标客户的搜索习惯及需求一致。

【案例】推广关键词效果分析。

某网店推广关键词效果报表如图 6-19 所示。以该组数据为例对该网店关键词推广效果进行分析。数据分析如图 6-20 所示。

关键词	展现量	点击量	点击率	花费（元）	直接成交金额（元）	直接成交笔数	间接成交金额（元）	间接成交笔数	投入产出比	总成交金额（元）	总成交笔数	点击转化率
老年人钙片碳酸钙骨质	24,576	469	1.91%	931.27	2138.00	22	236.00	3	2.55	2374.00	25	5.33%
钙片碳酸钙中老年	18,069	226	1.25%	418.42	1171.40	12	0.00	0	2.8	1171.40	12	5.31%
钙片碳酸钙中老年腿抽筋	17,535	787	4.49%	1547.36	3780.00	38	517.63	5	2.78	4297.63	43	5.46%
钙片碳酸钙女性补钙	13,220	223	1.69%	412.67	1.885.40	19	0.00	0	4.57	1885.40	19	8.52%
中老年人钙片碳酸钙骨质	10,110	97	0.96%	182.56	334.00	3	0.00	0	1.83	334.00	3	3.09%
钙片碳酸钙女性	9,977	103	1.03%	176.92	334.00	3	0.00	0	1.89	334.00	3	2.91%
钙片	2.337	5	0.21%	9.24	0.00	0	0.00	0	0	0.00	0	0%

图 6-19 网店推广关键词数据

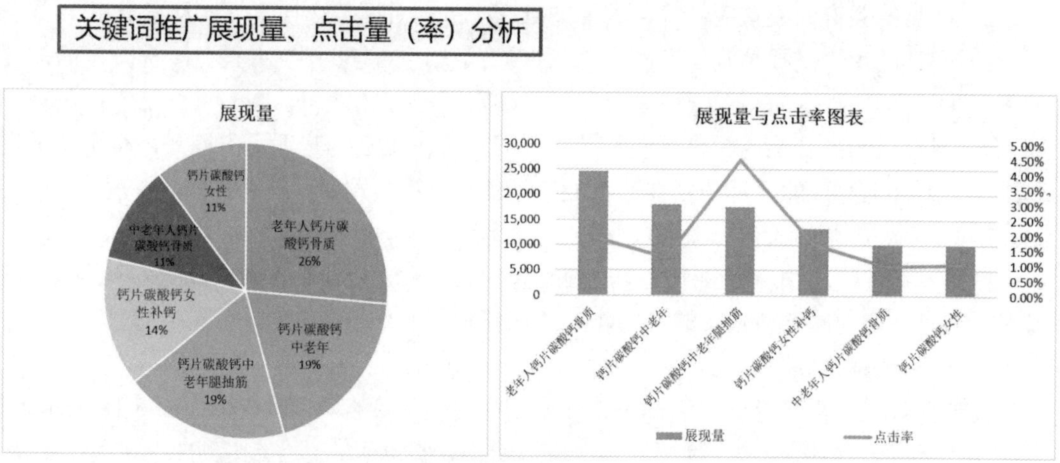

图 6-20 关键词钙片推广效果

关键词“钙片”的展现量及点击率均处于最低，而该关键词从搜索量角度分析，其搜索量显然要高于其他几个关键词。

造成该关键词展现量较低的原因有两个，一是该关键词的质量度较低，可以从创意及商品页面等方面进行优化；另一方面则是关键词的出价过低造成的，由于关键词出价较低，造成商品本身展现机会较少，这种情况下可以通过提升关键词出价进行优化。

4．访客行为分析及优化

访客行为是客户为满足自己的某种需求，选择、购买、使用、评价、处理产品或服务过程中产生的心理活动和外在行为表现。客户行为分析是对这一过程中（各模块/环节）产生的数据进行分析，发现客户行为特点和规律的过程。

访客行为优化是根据分析结果预测客户需求、监测客户流向等，进而有针对性地提供满足客户需求的产品或服务，有针对性地引领客户转化到最优环节或企业期望客户抵达的环节，最终达到提升企业盈利能力的目的。

总之，网络营销效果评估与优化是一项复杂而又非常重要的系统工程。随着电子商务的飞速发展，网络营销必然会受到越来越多专业人士的青睐，评估与优化的手段也会不断创新与发展。可以预见，在不久的将来，越来越多的有识之士，将耕耘在中国互联网的这片沃土上，在辛勤的探索与不断的创新中，成就其网络时代的追求与梦想。

【案例】店铺客户行为分析——访问路径，如图 6-21 所示。

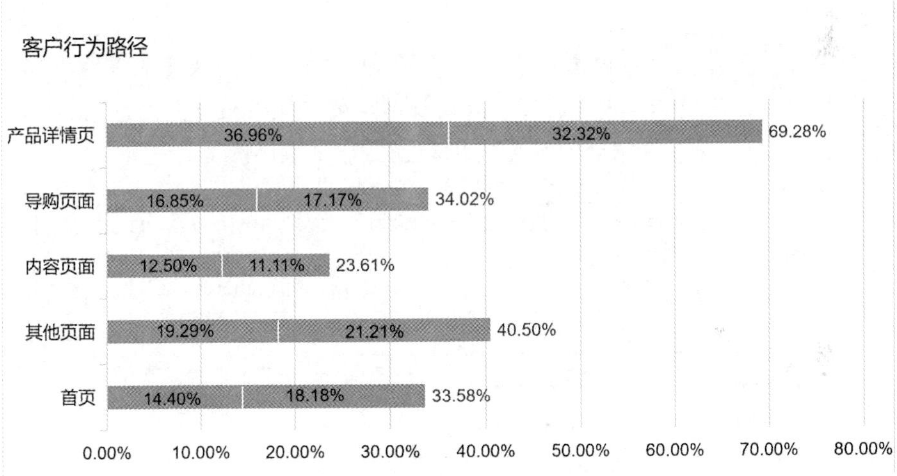

图 6-21　客户行为路径

从图 6-21 中，我们能够看到客户入口分布及相应的比例，很明显客户选择从产品详情页进入的比例最大，其中访客数占总访客数比例为 36.96%，下单买家数占总下单买家数比例为 32.32%。可见客户选择该企业的产品详情页作为主要入口。

1．店内路径分析

其店内路径涵盖导购页面、内容页面、首页、商品详情页、其他页等。从图 6-22 中可知，该企业商品详情页的访客来源于导购页面、首页、商品详情页和店外其他来源，其中导购页面有 21/27=77.78%的客户访问了商品详情页；首页中有 26/48=54.17%的客户访问了商品详情页；商品详情页中有 103/596=17.28%的客户访问了商品详情页等，可见从商品详情页到商品详情页的比例最小，说明商品详情页的关联推荐存在一定问题，企业需要加强商品详情页关联推荐的设置。

接着分析商品详情页客户去向的支付金额和支付金额占比，如图所示，看完商品详情页后，选择离开的客户占比最多，占比 80.35%，说明企业需要强化商品详情页的设计，以留住客户；看完商品详情页后，去往商品详情页的客户支付金额占比最多，占比 91.19%，去往导购页面和首页客户的支付金额与支付占比很少，说明企业需要重视首页和导购页面的设计与布局。

店铺导购页面	店铺内容页面	首页	商品详情页	店铺其他页
访客数 27	访客数 11	访客数 48	访客数 596	访客数 3
占比 3.94%	占比 1.61%	占比 7.01%	占比 87.01%	占比 0.44%

来源	访客数	访客数占比
店铺导购页面	21	2.79%
首页	26	3.45%
商品详情页	103	13.68%
店外其他来源	603	80.08%

商品详情页
访客数：596

去向	访客数	访客数占比	支付金额	支付金额占比
店铺导购页面	18	2.44%	39	5.75%
首页	24	3.25%	21	3.06%
商品详情页	103	13.96%	633	91.19%
离开店铺	593	80.35%	0	0%

图 6-22　某店铺的店内路径分析

2. 客户去向分析

客户去向是客户从哪个页面离开又去了哪个页面。图 6-23 为某企业淘宝后台某周的客户去向，从图中可以看出，客户从店铺首页离开网店的占比最大，占比为 72.35%，其次是商品详情页，为 27.06%，说明企业需要优化其首页与商品详情页的设计。

店铺首页	商品详情页	搜索结果页	店铺自定义页	商品分类页	店铺其他页
访客数123	访客数46	访客数1	访客数0	访客数0	访客数0
占比72.35%	占比27.06%	占比0.59%	占比0.00%	占比0.00%	占比0.00%

排名	访问页面	离开访客数	离开浏览量	离开浏览量占比
1	https://shop195513740.taobao.com/	123	127	96.95%

图 6-23　某店铺的客户去向分析图

任务拓展

案例：装修建材行业页面质量优化，提升落地页转化

1. 营销背景

客户属于房产行业的装修建材厂商，其主营产品为石笼网系列和格宾网系列，在页面进行优化前落地页有整体线索量过低、优化中心提示落地页质量相关性差、顺应考核需求落地页质检评分低等问题。在对行业和账户分析后发现，存在的点击量少、落地页质量差、平均点击价格（Average Click Price，ACP）高和关键词消费集中等几个难点。

2. 营销目标

提升线索量，稳定线索成本。

3. 营销方案

通过对行业玩法透析，得出自己生产利润高、拿货利润低的行业特点，并根据账户分析的难点给出了针对的解决方案。

问题 1：关键词消费集中，ACP 高。

（1）拓词。借助工具“优化中心—添加新关键词”拓展关键词至 2063 个，重点添加用途、价格类关键词。

（2）单独搭建核心词计划：格宾网等核心词匹配调至精确匹配，单独搭建计划，控制预算。

（3）搭建潜在流量计划。添加“施工流程”“施工方法”等关键词，覆盖潜在流量。

问题 2：点击量少，计算机端点击率低。

（1）增加预算，以提升点击量。此行业均值 ACP 为 20 左右，属于正常水平，点击量少主要因素在于预算低；预算从 300 元提升至 1000 元。

（2）提升计算机端点击率。

1）行业大卡样式。添加橱窗样式、叠加导航、列表、图文等样式。

2）上方位广告。对转化词使用排名倾向出价策略，保证上方广告位展示。

问题 3：落地页质量差。

（1）落地页质检。了解落地页在整体行业中竞争力情况，查看优化空间，如图 6-24 所示。

视听体验		内容丰富度	引入形式	转化交互	
图片质量度	视频质量度	内容丰富度	内容引入形式	转化组件类型	转化组件布局
清晰度高	无视频	· 产品服务、服务优势 · 服务案例信息展示不完全 · 无公司信息 · 无优惠活动	全部纯长图	表单：1个 电话：2个	· 首屏加表单 · 底部悬浮电话 · 侧边中部悬浮 文案：最新报价单 / 提交

图 6-24　落地页质检

（2）落地页优化。借助工具“落地页质检详情”“优化中心-提升落地页相关性”优化页面，优化效果如图 6-25 所示。

图 6-25　落地页优化前后对比

4. 营销效果

优化后对效果进行了评估，展现量提升606%，平均成本降低14%。

（资料来源：https://yingxiao.baidu.com/case/detail?from=yingxiaoSearch&id=4117）

问题：

（1）此案例中，从哪些数据评价网络营销效果？

（2）落地页转化偏低的原因有哪些？

（3）如何提升营销效果？

任务巩固

直通车关键词

实训　完成关键词推广效果分析

【实训目的】

直通车广告能帮助网店实现精准化推广，给网店带来非常大的流量，同时成交量也会比较可观。用户搜索关键词之后，推广的商品将展示在搜索页面某个位置，因此衡量直通车投放效果指标包含创意图片、创意标题与投放的关键词。通过关键词推广效果分析提升网店流量和人气，为网店带动更多的成交，学生需要掌握关键词效果相关指标和分析知识。

【实训内容】

（1）结合搜索引擎营销理论要点，整理出竞价排名等相关知识。

（2）本次实训有2项任务，请完成实训任务，将实训成果整理到相关表格中（表格可以另外附页）或以思维导图形式呈现。

（3）实训过程中采用线上线下混合式学习方式，学生以小组为单位协同合作，通过头脑风暴集思广益，共同完成实训任务。

【实训资料】

在网店经营活动中，企业往往都会通过站内付费推广工具如直通车、钻展、淘宝客，或免费推广工具微淘、网店活动等渠道进行营销，更好地使用这些工具、渠道，便要从推广数据分析开始。

某电商企业主营零食夹心面包。目前已知店铺2020年9月份的直通车推广数据，部门经理安排小王对本月直通车推广情况进行分析，支撑销售策略的优化。

关键词选择是否合适直接影响直通车推广的效果，优化主要依据关键词的点击率、转化率、投资回报率以同的进行调整。而质量得分主要用于衡量关键词与商品推广信息和用户搜索意向之间的相关性，其计算依据涉及了多种因素，其中关键词的点击率、转化率、收藏率等会影响质量得分。关键词的排名、扣费都与质量得分有关，通过优化关键词的点击率、转化率等指标，可以提高质量得分，进而优化直通车推广效果。某企业关键词报告如图6-26所示。

关键词	出价	展现量	点击量	点击率	花费	平均点击花费	总成交金额	总收藏数	总购物车数	点击转化率	投入产出比	总成交笔数
厚切芝士条	¥0.10	755	174	23.05%	¥31.40	¥0.18	¥149.99	7	16	2.30%	4.78	4
泓一	¥0.20	1,890	82	4.34%	¥15.22	¥0.19	¥121.59	2	5	4.88%	7.99	4
坚果面包	¥0.25	760	49	6.45%	¥20.78	¥0.42	¥117.81	0	3	6.12%	5.67	3
泓一芝士条	¥0.10	235	67	28.51%	¥17.32	¥0.26	¥75.80	3	6	2.99%	4.38	2
泓一食品旗舰店	¥0.10	1,043	116	11.12%	¥29.37	¥0.25	¥75.80	2	3	1.72%	2.58	2
芝士蛋糕条	¥0.10	768	109	14.19%	¥29.39	¥0.27	¥75.80	0	11	1.83%	2.58	1
鸭肉干	¥0.10	795	34	4.28%	¥17.41	¥0.51	¥46.50	1	5	2.94%	2.67	1
坚果面包	¥0.20	69	2	2.90%	¥0.96	¥0.48	¥39.79	0	0	50%	41.45	1
零食 早餐面包	¥0.18	899	124	13.79%	¥40.83	¥0.33	¥39.79	3	3	0.81%	0.97	1
面包整箱 早餐	¥0.25	565	5	0.89%	¥1.49	¥0.30	¥39.79	0	1	20%	26.7	1
芝士蛋糕包邮	¥0.23	1,359	129	9.49%	¥42.42	¥0.33	¥38.13	3	9	0.78%	0.9	2
原味花生	¥0.10	2,379	34	1.43%	¥24.45	¥0.72	¥29.60	2	3	5.88%	1.21	2
多味花生	¥0.10	1,049	16	1.53%	¥9.88	¥0.62	¥26.80	1	0	6.25%	2.71	1
威化饼干	¥0.15	78	8	10.26%	¥0.75	¥0.09	¥14.85	0	2	25%	19.8	2
南瓜吐司面包	¥0.15	755	17	2.25%	¥3.99	¥0.23	¥12.90	0	0	5.88%	3.23	1

图 6-26　某企业直通车关键词报告

【实训任务】

（1）通过对展现量（曝光量）、点击量（率）分析、收藏转化率、加购转化率、支付转化率分析关键词推广效果，完成表 6-5。

表 6-5　关键词推广效果分析

收藏转化最高的关键词	加购转化最高的关键词	支付转化率最高的关键词

（2）通过分析，找出对于以下情况的关键词的处理方法，完成表 6-6。

表 6-6　关键词处理

展现量小且无点击的词	展现量大，点击率高，花费高，同时有加购，但转化过低	高展现，高花费，低点击，无加购，无收藏	高展现，高收藏，高点击，但无转化

任务二学习效果评价

评价方式	评价内容				
	评价项目	评价等级			
		A	B	C	D
自评	对本任务知识感兴趣的程度	浓厚	较浓厚	一般	弱
	独立思考的能力	强	较强	一般	弱
	体验到学习成功的愉悦感	强	较强	一般	弱
	理解别人的思路，与同伴交流的意识	强	较强	一般	弱
	在知识、方法等方面获得收获的程度	高	较高	一般	低
小组互评	本节课堂发言的次数	多	较多	一般	少
	课堂练习完成的质量	高	较高	一般	低
	自主探究意识和团队协作能力	高	较高	一般	低

学习成果实施与测评

一、单选题

1. 评价网络广告效果时，CPA 指的是（　　）。
   A. 千人印象成本　　B. 每点击成本
   C. 每行动成本　　D. 每购买成本
2. 网络营销广告效果的最直接评价标准是（　　）。
   A. 显示次数　　B. 浏览时间
   C. 点击率　　D. A 项和 C 项
3. 计算网站目标达成的成本是常用的工具是（　　）。
   A. 竞价排名 PPC　　B. Click Tracks
   C. Google Analytics　　D. Webalizer
4. 对于电子商务网站，其目标价值是（　　）。
   A. 销售产品所产生的利润
   B. 有多少用户填写联系表格
   C. 有多少用户打电话给网站运营者
   D. 有多少用户下载白皮书或产品目录
5. 下列（　　）是网站内容向用户传递的信息。
   A. 公司信息　　B. 产品信息
   C. 促销信息　　D. 以上都是

二、多选题

1. FAQ 的设计包括（　　）几个方面的内容。
   A. 列出常见问题及答案　　B. 选定客户关系管理人员
   C. 客户关系管理人员培训　　D. FAQ 页面的组织设计
2. 企业网站是有效的网络营销工具和网上销售渠道，它能起到的作用是（　　）。
   A. 使外界了解企业　　B. 树立企业形象
   C. 在竞争中立于不败之地　　D. 提供一定服务
3. 网站流量指标有（　　）。
   A. 独立访问者数量　　B. 页面浏览数
   C. 用户在网站的停留时间　　D. 每个访问者的页面浏览数
4. 网络营销评价指标有（　　）。
   A. 网站设计指标　　B. 网站推广指标
   C. 网站的用户流量指标　　D. 网络营销成本效益指标
5. 网络营销是否提升企业品牌从（　　）方面考虑。
   A. 是否准确定位　　B. 信息传递的方式是否多样化
   C. 营销事件是否吸引关注　　D. 是否维护好客户关系

三、简答题

1. 网站转化率是什么？
2. 网站流量统计分析工具有哪几类？
3. 网络营销是否增进顾客关系？满足顾客需求主要从哪几方面来评价？

参 考 文 献

[1] 陈德人．网络营销与策划：理论、案例与实例（微课版）[M]．2 版．北京：人民邮电出版社，2022．

[2] 王玮．网络营销[M]．2 版．北京：中国人民大学出版社，2020．

[3] 王锐．网络营销：中国模式和新思维[M]．北京：北京大学出版社，2022．

[4] 陈广明．网络营销实战[M]．2 版．北京：中国人民大学出版社，2020．

[5] 魏亚萍．网络营销[M]．2 版．北京：机械工业出版社，2018．

[6] 徐小红，单锦怡．网络营销实务[M]．北京：中国石化出版社，2021．

[7] 于家臻，赵雨．网络营销实务[M]．2 版．北京：中国财政经济出版社，2021．

[8] 王震．网络营销与网上创业[M]．北京：首都经济贸易大学出版社，2020．

[9] 迅雷．网络营销与电商实战培训教程[M]．北京：中国商业出版社，2019．

[10] 蒋晖．网络营销运营之道[M]．北京：北京大学出版社，2019．

[11] 那淼，董春超．网络营销[M]．北京：北京邮电大学出版社，2019．

[12] 黄斯狄．网络营销：技巧・方法・案例一本通[M]．北京：机械工业出版社，2019．

[13] 张达东，李冰梅．网络营销实务[M]．北京：中国财富出版社，2018．

[14] 中公教育优就业研究院．网络营销实践派：零基础学 SEO/SEM[M]．北京：世界图书出版公司北京分公司，2017．

[15] 滕大鹏．移动互联网营销：策略、方法与案例[M]．北京：人民邮电出版社，2017．

[16] 陆兰华．网络营销[M]．南京：东南大学出版社，2017．

[17] 段建，安刚．移动互联网营销[M]．北京：中国铁道出版社，2016．